O IMPOSTO SOBRE A RENDA À LUZ DA CONSTITUIÇÃO

CIP-BRASIL. CATALOGAÇÃO NA PUBLICAÇÃO
SINDICATO NACIONAL DOS EDITORES DE LIVROS, RJ

M96i

Murphy, Celia Maria de Souza
O imposto sobre a renda à luz da constituição / Celia Maria de Souza Murphy. -
1. ed. - São Paulo : Noeses, 2020.

320 p.
ISBN 978-85-8310-133-8

1. Direito tributário - Brasil. 2. Imposto de renda - Brasil. I. Título.

19-61120 CDU: 34:336.226.1(81)

Vanessa Mafra Xavier Salgado - Bibliotecária - CRB-7/6644

Celia Maria de Souza Murphy

Advogada. Doutora e Mestre em Direito Tributário pela Pontifícia Universidade Católica de São Paulo – PUC/SP. Especialista em Direito Tributário pelo Instituto Brasileiro de Estudos Tributários – IBET/SP. Professora e Conferencista do Curso de Especialização em Direito Tributário do Instituto Brasileiro de Estudos Tributários – IBET/SP. Professora convidada dos Cursos de Especialização em Direito Tributário da Pontifícia Universidade Católica de São Paulo – COGEAE e da Universidade São Judas Tadeu (SP). Foi Professora da Escola de Administração Fazendária – ESAF, Auditora-Fiscal da Secretaria da Receita Federal do Brasil e Conselheira Titular do Conselho Administrativo de Recursos Fiscais – CARF.

O IMPOSTO SOBRE A RENDA À LUZ DA CONSTITUIÇÃO

Prefácio de Paulo de Barros Carvalho

2020

editora e livraria
NOESES

Copyright © Editora Noeses 2020
Fundador e Editor-chefe: Paulo de Barros Carvalho
Gerente de Produção Editorial: Rosangela Santos
Arte e Diagramação: Renato Castro
Revisão: Ariene Cristina Almeida do Nascimento
Designer de Capa: Aliá3 - Marcos Duarte

2020

editora e livraria
NOESES

Editora Noeses Ltda.
Tel/fax: 55 11 3666 6055
www.editoranoeses.com.br

AGRADECIMENTOS

À minha mãe, Maria Lucia, ao meu marido, Thomas, aos meus filhos, Michelle e Patrick, pessoas mais queridas, de maior importância na minha vida, que me encorajam e me fazem acreditar que posso alcançar as metas mais difíceis, com disciplina, persistência e entusiasmo, muito estudo e dedicação.

Ao meu orientador da Tese de Doutorado na Pontifícia Universidade Católica de São Paulo, Professor Roque Antonio Carrazza, pela enorme generosidade, pela confiança em mim depositada, pelo incentivo ao desenvolvimento do tema do Imposto sobre a Renda à luz da Constituição e pelas provocações sempre pertinentes, nas proveitosas sessões de orientação, nas quais compartilhamos ideias convergentes e divergentes e travamos intensos debates, que me proporcionaram imenso crescimento acadêmico.

Ao Professor Paulo de Barros Carvalho, com quem iniciei minha trajetória, no Curso de Formação em Direito Tributário do IBET, e com quem aprendi a importância do fundamento para a construção do argumento. Com ele, já na primeira aula do Curso, descobri que existia uma forma diferente de ver e compreender o Direito, que era, para mim, ao mesmo tempo fascinante e desafiadora. Obrigada pelos caminhos acadêmicos que me permitiu enxergar, por acreditar na seriedade do meu trabalho, durante todos esses anos, e pelo apoio incondicional à publicação desta obra.

Aos Professores: Roque Antonio Carrazza, Paulo de Barros Carvalho, Robson Maia Lins, Charles William McNaughton e José Eduardo Soares de Melo, integrantes da banca examinadora da minha tese de Doutorado, pelas valiosas críticas formuladas, que só enriqueceram o trabalho então apresentado, que deu origem a este livro.

Ao amigo Ademar Fogaça, pela paciência, pelas observações certeiras e pelas palavras de estímulo.

À família IBET, à Editora Noeses, aos meus alunos, aos meus professores, companheiros de estudo, amigos e colegas de trabalho, que, de forma especial, contribuíram para a conclusão deste projeto.

PREFÁCIO

Em termos de reforma, na profusão de estudos acerca dos sistemas tributários existentes, sobretudo nas ordens jurídicas do direito continental europeu, como também na imaginação de propostas de fisionomias pretensamente originais, no modelo de sincretismos extravagantes que guardam pouca proximidade com o curso compatível da realidade jurídica brasileira, algo tem surgido com força determinante, implícita ou explicitamente, em todos os textos apresentados até aqui. Refiro-me à verificação, constante e quase inalterada, segundo a qual, nas sociedades mais desenvolvidas o imposto sobre a renda comparece com enorme expressividade no cômputo geral dos tributos arrecadados, enquanto nos países subdesenvolvidos ou em ritmo de crescente desenvolvimento, tal expressividade é substituída por gravames chamados "indiretos", de incidência mais simples e precária, com procedimentos que abastecem os cofres públicos de forma acentuadamente cômoda para quem arrecada, deixando de lado, porém, os primados básicos que presidem a própria razão de ser da entidade "tributo". Seria despiciendo reiterar os argumentos que fazem dessa desproporção uma figura canhestra.

Arremedo de justiça, em tempos de abertura global dos povos civilizados, mesmo porque o imposto sobre a renda é o que há de mais precioso e sofisticado instrumento no quadro das receitas derivadas ou coativas de que dispõe o Estado, na sociedade pós-moderna que atravessamos.

Tais considerações, porém, passam por alto pelo texto que tenho a imensa satisfação de prefaciar. A autora, Celia Murphy, como é conhecida no meio jurídico, tem ciência das distorções que as normas subconstitucionais experimentam, ao longo do processo de positivação do direito, desde a outorga de competência até as regras terminais do sistema, ali onde se demoram as condutas intersubjetivas.

A escolha de Celia foi outra: expor a estrutura sistêmica do imposto sobre a renda e proventos de qualquer natureza à luz da Constituição brasileira, mostrando o instituto assim como ele é, com seus aspectos negativos, mas, também, com suas enormes potencialidades, tendo em vista a percussão na capacidade contributiva do cidadão-contribuinte. Este tributo, concebido no Reino Unido em pleno século XVIII, chegou ao Brasil com auspiciosas perspectivas em face de experiências realizadas em países adiantados, social e economicamente, merecendo, no século XX, recomendações lisonjeiras de Ruy Barbosa, que o tinha como instrumento justo e eficaz para atender aos anseios impositivos de um país que ensaiava a prática de seus primeiros passos num ambiente de clima democrático.

A autora deste livro chama a atenção para assuntos importantes. Leva em consideração ponderações de ordem econômica, política, histórica, antropológica, sociológica em sentido estrito, mas declara, enfaticamente, descartá-las como elementos que fundamentam o raciocínio jurídico. São ilustrações marginais que ajudam o leitor a compreender a mensagem, mais do que singelos adereços, sem alcançar o escopo de reforçar a argumentação básica para sustentar suas teses. Aloja-se aqui um ponto elevado na apreciação de seu escrito: as decisões jurídicas hão de ser organizadas, desenvolvidas e inspiradas por categorias exclusivamente extraídas das informações colhidas no âmbito do Direito. Tudo o mais serão luzes, enfeites, colorações de estilo, expedientes laterais que, quando muito, ajudam a enaltecer as proposições jurídicas.

Outra coisa que me convocou a atenção foram as boas razões com que a autora reclama, com veemência e força argumentativa, da ausência manifesta dos cânones da generalidade, da universalidade e da progressividade no domínio das normas infraconstitucionais. Há apenas resíduos, sinais, vestígios dos mandamentos constitucionais no plano efetivo da implantação do imposto, dado que autoriza se falar em casos de flagrante inconstitucionalidade.

Por tudo quanto disse nas linhas acima, cabe perfeitamente a esta obra de Celia Murphy as palavras de Pontes de Miranda em seu premiado *A Sabedoria dos Instintos* (Editor J. Ribeiro dos Santos – Rio de Janeiro, 1921. p. 14): "*Por isso o livro nobre é o que se fecha a cada momento e foge o espírito com a ideia à procura de trecho da vida que lhe corresponda*".

Parabéns à autora que soube empreender uma pesquisa objetiva, trazendo aos leitores um livro de excelente qualidade científica.

São Paulo, 22 de outubro de 2019.

Paulo de Barros Carvalho

Professor Emérito e Titular da PUC/SP e da USP.
Membro da Academia Brasileira de Filosofia.

SUMÁRIO

INTRODUÇÃO

Algumas palavras sobre a razão de estudar o Imposto sobre a Renda à luz da Constituição

O Imposto sobre a Renda, depois de quase um século de sua implantação no Brasil, já foi objeto de inúmeras obras de relevo. Muitos autores já trataram do tema, com profundidade e enorme competência. Por que, então, voltar ao estudo do Imposto sobre a Renda? E por que uma abordagem constitucional?

O imposto sobre a renda moderno, idealizado, no século XVIII, por William Pitt, quando Primeiro Ministro do Reino Unido, foi trazido para o Brasil no início do século XX, após experiências bem-sucedidas em vários países. Sua implantação no País, apesar de não ter tido aceitação imediata, muito menos unânime, foi defendida, em 1891, por Ruy Barbosa, então Ministro da Fazenda, como a tributação menos imperfeita, mais eficaz e mais justa, por ser a que melhor reflete a capacidade contributiva, por gravar apenas o excedente de riqueza das pessoas, físicas e jurídicas.

No entanto, desde a sua instituição, o Imposto sobre a Renda e proventos de qualquer natureza sofreu, e vem sofrendo, inúmeras modificações, estabelecidas por uma profusão de leis infraconstitucionais, que o têm tornado cada vez mais complexo. Em toda essa complexidade, é de se questionar, então, se as normas que o regulam, que devem, necessariamente, derivar da Constituição, estão com ela conformes.

Foi justamente essa reflexão, sobre a existência, ou não, de uma efetiva conformidade de tantos desdobramentos legais, com os preceitos da Lei Suprema, a razão que nos conduziu a uma abordagem do imposto sobre a renda à luz da Constituição.

A Carta de 1988 conferiu à União a competência para instituir o imposto sobre a renda e proventos de qualquer natureza. Mas também inseriu, no ordenamento jurídico pátrio, os "critérios" da generalidade, da universalidade e da progressividade, princípios informadores do imposto sobre a renda, que vêm garantir a isonomia tributária e a capacidade contributiva, entre tantos outros princípios constitucionais, que têm por fim o valor maior da justiça fiscal.

Partimos do pressuposto de que o direito positivo é um sistema, organizado de forma hierárquica e integrado unicamente por normas jurídicas, tal como idealizado por Hans Kelsen, no qual as normas inferiores buscam fundamento de validade em normas superiores e convergem para um princípio unitário, que representa o fundamento de validade de todas as normas integrantes do sistema.

No ápice do ordenamento positivo estão as normas constitucionais, formando um sistema normativo parcial e soberano, que estabelece as normas das quais todas as demais normas derivam e nas quais todas se fundamentam, formal e materialmente.

A Constituição é a ordem jurídica fundamental que estabelece a estrutura do Estado, define quais são os poderes estatais, quem são os seus detentores e como esses poderes devem ser exercidos, além de regular a produção das demais normas do sistema positivo. No sistema jurídico positivo, a Constituição se impõe como um conjunto de normas jurídicas que, relacionando-se entre si e submetendo-se a um vetor comum, ocupam a sua porção superior.

Integrando o sistema constitucional, identifica-se um sistema constitucional tributário, que, ao estabelecer os princípios constitucionais tributários, norteia a atividade do legislador, ao produzir os enunciados infraconstitucionais.

O art. 146 da Constituição de 1988 prescreve que é função da lei complementar instituir normas gerais de direito tributário, com o objetivo de dispor sobre conflitos de competência entre os entes tributantes e regular as limitações constitucionais ao poder de tributar. Nesse mister, ao definir o conceito de renda e proventos de qualquer natureza, materialidade prevista para o imposto de mesmo nome na Carta de 1988, o Código Tributário Nacional delimita o campo da competência da União para instituir imposto sobre a renda e proventos de qualquer natureza, estipulado na Constituição.

Regulando as limitações constitucionais ao "poder" de tributar, o Código Tributário Nacional estabelece os lindes que a União deve respeitar, ao instituir o imposto sobre a renda e proventos de qualquer natureza. Isso significa dizer que, ao extrapolar os ditames constitucionais, tal como delimitados pela norma geral, o legislador ordinário não mais estará tributando "renda e proventos de qualquer natureza", mas uma outra grandeza.

Tendo isso em mente, promovemos uma análise dos dispositivos do Código Tributário Nacional que definem o "fato gerador" do imposto sobre a renda, sua base de cálculo e contribuintes. Esses dispositivos, interpretados conforme a Constituição, orientam o legislador ordinário na sua função de produzir normas aptas a regular o gravame.

A norma jurídica instituidora do tributo, produzida pela pessoa política titular da competência tributária, é que define os parâmetros mínimos para a identificação do tributo do qual trata, e segue a estrutura da regra-matriz de incidência tributária, cujo conteúdo deve estar em estrita consonância com o delineamento constitucional.

Tomamos, então, os enunciados das leis ordinárias, que tratam do imposto sobre a renda e proventos de qualquer natureza e, com seu conteúdo semântico, preenchemos a estrutura da regra-matriz de incidência do imposto. Isso feito, voltamos à Constituição, para o confronto, sem deixar de tecer considerações sobre a conformidade ou não dos dispositivos da lei ordinária com o Código Tributário Nacional.

O que pretendemos, ao final, tendo como pano de fundo a teoria dos sistemas de Kelsen, é demonstrar se o imposto sobre a renda, tal como definido pelo legislador ordinário, cumpre ou não os requisitos da Constituição, estipulados na forma dos seus princípios fundamentais e gerais, dos princípios que regem a ordem tributária como um todo e, especificamente, dos princípios informadores do imposto sobre a renda e proventos de qualquer natureza.

Com o propósito de atingir os objetivos visados neste trabalho de pesquisa, buscamos fundamento na doutrina, na jurisprudência e também nas decisões administrativas. Procuramos, com isso, relacionar os resultados teóricos com a experiência nos casos concretos.

A enorme quantidade de regras instituídas pelo legislador ordinário, com a finalidade de regular o imposto sobre a renda e proventos de qualquer natureza, propicia a oportunidade para que o estudioso o aborde segundo diferentes perspectivas. São inúmeros os pontos de interesse que o imposto sobre a renda e proventos de qualquer natureza oferece para o pesquisador, e todos eles, sem dúvida, proporcionam um resultado proveitoso. No entanto, não é nosso objetivo explorar, com profundidade, um determinado aspecto, específico, desse importante imposto.

Visamos, com o presente trabalho, promover um estudo global do imposto sobre a renda das pessoas físicas e das pessoas jurídicas e, levando em conta aspectos pontuais, previstos na legislação ordinária, objetivamos, sem a pretensão de esgotar o assunto, demonstrar como estes determinam ou comprometem a conformidade do tributo, como um todo, com a Constituição Federal.

Traçadas essas diretrizes, nosso objetivo específico foi determinar se o legislador ordinário, nas inúmeras normas produzidas acerca do imposto sobre a renda, define-o de modo a respeitar, efetivamente, os ditames da Constituição.

Para atingir esse objetivo, passamos pela construção do conceito de renda e proventos de qualquer natureza a partir da Constituição e estabelecemos que os princípios informadores do imposto sobre a renda, estampados no art. 153, § 2º, da Lei Maior – generalidade, universalidade e progressividade – devem ser, efetivamente, levados em conta pelo legislador ordinário, na instituição do imposto sobre a renda e proventos de qualquer natureza.

Em resumo, promovemos um confronto entre as leis ordinárias que regulam o imposto sobre a renda e proventos de qualquer natureza e o seu fundamento constitucional, a fim de aferir sua efetiva conformidade com as diretrizes da Constituição.

Para esse fim, partimos da Carta da República de 1988, percorremos um caminho descendente na estrutura hierárquica do sistema do direito positivo, até o patamar da lei ordinária e, nesse plano, traçamos as regras-matrizes de incidência do imposto sobre a renda. Em seguida, percorrendo o caminho inverso, retornamos à Constituição, para concluir que o imposto sobre a renda brasileiro não é apenas pontualmente inconstitucional. O imposto sobre a renda, conforme estruturado pela legislação ordinária, não se compagina com a Lei Maior.

Tal como posto pelo legislador ordinário, o imposto sobre a renda extrapola os conceitos constitucionais de "renda" e de "proventos de qualquer natureza", estes últimos, elementos de mesma índole da renda. Isso significa dizer que, no Brasil, tributa-se, a título de imposto sobre a renda, grandeza que não é renda.

A legislação ordinária reguladora do imposto sobre a renda também viola os princípios informadores desse tributo: da generalidade, da universalidade e da progressividade e, como consequência, desafia a dignidade da pessoa humana, o mínimo existencial, a capacidade contributiva, a proibição da imposição de tributo com efeito de confisco, a isonomia tributária, em suma, afronta o valor supremo da justiça tributária.

Destacamos, por fim, que, embora tenhamos abordado a História do Imposto sobre a Renda, no mundo e no Brasil, não é nosso objetivo fazer uma análise histórica do tributo. Recorremos a essa disciplina auxiliar apenas como subsídio para a interpretação do direito. Também outras ciências, tais como a Economia e a Política do Direito, quando trazidas a lume, servem somente como reforço argumentativo. O fundamento e o propósito deste trabalho estão no direito positivo vigente.

1. BREVE HISTÓRICO DO IMPOSTO SOBRE A RENDA

1.1 O surgimento do imposto sobre a renda

O imposto sobre a renda originou-se na Itália medieval, em Florença, como resultado da evolução do *estimo*, tributo sobre a propriedade em geral. O imposto, denominado *catasto*, foi introduzido em 1451, como consequência da perda da importância da propriedade e do aumento da massa de riqueza gerada naquele grande centro, em razão das atividades comerciais e industriais lá desenvolvidas. O tributo, que rapidamente se tornou progressivo, sob o nome de *scala,* só durou até a decadência do regime democrático e o retorno da aristocracia, no século XVI.[1]

No século XVIII, houve, na França, a introdução de tributos incidentes sobre a renda individual, a exemplo da *capitation graduée*, do *dixième* e do *vingtième*. Todavia, esses tributos, cuja criação foi possível dada a importância que, na época, a indústria e o comércio adquiriram naquele país, desapareceram em razão de abusos, fraudes, corrupção e arbitrariedades.[2]

---

1. Cf. SELIGMAN, Edwin R. A. *The income tax.* A study of the history, theory and practice of income taxation at home and abroad. New York: Macmillan, 1911. p. 45-47.

2. Cf. Ibidem, p. 50-52.

No Reino Unido, o imposto sobre a renda surgiu, inicialmente, como um imposto temporário, voltado para o financiamento das guerras napoleônicas, ainda no século XVIII. Todavia, depois de idas e vindas e muita oposição, acabou tornando-se definitivo[3]. Foi com fundamento principalmente na experiência britânica que muitos países, inclusive o Brasil, passaram a tributar a renda a partir dos séculos XIX e XX.

O sistema tributário britânico, que, no século XVIII, era baseado na tributação da propriedade, deixou de ser satisfatório e passou a exigir mudanças. Em 1776, enquanto acontecia a Guerra da Independência Norte-Americana, foi publicado o livro "A riqueza das nações", de Adam Smith. A necessidade de maior arrecadação tributária para financiamento da guerra, combinada com o novo pensamento econômico então introduzido, culminaram com a imposição do imposto sobre a renda, em 1799.[4]

Seguindo, em parte, as sugestões de Adam Smith e tendo como modelo a Holanda, Lorde North, Primeiro Ministro Britânico[5], impôs vários tributos, incidindo sobre o valor do aluguel de residências desabitadas, sobre as sucessões e também sobre artigos que então se consideravam de luxo. Em 1776, North impôs tributos sobre carruagens, cartas de baralho, dados para jogo e sobre jornais; em 1777, sobre criados do gênero masculino. Em 1784, seu sucessor, William Pitt (o Jovem) introduziu uma tributação sobre cavalos utilizados para o lazer[6]. Em 1785, Pitt agrupou esses tributos em um só, que ficou posteriormente conhecido como *assessed taxes.*[7]

---

3. Cf. Ibidem, passim.

4. Cf. KENNEDY, William. *English Taxation 1640-1799.* An essay on policy and opinion. London: G. Bell and Sons Ltd, 1913. p. 95.

5. Cf. MAUROIS, André. *A history of England.* Translated from French by Hamish Miles. London: Jonathan Cape, sem data. p. 386.

6. Cf. KENNEDY, William. *English Taxation 1640-1799...* cit., p. 156.

7. Cf. SELIGMAN, Edwin. *The income tax...* cit., p. 59-60. "Assessed taxes", em tradução livre, significa "tributos de avaliação".

Em 1793, a França declarou guerra contra o Reino Unido. Era uma guerra diferente, para a qual o Reino Unido não estava preparado: um novo estilo de exército, a intensidade dos ataques, a competência dos novos comandantes franceses. Nesse período, três coisas preocupavam o governo britânico: a ameaça de invasão, as divergências internas e os custos da guerra. O aumento da arrecadação era urgente[8].

Novos tributos foram sendo instituídos (sobre o chá, sal, pedras e sucessões colaterais) e as *assessed taxes*, cujas alíquotas já tinham sido sucessivamente aumentadas, tiveram seu alcance ampliado para atingir também as carruagens, cães e relógios, de pulso e de parede. Mas essa tributação, baseada em gastos, era insuficiente para fazer frente aos enormes dispêndios governamentais, e daí surgiu a ideia de, em vez de tributar os gastos pessoais, tributar a riqueza individual[9].

Ante o agravamento da situação fiscal do Reino Unido, o Primeiro Ministro William Pitt apresentou a proposta de uma nova tributação, a ser cobrada das pessoas de posses, considerando não as posses, propriamente ditas, mas a riqueza que se presumia necessária para obtê-las. Mesmo impopular, o projeto de William Pitt transformou-se em lei em 12 de janeiro de 1798, e, com o nome de *triple assessment*[10], o tributo previa três categorias de contribuintes, classificados segundo faixas de renda, presumidas de acordo com os sinais de riqueza manifestados. Abatimentos eram permitidos para famílias com mais de quatro filhos[11].

A arrecadação obtida com o *triple assessment* foi muito aquém da esperada, principalmente em razão de fraudes. Pitt propôs então um novo tributo, incidente não mais sobre a renda presumida, mas sobre todas as rendas, que deveriam ser

8. Cf. MAUROIS, André. *A history of England* cit., p. 486-487.

9. Cf. SELIGMAN, Edwin. *The income tax*...cit., p. 60-61.

10. Em tradução livre: avaliação tripla.

11. Cf. SELIGMAN, Edwin. *The income tax*... cit., p. 62-67.

isonomicamente tributadas, qualquer que fosse a sua origem, e sem qualquer distinção[12].

O projeto de William Pitt se transformou em lei, que entrou em vigor em 5 de abril de 1799. O imposto seria devido por todos os residentes na Grã-Bretanha, e incidiria sobre todas as suas rendas, auferidas dentro ou fora do território e também sobre as rendas produzidas pelas propriedades, na Grã-Bretanha, dos não residentes. As alíquotas, isenções e abatimentos permaneceram muito similares aos do *triple assessment*[13].

Com a paz temporária entre Reino Unido e França, e com a renúncia de Pitt ao cargo de Primeiro Ministro, em 1802, Henry Addington, seu sucessor, suprimiu o imposto sobre a renda[14], que, contudo, voltou já no ano seguinte, com outro nome (*contribution of the profits arising from property, professions, trades and offices*[15]) e alíquotas reduzidas à metade. Havia ainda duas novidades: a tributação na fonte (retida pelo Banco da Inglaterra no pagamento de alguns tipos de juros) e a divisão do imposto em cinco cédulas: A (rendimentos provenientes de propriedades imobiliárias); B (lucros da exploração agrícola); C (rendimentos pagos pelo setor público); D (profissionais autônomos e outras rendas não previstas nas cédulas A a C e E); e E (salários, aposentadorias e pensões)[16].

As alterações introduzidas por Henry Addington foram mantidas por William Pitt, ao retornar ao posto de Primeiro Ministro, em 1805, quando a guerra, mais uma vez, levou-o a propor um aumento na alíquota mais alta do imposto, de 5% para 6,25% e foram feitas algumas modificações na distribuição

12. Cf. Ibidem, p. 71-74. A progressividade das alíquotas já era uma realidade, no Reino Unido, desde o "triple assessment".

13. Cf. SELIGMAN, Edwin. *The income tax*... cit., p. 78.

14. Cf. Ibidem, p. 87-89.

15. Em tradução livre: contribuição sobre os lucros obtidos com propriedades, profissões, negócios e ofícios.

16. Cf. *A brief history of income tax*. The National Archives. Disponível em <http://webarchive.nationalarchives.gov.uk/+/http:/www.hmrc.gov.uk/history/taxhis1.htm>. Acesso em: 22 maio 2017.

dos rendimentos nas cédulas. Em 1806, após a morte de William Pitt, foram introduzidas novas alterações na distribuição dos rendimentos nas cédulas, as maiores alíquotas retornaram ao patamar de 10% e várias isenções foram revogadas[17].

Na segunda década do século XIX, o imposto sobre a renda era muito impopular, principalmente entre a classe média industrial, uma vez que levava 10% das rendas acima de £150 anuais[18]. Todavia, não sofreu modificações significativas e seguiu como imposto de guerra até 1816, quando foi extinto e todos os documentos a ele relacionados foram destruídos pelo Parlamento Britânico[19].

Em 1842, foi reintroduzido pelo Primeiro Ministro Robert Peel, com praticamente a mesma estrutura a ele atribuída em 1806[20]. Previsto para ser temporário, o Imposto sobre a Renda foi sendo renovado periodicamente, em razão das necessidades do orçamento, e, a cada renovação, surgiam debates sobre a sua permanência ou extinção. Mas, em 1842, o imposto sobre a renda tinha voltado para ficar[21].

Na França do século XIX, houve vários projetos visando à implementação de um imposto sobre a renda, a maior parte deles inspirada na experiência britânica[22]. Todavia, só obteve sucesso o projeto de Caillaux, aprovado em 1909 na Câmara e em 1914 no Senado, quando foi convertido em lei. A lei do imposto sobre a renda francês previa a combinação de um imposto cedular (que discriminava a renda de acordo com a sua origem)

---

17. Cf. SELIGMAN, Edwin. *The income tax...* cit., p. 100-103.

18. Cf. CHURCHILL, Winston S. *The great democracies.* A history of the English speaking peoples. New York: Dodd, Mead & Company, 1958. v. 4, p. 12.

19. Cf. *A brief history of income tax...* cit.

20. Cf. SELIGMAN, Edwin. *The income tax...* cit., p. 128-132.

21. Cf. Idem, p. 136-166.

22. Aliomar Baleeiro menciona os projetos de Wolowski (1871), Gambetta (1876), Dauphin (1887), este com inspiração em um trabalho do austríaco Koenig, Peytral (1888), Jaurès e Millerand (1894), Doumer (1896), prevendo discriminação e progressão, e Caillaux (1899). Cf. BALEEIRO, Aliomar. *Imposto sobre a renda.* Prática, doutrina e legislação. S.l.: Livraria Editora Baiânia Chignone, 1938. p. 13-14.

com outro imposto complementar, progressivo. A Guerra interrompeu a execução da lei, mas, em 1916 e 1917, integrados, os impostos cedular e complementar foram postos em prática[23].

Na Alemanha, o imposto sobre a renda foi precedido pelo imposto de classes, da Prússia. Foram pioneiros na criação do imposto sobre a renda ("Einkommensteuer") na Alemanha o Saxe (1874) e o Baden (1884), seguidos pela Prússia (1891), onde o imposto já apareceu com um imposto complementar sobre o capital. Considerado inquisitorial e extremamente minucioso, o imposto sobre a renda alemão, então pertencente aos Estados, sofreu modificações em 1906 e 1909. Em 1920, o imposto sobre a renda das pessoas físicas passou a ser atribuído ao Governo Central, que partilhava sua arrecadação com Estados e Comunas. Outro imposto, também partilhado, incidia sobre os lucros das pessoas jurídicas, e um terceiro recaía sobre dividendos, juros e outros proveitos de valores mobiliários, este percebido integralmente pelo governo federal[24].

A origem da tributação da renda nos Estados Unidos pode ser atribuída a tributos denominados *faculty taxes*, tributo no qual a palavra *faculty* era utilizada na acepção de "capacidade" para pagar. No cômputo desse tributo, precursor do imposto sobre a renda, considerava-se uma estimativa das rendas auferidas e propriedades. O registro mais antigo de uma *faculty tax* consta de uma lei do Estado de Massachussetts, em 1634 e, no século XVIII, vários Estados já haviam adotado tributação nesses moldes[25].

No século XIX, vários estados Norte-Americanos instituíram o imposto sobre a renda, de forma bastante heterogênea[26]. Mas o imposto federal sobre a renda só surgiu em

23. Cf. BALEEIRO, Aliomar. *O imposto sobre a renda...* cit., p. 13-15.

24. Cf. Ibidem, p. 19-20.

25. Cf. KENNAN, Kossuth Kent. *Income taxation.* Methods and results in various countries. Milwaukee: Burdick & Allen, 1910. p. 203-209.

26. A tributação, diferente em cada Estado, podia recair sobre salários e honorários recebidos por profissionais e servidores públicos, sobre receitas auferidas por banqueiros e comissões recebidas por corretores de imóveis, por exemplo. As alíquotas

1861 e a lei que o instituiu entrou em vigor em 1862. O tributo, conhecido como o imposto sobre a renda "da Guerra Civil", tinha uma alíquota fixa de 3% e isenção para as rendas de até 800 dólares anuais, incidia sobre todas as rendas dos residentes, quer fossem derivadas de suas propriedades ou do seu trabalho, exercido dentro ou fora do País, ou de qualquer outra fonte. Já no ano seguinte, a isenção foi reduzida e o imposto passou a ser progressivo[27]. O imposto sobre a renda foi arrecadado até o final de 1873[28].

Em 1894, foi aprovado o projeto para a criação de um novo imposto sobre a renda, muito similar ao de 1867, gravando as rendas pessoais acima de US$ 4.000 a uma alíquota de

---

também variavam muito e, em alguns Estados, como na Georgia, Carolina do Norte e Oklahoma, eram progressivas. Cf. KENNAN, Kossuth Kent. *Income taxation...* cit., p. 209-224.

27. Cf. KENNAN, Kossuth Kent. *Income taxation...* cit., p. 237-244.

28. Compunham a renda tributável: (i) na lei de 1862, os ganhos anuais, lucros ou rendimentos das pessoas residentes nos Estados Unidos, quer fossem derivados de propriedades, de aluguéis, juros ou dividendos, salários e demais ganhos decorrentes do exercício de qualquer profissão, comércio, emprego ou ofício, desenvolvido no País ou fora dele, ou oriundo de qualquer outra fonte; (ii) a partir da lei de 1864, o mesmo, com a ressalva de que, a partir de então, os títulos do governo passaram a ser tratados como renda geral; (iii) a partir da lei de 1867, também: os ganhos de capital com as vendas de imóveis adquiridos nos dois anos anteriores; juros de títulos de qualquer espécie; ágio obtido na negociação de ouro; o valor das vendas de animais, açúcar, lã, manteiga, queijo, carne de porco, de vaca, de cordeiro e outras carnes, de feno, grãos, vegetais e outros produtos de produção própria, excluídos os consumidos pela família; os lucros e rendas derivados de qualquer fonte, exceto o valor do aluguel da casa própria ocupada por pessoa da família; os ganhos nas quotas e ações das sociedades e companhias em que participasse, com exceção da renda recebida de instituições e corporações cujos servidores, na forma da lei, retivessem um percentual dos dividendos e os repassassem a servidor autorizado a recebê-los; e exceto a parte do salário ou soldo recebido pelo serviço civil ou militar prestado ao País, inclusive por senadores, deputados e delegados no Congresso, da qual o imposto já tivesse sido descontado. Compunham as isenções e deduções: (i) as faixas de renda mais baixas, previstas em lei; (ii) a partir da lei de 1862, certos tributos federais, estaduais e locais, assim como o imposto sobre a renda retido na fonte podiam ser deduzidos da renda tributável; (iii) com a emenda de 1863, o valor do aluguel da residência da família passou a ser dedutível da renda tributável, e o valor do aluguel de imóvel próprio cedido a pessoa da família não era considerado renda; (iv) lei de 1867 admitiu que quaisquer tributos pagos no ano poderiam ser deduzidos da renda tributável. Cf. KENNAN, Kossuth Kent. *Income taxation...* cit., p. 245-250.

2%. Todavia, a lei que o aprovou foi declarada inconstitucional pela Suprema Corte Norte-Americana[29].

Em 1913, foi aprovada a 16ª Emenda à Constituição, que conferiu ao Congresso competência para instituir imposto sobre a renda nos Estados Unidos e, em outubro do mesmo ano, instituiu-se o imposto sobre a renda[30], de 1% sobre todas as rendas acima do limite de isenção[31], auferidas pelos cidadãos norte-americanos, residentes e não residentes no País; por estrangeiros residentes e, em alguns casos, por não residentes estrangeiros. O imposto sobre a renda se estendeu às pessoas jurídicas constituídas como companhias e sociedades, às associações e às seguradoras domiciliadas no País e, em alguns casos, no estrangeiro. A lei previa arrecadação pela fonte pagadora e declaração do contribuinte; o período de apuração do imposto coincidia com o ano calendário[32].

Na Itália, o imposto sobre a renda foi instituído em 1864, com a denominação de *imposta sui redditi della richezza*

---

29. Cf. Ibidem. p. 259-267.

30. Eram considerados no cômputo da renda anual os ganhos, lucros e rendimentos derivados de: (i) salários, remunerações e compensações por serviços prestados, de qualquer espécie e sob qualquer forma de pagamento; (ii) profissões e ocupações; (iii) negócios, transações, comércio ou vendas; (iv) alienação de bens móveis e imóveis, bem como direitos de propriedade, posse ou uso desses bens; (v) juros, aluguéis e dividendos; (vi) seguros; (vii) negócios em geral com bens e serviços, com objetivo de lucro; e (viii) qualquer outra fonte, inclusive a renda derivada de (mas não o valor dos) bens adquiridos por presente, legado, sucessão etc.; as indenizações de seguro de vida, recebidas pelo beneficiário, os benefícios decorrentes de fundos perpétuos (*endowments*) e de fundos de pensão não são computados na renda. As deduções e isenções eram de três tipos: (i) faixa de isenção de US$ 3.000 ou US$ 4.000; (ii) deduções dos rendimentos ou receita bruta, de valores correspondentes a: despesas necessárias à manutenção do negócio, juros pagos em razão de dívida, taxas para escolas públicas, perdas efetivamente incorridas em comércio ou em razão de incêndios, para as quais não haja cobertura de seguro, valor razoável da depreciação de imóveis utilizados no negócio, rendimentos sobre os quais tenha havido retenção do imposto na fonte, entre outras deduções; e (iii) rendas isentas. Cf. *Income tax law*. Analysis and history. 2. ed. New York: Harris, Forbes & Co., 1913. p. 26.

31. A faixa isenta era de US$ 3.000, com isenção adicional de US$ 1.000 para um dos cônjuges, no caso de pessoas casadas conviventes. Cf. *Income tax law*. Analysis and history cit., p. 22.

32. Cf. *Income tax law*. Analysis and history cit., p. 18-21.

mobile; gravava os proventos auferidos do comércio, indústria e profissões, e a partir de 1917, adquiriu caráter progressivo. Na Áustria, o imposto sobre a renda é cobrado desde 1848 e na Holanda, desde 1893[33].

1.2 O imposto sobre a renda no Brasil

A primeira disposição a respeito de uma tributação incidente sobre a renda, no Brasil, surgiu ainda no Império, com a edição da Lei 317, de 21 de outubro de 1843, cujo art. 23 estabeleceu um imposto progressivo, que incidia somente sobre os vencimentos recebidos dos cofres públicos. Assemelhava-se a uma tributação exclusiva na fonte. Foi repudiado e vigorou por apenas dois anos[34].

Em 1867, houve uma tentativa de implantação do imposto sobre a renda no Brasil, por iniciativa do estadista baiano Francisco Gê de Acaiaba Montezuma, Visconde de Jequitinhonha. Sua ideia tinha como modelo o imposto britânico, e os motivos para a sua criação eram a guerra e a depressão econômica do período anterior. A tentativa, contudo, não foi exitosa[35].

Ainda em 1867, o governo imperial, necessitando de recursos financeiros, promoveu uma modernização no sistema tributário e instituiu o imposto sobre vencimentos (Lei 1.507, de 1867). Esse imposto, assim como o de 1843, gravava exclusivamente os vencimentos recebidos dos cofres públicos e era arrecadado pelas repartições pagadoras dos vencimentos, no ato do pagamento, nos moldes de uma tributação exclusiva na fonte. Extinto logo depois, esse imposto teve um ciclo de

33. Cf. BALEEIRO, Aliomar. *Imposto sobre a renda*... cit., p. 20-21.

34. BRASIL. Ministério da Fazenda. Secretaria da Receita Federal do Brasil. *História do imposto de renda no Brasil*, um enfoque da pessoa física (1922-2013). Pesquisa e texto do Auditor Fiscal da Receita Federal do Brasil Cristóvão Barcelos da Nóbrega. 2014. ISBN 978-85-98344-11-9. p. 24. Disponível em <http://www.youblisher.com/p/997520-Historia-do-imposto-de-Renda-no-Brasil/>. Acesso em: 3 jan. 2017.

35. Cf. BALEEIRO, Aliomar. *Imposto sobre a renda*... cit., p. 23.

extinção e retomada, com variação de alíquotas, até ser definitivamente suprimido no final da década de 1910[36].

Em 1879, o Sr. Afonso Celso ouviu estudiosos das finanças sobre a implantação do imposto sobre a renda no Brasil. Alguns se manifestaram radicalmente contra a ideia, alguns o aceitavam com reservas, e outros encamparam a conveniência e o acerto de sua adoção. Esse trabalho chamou a atenção do Parlamento e, nesse mesmo ano, a Comissão de Orçamento na Câmara dos Deputados procurou dar corpo à ideia, por meio da proposta de uma emenda, que previa a tributação de 5% da renda dos contribuintes que não pagavam o imposto de subsídios, de vencimentos ou de indústrias e profissões. A tributação seria baseada na renda declarada pelo próprio contribuinte e só gravaria as rendas a partir de 400$. A emenda, todavia, não se converteu em lei[37].

Em 1883, o Conselheiro Lafayette recebeu, de uma comissão para estudos financeiros, um anteprojeto destinado à sua criação, no qual se previa uma discriminação das rendas[38]. Nesse anteprojeto, os rendimentos "falíveis ou pessoais", decorrentes do trabalho pessoal, sujeitavam-se a dois terços da tributação imposta aos demais créditos[39].

Nos primeiros anos da República, o Brasil passava por séria crise financeira, e o imposto sobre a renda foi por várias

---

36. BRASIL. Ministério da Fazenda. Secretaria da Receita Federal do Brasil. *História do imposto de renda no Brasil, um enfoque da pessoa física* (1922-2013). Pesquisa e texto do Auditor Fiscal da Receita Federal do Brasil Cristóvão Barcelos da Nóbrega cit., p. 25, 29.

37. Cf. BALEEIRO, Aliomar. *Imposto sobre a renda...* cit., p. 24; BRASIL. Ministério da Fazenda. *Relatório do Ministro da Fazenda Ruy Barbosa em janeiro de 1891*, p. 214-216.

38. Segundo o princípio da discriminação no imposto sobre a renda, que será tratado adiante, rendas de natureza, classes ou origens diferentes devem ser tributadas diferentemente. Cf. SELIGMAN, Edwin. *Income tax...* cit., p. 23. A aplicação ou não do princípio da discriminação ao imposto sobre a renda permeou toda a discussão sobre a criação, extinção e manutenção do tributo do Reino Unido, nos séculos XVIII e XIX. Cf. SELIGMAN. *Income tax...* cit., p. 82-161.

39. Cf. BALEEIRO, Aliomar. *Imposto sobre a renda...* cit., p. 209-250.

vezes lembrado. Na Assembleia Constituinte de 1890/1891, discutiu-se a proposta de emenda do Senador Muniz Freire, que incluía os impostos de indústrias e profissões e sobre a renda do capital e sobre outras rendas, pessoais ou industriais. No entanto, só o imposto de indústrias e profissões foi aprovado[40].

Ruy Barbosa, primeiro Ministro da Fazenda do período republicano, foi defensor da instituição do imposto sobre a renda, por entender que essa forma de tributação seria a menos imperfeita, mais eficaz e mais justa[41]. Com efeito, tratou do tema em 41 das 464 páginas do Relatório do Ministro da Fazenda Ruy Barbosa, em janeiro de 1891.

Em seu Relatório[42], Ruy Barbosa destacou que o sistema tributário então vigente no País, baseado em impostos indiretos, onerava mais as classes menos favorecidas, "roçando apenas à superfície os maiores cimos da riqueza". Por esse motivo, tal sistema, a seu ver, não se conformava com os princípios de justiça e as aspirações morais da democracia. Segundo Ruy Barbosa, a injustiça tributária só poderia ser corrigida mediante a instituição de impostos diretos.

Mesmo assim, as propostas dos deputados Serzedelo Corrêa e Augusto Montenegro (1896), Felisbelo Freire (1898) e Anízio de Abreu (1904), para a instituição de um imposto geral sobre a renda, foram todas rejeitadas[43].

A partir de 1911, a lei orçamentária federal passou a contemplar um título denominado "Impostos sobre a Renda",

---

40. BRASIL. Ministério da Fazenda. Secretaria da Receita Federal do Brasil. *História do imposto de renda no Brasil*, um enfoque da pessoa física (1922-2013). Pesquisa e texto do Auditor Fiscal da Receita Federal do Brasil Cristóvão Barcelos da Nóbrega cit., p. 28.

41. BRASIL. Ministério da Fazenda. *Relatório do Ministro da Fazenda Ruy Barbosa em janeiro de 1891*. Rio de Janeiro: Imprensa Nacional, 1891. p. 214. Disponível em <http://www2.senado.leg.br/bdsf/item/id/222318>. Acesso em: 5 jan. 2017. p. 214.

42. Ibidem, p. 212.

43. BRASIL. Ministério da Fazenda. Secretaria da Receita Federal do Brasil. *História do imposto de renda no Brasil*, um enfoque da pessoa física (1922-2013). Pesquisa e texto do Auditor Fiscal da Receita Federal do Brasil Cristóvão Barcelos da Nóbrega cit., p. 28.

que englobava não apenas o imposto sobre subsídios e vencimentos (extinto em 1918) e os impostos sobre os dividendos, juros de obrigações e debêntures das sociedades anônimas, juros de empréstimos hipotecários, lucros das sociedades por quotas de responsabilidade limitada, por exemplo, como também outros impostos, que a eles não se assemelhavam[44].

A partir de 1920, finalmente, fortaleceu-se a ideia da criação de um imposto sobre a renda global, por ser mais justo para os contribuintes e mais produtivo, do ponto de vista fiscal. Muito embora ainda houvesse vozes dissonantes, era então inegável que o imposto sobre a renda participava cada vez mais da receita tributária dos países que o haviam instituído, e começou a se formar a consciência social de que o imposto sobre a renda seria um importante meio para produzir recursos para o Estado e, com isso, o sistema tributário se tornaria mais justo[45].

Como resultado dessa nova consciência, a Lei 4.625, de 31 de dezembro de 1922, instituiu o imposto geral sobre a renda. Ficavam sujeitas ao pagamento do tributo todas as pessoas físicas ou jurídicas residentes ou domiciliadas no País e também os não residentes, assim como as sociedades com sede no estrangeiro, neste caso sobre a renda líquida apurada dentro do território nacional. A lei previa uma faixa de isenção e também dispunha que a cobrança anual do imposto seria feita a partir de lançamento com base em declaração do contribuinte[46]. A tributação incidia sobre a renda global.

A Lei 4.625, de 1922, contudo, não foi posta em prática e, já no ano seguinte, a Lei 4.783, de 1923, suprimiu lacunas e criou quatro categorias de rendimentos (cédulas) discriminados (comércio, indústria e agricultura; capitais; ordenados e outras remunerações; exercício de profissões não comerciais e não compreendidas nas categorias anteriores). Além disso, tornou o

---

44. Cf. BALEEIRO, Aliomar. *Imposto sobre a renda*... cit., 31-32.

45. BRASIL. Ministério da Fazenda. Secretaria da Receita Federal do Brasil. *História do imposto de renda no Brasil*, um enfoque da pessoa física (1922-2013). Pesquisa e texto do Auditor Fiscal da Receita Federal do Brasil Cristóvão Barcelos da Nóbrega cit.. p. 29-30.

46. Cf. BALEEIRO, Aliomar. *Imposto sobre a renda*... cit., p. 32-33.

imposto progressivo, partindo de 0,5 até 8% no imposto cedular[47]. Autorizava o Poder Executivo a expedir regulamento e a adotar a arrecadação do imposto na fonte, "sempre que possível".

Com a Lei 4.984, de 1925, adotou-se, a partir do exercício de 1926, para as pessoas físicas, um modelo composto, inspirado no imposto francês, em que incidiam alíquotas proporcionais sobre o rendimento líquido, variáveis de acordo com a categoria do rendimento (rendimento cedular) e, complementarmente, alíquotas progressivas incidiam sobre a renda global. Essa lei, que determinava que o imposto teria por base, em regra, a importância líquida percebida no ano civil ou comercial imediatamente precedente ao da entrega da declaração, deu origem a uma formulação que perdurou no Brasil durante muitos anos[48]. A Lei 4.984/25, no seu art. 18, § 8º, também autorizava o Poder Executivo a adotar o processo de arrecadação do imposto na fonte.

De acordo com o art. 18, § 3º, da mesma Lei 4.984/25, as pessoas jurídicas ficavam sujeitas somente a um imposto proporcional sobre o rendimento líquido: as sociedades comerciais e industriais de qualquer espécie, inclusive as anônimas, quaisquer que fossem os seus fins, tinham seu imposto apurado na razão de 6%; as sociedades civis que não tivessem fins filantrópicos, científicos e esportivos ficavam sujeitas à alíquota de 3%. As sociedades com sede no estrangeiro submetiam-se às mesmas regras aplicáveis às nacionais, recaindo alíquota de 3% sobre o lucro líquido das operações efetuadas no Brasil[49].

---

47. Idem. Nesse ponto, salienta Alcides Jorge Costa que o fato de a progressividade prevista na Lei 4.783/1923 aplicar-se somente no interior de cada categoria de rendimento tornava a cobrança do tributo extremamente complexa e, por essa razão, essa lei também não chegou a ser executada. Cf. COSTA, Alcides Jorge. História da tributação no Brasil: da República à Constituição de 1988. In: SANTI, Eurico Marcos Diniz de (coord.). *Curso de direito tributário e finanças públicas*. São Paulo: Saraiva, 2008. p. 125.

48. Cf. COSTA, Alcides Jorge. História da tributação no Brasil... cit., p. 125-126. Sobre o modelo adotado com a Lei 4.984/1925, cf. BALEEIRO, Aliomar. *Imposto sobre a renda*... cit., p. 33-34.

49. Cf. REIS, F. T. de Souza. *Imposto de renda em seis annos de adaptação no Brasil* – 1924-1929. Rio de Janeiro, 1930. p. 10.

O modelo composto do imposto sobre a renda das pessoas físicas instituído no Brasil mesclava duas categorias de imposto sobre a renda: (i) a tributação da renda global, baseada em declaração do contribuinte e (ii) a arrecadação feita diretamente da fonte pagadora dos rendimentos. O imposto sobre a renda no Brasil, a partir da Lei 4.984, de 1925, contemplava uma tributação global da renda do contribuinte segundo alíquotas progressivas e também tributava, separadamente, as diferentes categorias de rendas de acordo com a sua natureza, numa sistemática que se denominava tributação por cédulas. Sobre os rendimentos cedulares, incidiam alíquotas proporcionais, maiores ou menores, de acordo com a origem da renda tributada, seguindo o princípio da discriminação ou diferenciação da renda.

O Decreto-lei 5.844/43, no seu art. 40, instituiu, para as pessoas jurídicas, a opção pelo lucro presumido, que determinava a tributação de 8% da receita bruta. As alíquotas eram proporcionais, e assim permaneceram, até o advento da Lei 154/47, cujo art. 2º determinou que passariam a ser progressivas (10%, 12% e 15%). A progressividade atual, consistente na aplicação de uma alíquota de 15% sobre a integralidade da base de cálculo, mais um adicional de 10% sobre a parcela que exceder a R$ 20.000,00 mensais foi instituída por meio da Lei 9.430/96.

A Lei 4.506, de 1964, extinguiu, a partir do exercício financeiro de 1965, a incidência de impostos cedulares sobre os rendimentos líquidos declarados pelas pessoas físicas, e o imposto passou a ser apurado exclusivamente pela tabela progressiva[50]. Os rendimentos, todavia, continuaram a ser declarados por cédulas, mas agora essa separação só servia para determinar os denominados rendimentos líquidos, haja vista que cada tipo de rendimento, de acordo com a sua origem, admitia diferentes deduções[51].

50. Cf. COSTA, Alcides Jorge. História da tributação no Brasil... cit., p. 130.

51. Por exemplo, na apuração dos rendimentos líquidos resultantes do trabalho assalariado, poderiam ser deduzidas, entre outras despesas: (i) as contribuições para

A classificação dos rendimentos em categorias, para as pessoas físicas, só veio a ser extinta com a Lei 7.713, de 1988, que, mais uma vez, alterou profundamente o sistema até então vigente e adotou uma definição global para rendimentos e ganhos de capital[52]. A declaração do exercício de 1989, ano-base de 1988, foi a última com os rendimentos tributáveis e as deduções classificados em cédulas.

Desde então, o imposto sobre a renda das pessoas físicas no Brasil não sofreu outras alterações estruturais significativas, e vem mantendo, com algumas modificações, o modelo instituído por meio da Lei 7.713, de 1988. Todavia, houve um fortalecimento da antecipação do imposto, que passou a ser feita tanto pelo próprio contribuinte, como pela fonte pagadora dos rendimentos, na forma de tributação na fonte, esta última como antecipação do imposto devido na declaração ou na forma denominada "exclusiva" na fonte.

O imposto sobre a renda, de competência da União, passou a ser matéria constitucional em 1934 e, desde então, consta de todas as Constituições brasileiras, promulgadas e outorgadas.

Mas foi na Constituição de 1988 que o nosso constituinte adotou os princípios da generalidade, da universalidade e da progressividade como informadores do imposto sobre a renda.

---

institutos e caixas de aposentadoria e pensões, ou para outros fundos de beneficência; (ii) o imposto sindical e outras contribuições para o sindicato de representação da respectiva classe; (iii) as contribuições para associações científicas e as despesas com aquisição ou assinatura de livros, revistas e jornais técnicos; (iv) as despesas com aquisição instrumentos, utensílios a materiais necessários ao desempenho de seus cargos, funções, trabalhos ou serviços, quando por conta do empregado (art. 18). Já para a determinação do rendimento líquido decorrente de alugueis e *royalties*, poderiam ser deduzidos, entre outros, (i) os impostos, taxas e emolumentos federais, estaduais e municipais que incidam sobre o bem ou direito produtor do rendimento; (ii) os juros sobre o saldo devedor do preço pago pela aquisição dos bens ou direitos que produziam os rendimentos; (iii) as despesas de conservação do bem corpóreo; e (iv) as despesas pagas para a cobrança ou recebimento do rendimento (art. 24). Cf. BRASIL. Lei 4.506, de 30 de novembro de 1964.

52. Cf. COSTA, Alcides Jorge. História da tributação no Brasil... cit., p. 130.

2. O SISTEMA JURÍDICO

O direito, segundo ensina Kelsen[53], é uma ordem social, uma vez que se volta para as condutas das pessoas em sociedade, em suas relações, umas com as outras. É também uma ordem normativa, conquanto visa à regulação dessas condutas.

Como ordem de conduta humana, o direito surge como um conjunto composto por normas jurídicas, que estipulam os comportamentos que a sociedade espera dos seus integrantes, toda vez que praticarem determinados fatos. Esse conjunto, lembra Lourival Vilanova[54], tem suas proposições normativas aglutinadas em plexos de sentido coerente, que se interligam com tendência à consistência interior do ordenamento. Trata-se do direito positivo.

Além do direito positivo, integra o sistema jurídico a Ciência do Direito, também um sistema, porém com suas próprias funções semânticas e pragmáticas. A Ciência do Direito fala sobre direito positivo. Desse modo, tanto o direito positivo como a Ciência do Direito são corpos de linguagem, mas que não se confundem: o direito positivo se volta para a disciplina do comportamento humano, enquanto que, à Ciência

---

53. KELSEN, Hans. *Teoria pura do direito.* 7. ed. São Paulo: Martins Fontes, 2006. p. 25.

54. Cf. VILANOVA, Lourival. Lógica, ciência do direito e direito. In: CARVALHO, Paulo de Barros (coord.); BRITTO, Lucas Galvão de (org.). *Lógica e direito.* São Paulo: Noeses, 2016. p. 158.

do Direito, cabe descrever, criticamente, esse conjunto de normas, ordenando-o, declarando sua hierarquia, oferecendo seus conteúdos de significação. Cada um desses sistemas tem uma linguagem própria: a do direito positivo é prescritiva de condutas; a linguagem da Ciência do Direito é descritiva, uma vez que utiliza linguagem apta a transmitir conhecimento[55].

No interior do sistema positivo, as normas jurídicas, longe de formarem um amontoado disforme, constituem um conjunto ordenado. Não estão posicionadas todas em um mesmo plano, lado a lado, mas organizam-se em uma construção escalonada, de modo que as normas inferiores buscam fundamento de validade em normas superiores e convergem para um princípio unitário, que representa o fundamento de validade de todas as normas[56].

As normas jurídicas interligam-se na medida em que a sua criação é determinada por outra norma e, ao final, pela sua norma fundamental, de tal sorte que uma norma somente pertence a uma ordem jurídica porque é estabelecida de conformidade com outra norma dessa ordem jurídica. Isso confere ao ordenamento jurídico característica de um sistema normativo, uma vez que a norma fundamental é fonte comum de validade de todas as normas que o compõem[57].

Explica Lourival Vilanova que sistema "implica ordem, isto é, uma ordenação das partes constituintes, relações entre partes e elementos". Nos sistemas proposicionais, como o do direito positivo, todos os elementos se relacionam, de tal modo que, "em sentido estrito, o sistema existe onde as partes são proposições e entre elas há relações que as agrupam num todo consistente, interiormente coerente"[58].

---

55. Cf. CARVALHO, Paulo de Barros. *Curso de direito tributário*. 30. ed. São Paulo: Saraiva, 2019. p. 39-40.

56. KELSEN, Hans. *Teoria pura do direito* cit., p. 247.

57. Cf. Ibidem, p. 33, 217, 260.

58. Cf. VILANOVA, Lourival. *As estruturas lógicas e o sistema do direito positivo*. 3. ed. São Paulo: Noeses, 2005. p. 162-163.

Por isso, nem mesmo a existência de inconsistências retira do direito positivo o caráter sistêmico, como, com base nas lições de Kelsen, pondera Vilanova:

> Ainda que a presença da inconsistência (contraditoriedade) seja um sério obstáculo para se falar de sistema, concedamos que o ordenamento jurídico tenha a forma lógica de sistema. Será um sistema de linguagem saturado de referências prescritivas à conduta, um sistema vinculado a um segmento da realidade[59].

As relações entre as normas jurídicas, no interior do sistema positivo, podem ser de coordenação ou de subordinação. A subordinação, explica Charles William McNaughton, "é a típica relação hierárquica em que certa proposição normativa retira fundamento de validade de outra", enquanto os vínculos de subordinação "se verificam pela combinação de normas situadas em um mesmo patamar hierárquico e que se vinculam para regular as mais diversas condutas". Por exemplo, uma norma inserida por lei retira fundamento de validade de uma norma inserida na Constituição da República"[60].

O conjunto de regras que determinam as relações entre os elementos do sistema é o que Tércio Sampaio Ferraz Jr. chama de "estrutura". O conjunto de elementos é o "repertório".

> Por exemplo, quando dizemos que as normas estão dispostas hierarquicamente, umas são superiores, outras inferiores, estamos pensando em sua estrutura. Hierarquia é um conjunto

59. VILANOVA, Lourival. Lógica, ciência do direito e direito... cit., p. 159. Com fulcro nesse entendimento, adotamos como sinônimos os vocábulos "ordenamento" e "sistema". Sobre o assunto, Cf. CARVALHO, Paulo de Barros. *Direito tributário, linguagem e método*. 7. ed. rev. São Paulo: Noeses, 2018. p. 225-228; BARRETO, Paulo Ayres. Ordenamento e sistema jurídicos. In: CARVALHO, Paulo de Barros (coord.); CARVALHO, Aurora Tomazini de (org.). *Constructivismo lógico-semântico*. São Paulo: Noeses, 2014. v. I, p. 254-256; ATALIBA, Geraldo. *Sistema constitucional tributário brasileiro*. São Paulo: RT, 1968. passim.

60. McNAUGHTON, Charles William. Sistema jurídico e ciência do direito. In: CARVALHO, Paulo de Barros (coord.); CARVALHO, Aurora Tomazini de (org.). *Constructivismo lógico-semântico*. São Paulo: Noeses, 2014. v. I. p. 44-45.

> de relações, estabelecidas conforme regras de subordinação e coordenação[61].

A norma fundamental dá fechamento ao sistema jurídico. Oferece não só o critério de pertinencialidade ao sistema, mas também o caráter "homogeneamente normativo" de suas partes integrantes: uma proposição normativa tem origem em outra proposição normativa, e uma proposição normativa só pertence ao sistema se puder ser reconduzida à norma fundamental[62].

Hans Kelsen idealizou a norma fundamental para conferir validade à Constituição e, por essa razão, é uma norma pressuposta, uma vez que as normas constitucionais são aquelas de mais alta hierarquia no ordenamento positivo e não se poderiam fundamentar em normas postas de posição hierárquica superior a elas mesmas, ou o fundamento de validade das normas seria um processo sem fim[63].

Contudo, a norma fundamental é desprovida de conteúdo outro que não seja a atribuição de poder a uma autoridade legisladora, ou seja, contém somente uma regra que determina como devem ser criadas as normas gerais e individuais do ordenamento instituído sob essa norma fundamental. Da norma fundamental, portanto, somente deriva a validade das normas: uma norma pertence a um ordenamento porque é criada pela forma estabelecida pela sua norma fundamental. Já o conteúdo das normas é estabelecido pela autoridade a quem a norma fundamental outorga competência para produzir as normas jurídicas, bem assim pelas outras autoridades que recebem daquela autoridade a sua competência para produzir normas do sistema[64].

---

61. Cf. FERRAZ Jr, Tércio Sampaio. *Introdução ao estudo do direito* – técnica, decisão, dominação. 4. ed. rev. e ampl. São Paulo: Atlas, 2003, p. 176-177.

62. Cf. VILANOVA, Lourival. *As estruturas lógicas e o sistema do direito positivo* cit., p. 154.

63. Cf. KELSEN, Hans. *Teoria pura do direito* cit., p. 222.

64. Cf. Ibidem, p. 219-220.

No esquema hierarquizado do direito positivo, a porção superior é ocupada pela Constituição. É na Constituição positiva que se encontram as normas de mais alto nível na escala normativa: regulam a produção das demais normas e regem o ordenamento jurídico como um todo. Determinando, de forma positiva ou negativa, os conteúdos que as leis podem ter, as normas constitucionais constituem fundamento último de todas as demais normas do sistema positivo[65].

Nesse sentido, explica Paulo de Barros Carvalho que a estrutura hierarquizada do sistema do direito é regida pela fundamentação e pela derivação, "que se opera tanto no aspecto material quanto no formal ou processual, o que lhe imprime possibilidade dinâmica, regulando, ele próprio, sua criação e suas transformações", e, nessa dinâmica, a Carta Magna exerce papel fundamental, eis que nela estão traçadas as características dominantes das várias instituições que a legislação comum posteriormente desenvolverá. Sendo assim:

> Examinando o sistema de baixo para cima, cada unidade normativa se encontra fundada, material e formalmente, em normas superiores. Invertendo-se o prisma de observação, verifica-se que das regras superiores derivam, material e formalmente, regras de menor hierarquia[66].

Fica, desse modo, patente a importância do estudo do direito positivo como um sistema normativo: todas as normas integrantes do ordenamento positivo derivam da Constituição, tanto no seu aspecto formal quanto material. Será inconstitucional a norma que estiver em desacordo com o procedimento previsto na Lei Maior para a sua produção, assim como será contrária aos seus ditames a norma cujo conteúdo semântico violar aqueles nela postos.

---

65. Cf. Ibidem, p. 247.

66. Cf. CARVALHO, Paulo de Barros. *Direito tributário, linguagem e método* cit., p. 226-227.

2.1 O sistema constitucional

Em um sentido histórico, político e jurídico, a Constituição, segundo J. J. Gomes Canotilho[67], é a ordem jurídica fundamental de uma comunidade, que estabelece os instrumentos de governo, a garantia de direitos fundamentais e a individualização de fins e tarefas.

É na Lei Maior que se encontram as normas que estruturam o Estado, regulam a produção das demais normas e também onde estão positivados os valores mais relevantes para a sociedade, aqueles que, em nome do povo, o legislador constituinte reputou merecedores de destaque, de modo a orientar a produção, a interpretação e a aplicação das normas de menor hierarquia.

Nesse sentido, pontua Roque Antonio Carrazza que, "mais que uma lei fundamental", a Constituição "representa o produto da vontade soberana de estruturação do Estado e da sociedade". É a Constituição que estipula quem são os detentores dos poderes estatais, quais são esses poderes e como devem ser exercidos, bem como quais são os direitos e garantias das pessoas em relação a eles[68].

Em uma visão sistêmica, a Constituição se impõe como um conjunto de normas jurídicas que, relacionando-se entre si e submetendo-se a um vetor comum, ocupam o patamar superior do sistema jurídico positivo. Dentro do ordenamento positivo do País, o conjunto das normas constitucionais constitui um sistema normativo parcial.

A partir de um sistema considerado global, os sistemas parciais são formados arbitrariamente pelo homem, de acordo com a sua conveniência, em função da análise que pretende empreender. Sendo assim, dentro do sistema normativo

---

67. Cf. CANOTILHO, J. J. Gomes. *Direito constitucional e teoria da Constituição*. 7. ed. Coimbra: Almedina, sem data. p. 1176.

68. CARRAZZA, Roque Antonio. *Curso de direito constitucional tributário*. 30. ed. São Paulo: Malheiros, 2015. p. 44-45.

pátrio, a partir de perspectivas diversas, podemos constituir vários sistemas parciais, que compõem o sistema global não pela sua soma, mas pela sua conjugação recíproca, de modo orgânico e harmônico[69].

Assente nessa ideia, surge o sistema constitucional, cujos elementos são apenas as normas jurídicas que integram a Constituição. É um sistema, porque possui elementos – as normas constitucionais – relacionando-se entre si, orientadas por um princípio unitário. Por ser parcial, é, em relação ao ordenamento positivo, um subsistema. No interior do ordenamento, é o sistema constitucional aquele que ocupa a posição hierárquica mais elevada.

Também a Constituição, como sistema, tem suas normas organizadas hierarquicamente. No seu interior há normas que, por serem mais impregnadas de valor que outras, ou por garantirem os valores mais significativos para a sociedade, ocupam posição de destaque, influenciando porções maiores do ordenamento jurídico, enquanto outras têm menor abrangência, ou seja, são mais específicas e por isso posicionam-se nos patamares inferiores do sistema constitucional.

Aquelas, de maior amplitude e com maior carga valorativa, por representarem os pilares do ordenamento jurídico, são os princípios constitucionais, os "pontos de apoio normativo" para a aplicação do bom direito, na expressão de Roque Antonio Carrazza[70].

Todas as demais normas jurídicas derivam das normas constitucionais, postas no topo da pirâmide normativa idealizada por Hans Kelsen. É nesse sentido a afirmação de J. J. Gomes Canotilho[71], que, no "seu conjunto, a ordem jurídica é uma 'derivação normativa' a partir da norma hierarquicamente superior, mesmo que se admita algum espaço criador às

69. Cf. ATALIBA, Geraldo. *Sistema constitucional tributário brasileiro* cit., p. 20.

70. Cf. CARRAZZA, Roque Antonio. *Curso de direito constitucional tributário...* cit., p. 52.

71. CANOTILHO, J. J. Gomes. *Direito constitucional e teoria da Constituição* cit., p. 1151.

instâncias hierarquicamente inferiores quando concretizam as normas superiores".

Desse modo, compreender o direito positivo como um sistema organizado de normas que, no seu âmbito, posicionam-se de forma hierarquizada, e que tem, em sua parte superior, as normas constitucionais, é pressuposto para a compreensão de como o direito deve ser produzido e aplicado. No interior do sistema, todas as normas devem buscar fundamento naquelas de superior hierarquia, regressando necessariamente à Constituição e, em última instância, aos magnos princípios que ela consagra.

Levando em conta a pirâmide normativa de Kelsen, temos que todas as normas constitucionais, independentemente da posição hierárquica que ocupem na estrutura desse subsistema normativo, estão em um patamar superior ao das demais normas jurídicas integrantes do ordenamento. Norma jurídica nenhuma merece integrar o ordenamento positivo se tiver sido produzida em desacordo com os ditames da Lei Maior, seja no procedimento e na competência especificados para a sua produção, seja no seu conteúdo semântico.

2.2 O sistema constitucional tributário

Dentro do sistema constitucional, também podemos construir sistemas parciais. Podemos compor, por exemplo, um sistema tributário integrado unicamente por normas presentes na Constituição, que versam sobre matéria tributária. Sobre este último, é possível afirmar ser um subsistema em relação ao sistema constitucional, uma vez que é composto exclusivamente por normas que a ele pertencem, com ele se relaciona e dele retira seus fundamentos.

Todavia, o subsistema constitucional tributário é também um sistema, uma vez que, no seu interior, as normas, que são seus elementos, relacionam-se umas com as outras, organizam-se de forma hierarquizada e submetem-se a um princípio unificador que, no caso, é a matéria tributária[72].

72. Cf. ATALIBA, Geraldo. *Sistema constitucional tributário brasileiro* cit., p. 8.

Na porção superior do sistema constitucional tributário encontramos os princípios constitucionais tributários, que orientam todo o setor de normas que o compõem: as normas tributárias.

Há que se salientar, contudo, que os princípios constitucionais tributários, muito embora ocupem o topo da hierarquia desse subsistema, versam sobre matéria específica. Por essa razão, se considerarmos o sistema constitucional como um todo, os princípios tributários se encontram posicionados em um patamar inferior àquele ocupado pelos princípios constitucionais fundamentais e gerais[73], uma vez que estes últimos orientam a interpretação de todos os setores do ordenamento jurídico.

Sendo assim, é à luz dos princípios fundamentais e gerais que se deve conduzir a interpretação dos princípios constitucionais tributários que, por sua vez, conduzem e orientam a interpretação das demais normas constitucionais tributárias de menor hierarquia e também das demais normas tributárias que integram o nosso ordenamento.

O sistema tributário brasileiro é predominantemente constitucional. Como agudamente salientou Geraldo Ataliba, nosso constituinte, neste ponto, ao contrário de ser genérico e sintético, escolheu ser particular e abundante, não deixando margem jurídica para grandes desenvolvimentos e integração pela legislação ordinária (muito menos pelos costumes ou outras formas), tendo, como princípio mais característico, o da rigidez[74].

Isso significa que, na instituição de tributos, o legislador infraconstitucional não tem liberdade jurídica de ação, uma

---

73. *Princípios fundamentais* são os que definem a existência, a forma, a estrutura e o tipo do Estado, a forma de governo e a organização dos Poderes; definem a organização da sociedade, seu regime político, a prestação positiva do Estado e regulam as relações com a comunidade internacional. Os *princípios gerais* informam a ordem jurídica nacional, podendo constituir desdobramentos dos princípios fundamentais. São princípios gerais os princípios da legalidade, da isonomia, o princípio da proteção social dos trabalhadores, o da proteção da família, do ensino e da cultura, entre outros. Cf. SILVA, José Afonso da. *Curso de direito constitucional positivo*. 38. ed. São Paulo: Malheiros, 2015. p. 94-97.

74. Cf. ATALIBA, Geraldo. *Sistema constitucional tributário brasileiro* cit., p. 15, 22.

vez que lhe é vedado impor tudo aquilo que não for expressamente permitido[75].

É na Constituição que encontramos a delimitação das competências tributárias e a estipulação dos tributos que as pessoas políticas estão autorizadas a instituir, por exemplo. Ao legislador infraconstitucional compete apenas exercer sua competência, nos moldes estatuídos pela Constituição, sem dela extrapolar, instituindo (ou não) o tributo que a Constituição lhe atribuiu, sem qualquer possibilidade de ampliação.

É também na Lei Maior que estão estipuladas as materialidades dos impostos passíveis de serem instituídos pelas pessoas políticas, de tal forma que o legislador infraconstitucional, ao definir o critério material e a base de cálculo de um imposto, não pode extravasar o conceito constitucional representado pela materialidade eleita pelo constituinte.

2.3 O direito positivo como um sistema linguístico

É função do direito positivo regular o comportamento das pessoas, dentro de uma sociedade, e tal finalidade se cumpre por meio de suas normas jurídicas, que disciplinam as condutas como permitidas, proibidas ou obrigatórias.

No bojo do sistema do direito positivo, as normas jurídicas se apresentam como construções intelectuais do intérprete, obtidas com a interpretação dos enunciados postos pelo legislador. É com fulcro nesses enunciados normativos que o exegeta, valorando-os, constrói as normas jurídicas em sua mente[76].

O sistema jurídico positivo se manifesta, assim, como um sistema de significações, que exige, portanto, linguagem, sem a qual não se objetiva. É o que ensina Lourival Vilanova[77]:

---

75. Cf. Ibidem, p. 30-31.

76. Cf. CARRAZZA, Roque Antonio. *Reflexões sobre a obrigação tributária*. São Paulo: Noeses, 2010. p. 15.

77. VILANOVA, Lourival. *Causalidade e relação no direito*. 5. ed. São Paulo: Noeses,

> Um sistema de significações sem um sistema de linguagens, que permeia todos os subsistemas sociais, permaneceria em estado ideacional: ficariam desprovidos de objetivação, sem a relação estável entre o simbólico e seus referentes, inviabilizando a comunicação.

Com base nesses pressupostos, tomamos o direito positivo como um sistema linguístico, cuja finalidade é disciplinar as condutas das pessoas em suas relações sociais e cujos elementos são as normas jurídicas, que regulam o comportamento das pessoas, em suas relações umas com as outras.

Nesse contexto, temos que as normas jurídicas não são os textos escritos pelo legislador (enunciados normativos), mas sim os juízos construídos pelo intérprete. Os textos escritos constituem somente seu suporte físico: as normas jurídicas são produto do intelecto. Para construí-las, o sujeito toma contato com o texto legislado e o interpreta, isto é, atribui sentido ao texto escrito, valorando-o, para então estruturar e compor a norma jurídica em sua mente[78].

Os textos normativos, produzidos pelo legislador, são os enunciados a partir dos quais o sujeito inicia a interpretação, construção de sentido a fim de compor a norma jurídica. Como leciona Paulo de Barros Carvalho, esse primeiro contato, que o intérprete tem com o texto da norma, "é apenas o início do percurso gerativo de sentido, após o que deverá ele ingressar na dimensão dos conteúdos significativos dos enunciados para, ulteriormente, articular as significações, compondo as normas jurídicas"[79].

2015. Prefácio à 4ª edição, p. XV.

78. Cf. KELSEN, Hans. *Teoria pura do direito* cit., p. 4. No mesmo sentido, CARRAZZA, Roque Antonio. *Curso de direito constitucional tributário* cit., p. 54-5; GUASTINI, Ricardo. *Das fontes às normas*. Tradução Edson Bini, apresentação de Heleno Taveira Tôrres. São Paulo: Quartier Latin, 2005. p. 131.

79. CARVALHO, Paulo de Barros. Base de cálculo como fato jurídico e a taxa de classificação de produtos vegetais. *Revista Dialética de Direito Tributário*, São Paulo: Dialética, n. 37, p. 119.

No processo de construção de uma norma jurídica, não podemos perder de vista que a norma é elemento de um sistema. Tendo em conta que, no âmbito do sistema jurídico, todas as normas jurídicas se relacionam, um texto normativo não deve ser analisado isoladamente, mas em confronto com o todo, que é o ordenamento jurídico.

Toda interpretação do direito legislado, ensina Alf Ross[80], principia com um texto, "isto é, uma fórmula linguística escrita", que nada tem a ver com a substância física real. O significado é conferido ao impresso pela pessoa que, por meio da faculdade da visão, experimenta esses caracteres. Todos os símbolos são convencionais, ou seja, a conexão entre o símbolo e aquilo que ele simboliza é produzida pelo ser humano, através de acordo ou uso.

Isso quer dizer que, ao conferirem significado às palavras, são os seres humanos que criam essa relação. Por essa razão, os significados das palavras não são "descobertos", mas "atribuídos"[81].

Atribuir um significado a um texto requer valorações, escolhas e decisões e, por essa razão, pode variar de pessoa para pessoa. Isso porque as palavras não possuem um "significado próprio"; as palavras têm o significado que lhes é conferido por aquele que as usa ou interpreta[82].

A linguagem das normas tem como função predominante a prescritiva de condutas. Diz-se "prescritivo" um discurso cuja função não é a de formular e transmitir informações e conhecimentos, mas a de modificar, dirigir, influenciar o comportamento das pessoas[83].

---

80. Cf. ROSS, Alf. *Direito e justiça*, p. 139-140.

81. Cf. MOUSSALLEM, Tárek Moyses. Sobre as definições. In: CARVALHO, Paulo de Barros (coord.); BRITTO, Lucas Galvão de (org.). *Lógica e direito*, p. 252.

82. Cf. GUASTINI, Ricardo. *Das fontes às normas* cit., p. 135.

83. Cf. Ibidem. p. 47.

Além de prescritiva, a linguagem utilizada na produção dos enunciados normativos se caracteriza como uma linguagem técnica. A linguagem técnica, destaca Paulo de Barros Carvalho[84], "é toda aquela que se assenta no discurso natural, mas aproveita em quantidade considerável palavras e expressões de cunho determinado, pertinentes ao domínio das comunicações científicas".

No caso do Poder Legislativo, em razão da sua composição heterogênea, decorrente da representatividade política, a linguagem técnica utilizada na redação dos textos normativos apresenta predominância de termos do linguajar comum e menor presença de termos com acepção precisa[85].

Por essa razão, ao interpretarmos os enunciados normativos, devemos ter em conta que os termos neles empregados nem sempre são dotados de precisão. Muito pelo contrário, os enunciados produzidos pelos legisladores dos Poderes Legislativos, na maioria dos casos, padecem de defeitos, tais como a ambiguidade e a vaguidade.

A ambiguidade, que, de tão comum, chega a ser o caso da maioria dos vocábulos, ocorre nas hipóteses em que uma palavra tem mais de um significado. Cada um dos diferentes significados de uma palavra é um "campo de referência", construído de acordo com o contexto no qual a palavra se insere[86].

Para caracterizar a vaguidade, explica Alf Ross que, e em cada campo de referência, existe uma zona de certeza e outra de incerteza, sendo a vaguidade expressão dessa última:

---

84. CARVALHO, Paulo de Barros. *Direito tributário, linguagem e método* cit., p. 57. A linguagem natural é aquela que serve para a comunicação cotidiana das pessoas na sociedade; não tem compromisso com o rigor na demarcação do assunto sobre o qual fala ou escreve, nem com a formação sintática dos enunciados. A linguagem científica tem origem na linguagem natural, porém sofre um processo de depuração, no qual se substituem os termos imprecisos por outros, unívocos na medida do possível e aptos a indicar com exatidão os fenômenos descritos. Cf. CARVALHO, Paulo de Barros. *Direito tributário, linguagem e método* cit., p. 56-59.

85. Cf. ibidem, p. 58.

86. ROSS, Alf. *Direito e justiça*. 2. ed. Bauru: Edipro, 2007. p. 143.

> A cada referência individual surgirá uma (sic) campo de referência correspondente à palavra, que pode ser comparado com um alvo. Em torno do centro haverá uma densidade de pontos, cada um dos quais marcando um impacto na referência. Rumo à periferia a densidade decrescerá gradualmente. A referência semântica da palavra tem, por assim dizer, uma zona central sólida em que sua aplicação é predominante e certa, e um nebuloso círculo exterior de incerteza, no qual sua aplicação é menos usual e no qual se torna mais duvidoso saber se a palavra pode ser aplicada ou não[87].

Tomando o direito positivo como um sistema linguístico prescritivo, voltado para regular as condutas das pessoas nas suas relações intersubjetivas, sua interpretação deve ser feita com base nos métodos empregados em sistemas de linguagem[88].

Assim sendo, uma técnica bastante útil, dentre aquelas mediante as quais o direito pode ser estudado, é a semiótica. Os recursos da semiótica permitem uma análise das três dimensões que a linguagem apresenta: a) sintática, em que os signos linguísticos são examinados nas suas relações mútuas, ou seja, signos com signos; b) a semântica, que cuida da relação do signo com o objeto que ele representa; e c) pragmática, na qual os signos são vistos na relação que mantêm com os usuários da linguagem[89].

Cada um dos planos semióticos se caracteriza como um ponto de vista sobre o direito: o sintático conduz a uma análise estrutural, permitindo conhecer as relações da norma jurídica com o sistema do direito; o semântico conduz a uma análise conceitual (de conteúdo), possibilitando a averiguação dos conteúdos significativos atribuídos aos símbolos positivados; e o pragmático permite uma análise do uso da linguagem jurídica, ou seja, da forma como os sujeitos utilizam a linguagem jurídica para implantar os valores almejados[90].

---

87. Ibidem. p. 141-142.

88. Cf. CARVALHO, Paulo de Barros. CARVALHO, Paulo de Barros. *Direito tributário, linguagem e método* cit., p. 210.

89. Cf. CARVALHO, Paulo de Barros. *Direito tributário, linguagem e método* cit., p. 28 (nota 15).

90. Cf. CARVALHO, Aurora Tomazini de. *Curso de teoria geral do direito*. O cons-

No plano sintático, por exemplo, analisa-se a relação entre a norma da lei ordinária e a norma constitucional, assim como a estrutura da norma jurídica e, dentro dela, o vínculo condicional que une antecedente e consequente. No plano semântico, estudam-se as acepções dos vocábulos utilizados pelo legislador, as ambiguidades e vaguezas. No plano pragmático, as questões referentes à eficácia, à vigência e à aplicação das normas jurídicas[91].

Desse modo, a análise dos textos normativos segundo os três planos semióticos permite a contextualização da norma no sistema jurídico positivo, o significado da norma em relação à conduta disciplinada e, por fim, o modo como a norma é utilizada por aqueles que fazem uso do discurso normativo.

Entraremos no plano sintático ao apreciarmos a relação de prevalência das normas constitucionais sobre as demais normas do sistema e a constitucionalidade das leis que regulam o imposto sobre a renda. Desenvolveremos atividade semântica quando tratarmos da significação do vocábulo "renda" e da expressão "proventos de qualquer natureza", assim como da definição de "disponibilidade econômica ou jurídica", por exemplo. O plano pragmático estará presente na apreciação das formas por meio das quais os usuários da linguagem a empregam, seja na elaboração dos textos das leis reguladoras do imposto sobre a renda, seja na sua aplicação ao caso concreto.

---

tructivismo lógico-semântico. 4. ed. São Paulo: Noeses, 2014. p. 171-172.

91. Cf. CARVALHO, Paulo de Barros. *Curso de direito tributário* cit., p. 127-129.

3. O IMPOSTO SOBRE A RENDA NA CONSTITUIÇÃO

3.1 A competência da União para instituir Imposto sobre a Renda

A Constituição, como mais alto instrumento normativo do sistema jurídico positivo, tem por função fixar a estrutura jurídica do Estado e determinar como este se organiza, que órgãos possui e como são exercidas as funções de governo[92]. Nesse mister, a Constituição é o instrumento, por excelência, da fixação e estabelecimento de competências.

Na definição de José Afonso da Silva[93], competência é "[...] a faculdade juridicamente atribuída a uma entidade ou a um órgão ou agente do Poder Público para emitir decisões". As competências, de diversas espécies, encerram os poderes de que se servem os órgãos ou entidades estatais para realizar suas funções.

Minucioso, extenso, e praticamente exaustivo, nosso diploma constitucional conferiu competências legislativas para que o Congresso Nacional, as Assembleias Legislativas dos

---

92. Cf. ATALIBA, Geraldo. *Sistema constitucional tributário brasileiro* cit., p. 118.

93. SILVA, José Afonso da. *Curso de direito constitucional positivo* cit., p. 483-484.

Estados, as Câmaras Municipais e a Câmara Legislativa do Distrito Federal criem os diversos tributos[94]. Trata-se da competência tributária.

O sistema constitucional tributário brasileiro está entre os mais rígidos que se conhece[95], além de extenso e complexo. Particularmente no tocante à fixação das competências tributárias, a nossa Constituição não se limitou às questões essenciais, nem foi indeterminada em suas disposições; muito pelo contrário, não deixou margem jurídica para grandes desenvolvimentos e integração pela legislação ordinária. Nosso constituinte entregou ao legislador ordinário um sistema tributário já perfeitamente definido[96].

A partir desse sistema, já pronto e acabado, o constituinte outorgou ao legislador infraconstitucional competência para criar os tributos predeterminados. Dentro dos limites que ele próprio, constituinte, previamente, estipulou.

Os titulares das competências tributárias são as pessoas políticas: a União, os Estados, o Distrito Federal e os Municípios, que as exercem por meio do Congresso Nacional, das Assembleias Legislativas dos Estados, da Câmara Legislativa do Distrito Federal e das Câmaras Municipais, respectivamente, de acordo com o que lhes foi atribuído pela Constituição.

A competência legislativa tributária, definida por Tácio Lacerda Gama como "a aptidão jurídica, modalizada como permitida, imputada aos entes federativos para criar normas relativas à instituição, arrecadação ou fiscalização de tributos, por meio de processo legislativo"[97], foi rigidamente estipulada

94. Cf. ATALIBA, Geraldo. *Sistema constitucional tributário brasileiro* cit., p. 119-120.

95. José Afonso da Silva esclarece ser *rígida* a constituição "somente alterável mediante processos, solenidades e exigências formais especiais, diferentes e mais difíceis que os de formação das leis ordinárias ou complementares". Cf. SILVA, José Afonso da. *Curso de direito constitucional positivo* cit., p. 44.

96. Cf. ATALIBA, Geraldo. *Sistema constitucional tributário brasileiro* cit., p. 15, 21.

97. GAMA, Tácio Lacerda. *Competência tributária:* fundamentos para uma teoria da nulidade. São Paulo: Noeses, 2009. p. 221.

na Constituição, de modo a evitar conflitos de competência entre os entes políticos, assegurar a sua autonomia financeira e prevenir a ocorrência de bitributação.

Em razão da competência tributária conferida pela Constituição aos entes políticos, ficam estes aptos a instituir tributos, por meio de leis – produzidas por seus Poderes Legislativos – nas quais fiquem definidos todos os critérios das respectivas regras-matrizes de incidência tributária.

Ao tratar do tema da competência legislativa tributária, Roque Antonio Carrazza destaca que a Constituição Federal não criou tributos; apenas discriminou competências para que a União, os Estados, o Distrito Federal e os Municípios, por meio de lei, o façam[98]. E, ao assim fazer, estabeleceu limites bem definidos, de tal modo que não deixou aos entes políticos liberdade para invadir âmbito competencial alheio. Vejamos:

> [...] a Constituição Federal, para maior garantia e segurança dos contribuintes, indicou os nortes e limites da tributação, retirando do legislador (federal, estadual, municipal e do Distrito Federal) a possibilidade de livremente definir o alcance das *normas jurídicas tributárias* (normas que criam *in abstracto* tributos). Forjou, portanto, um sistema rígido, com competências tributárias bem definidas e perfeitamente discriminadas pelas pessoas políticas (destaques do autor)[99].

A delimitação das competências tributárias, portanto, é tema exclusivamente constitucional, e, assim sendo, na Constituição se esgota: não há discriminação de competências tributárias nas normas infraconstitucionais. Essas, na melhor das hipóteses, definem ou explicitam o que, porventura, encontra-se implícito na Constituição[100].

---

98. CARRAZZA, Roque Antonio. *Curso de direito constitucional tributário* cit., p. 498.

99. CARRAZZA, Roque Antonio. *Imposto sobre a renda:* perfil constitucional e temas específicos. 3. ed. São Paulo: Malheiros, 2009. p. 31-32.

100. Cf. CARRAZZA, Roque Antonio. Intributabilidade por via de imposto sobre a renda – férias e licenças-prêmio em pecúnia. *Revista de Direito Tributário*, São Paulo: Malheiros, n. 39, p. 163.

O exercício da competência tributária se dá, via de regra, por meio de lei ordinária. É, esta, veículo idôneo para a instituição de um tributo, bem como para a sua eventual modificação ou revogação. Como destaca Luciano Amaro[101], é por meio da lei ordinária que o ente político competente inova o ordenamento jurídico,

> criando o tributo ou modificando sua expressão qualitativa ou quantitativa, respeitados, evidentemente, os balizamentos fixados na Constituição ou em outras normas que, nos termos de previsão constitucional, fixem os limites do campo possível de ser submetido à incidência pela lei criadora do tributo.

Ao partilhar os impostos entre as pessoas políticas, a Constituição elegeu discriminar as competências de acordo com um critério material. Indicou os acontecimentos que podem ser validamente utilizados pelos legisladores ordinários de cada uma das pessoas políticas, nas hipóteses de incidência. Com isso, estabeleceu faixas tributárias exclusivas, dentro das quais os órgãos legislativos dos entes políticos estão autorizados a atuar, na criação de impostos[102].

Por exemplo, somente a União pode tributar a renda e os proventos de qualquer natureza, a importação de produtos estrangeiros, a industrialização de produtos; os Estados estão autorizados a tributar as operações de circulação de mercadorias, a propriedade de veículos automotores, a transmissão *causa mortis* e doação, de quaisquer bens ou direitos; somente os Municípios podem instituir imposto sobre a propriedade predial e territorial urbana e sobre serviços de qualquer natureza.

Nesse diapasão, a Constituição, não permite, nas situações de normalidade, que a União institua imposto sobre a propriedade predial e territorial urbana, eis que de competência do Município da situação do bem (ou do Distrito Federal,

---

101. AMARO, Luciano da Silva. *Direito tributário brasileiro*. 17. ed. São Paulo: Saraiva, 2011. p. 121-122.

102. Cf. CARRAZZA, Roque Antonio. *Imposto sobre a renda*... cit., p. 36.

se for o caso). Veda, igualmente, a instituição de um imposto federal sobre operações relativas à circulação de mercadorias e sobre prestações de serviços de transporte interestadual e intermunicipal e de comunicação, uma vez que destinou essas materialidades aos Estados e ao Distrito Federal.

Na sua competência residual, a União pode, mediante lei complementar, instituir impostos não previstos expressamente na sua competência constitucional, desde que sejam não cumulativos e não tenham fato gerador ou base de cálculo próprios dos discriminados na Constituição, destinados a outros entes políticos (CF, art. 154, I).

Excepcionalmente, a Carta da República confere competência à União para instituir os denominados impostos extraordinários, compreendidos ou não em sua competência tributária. Trata-se de uma situação excepcional em que a Constituição admite competência concorrente em matéria de impostos. Mas esses só podem ser criados na iminência ou no caso de guerra externa, e devem ser suprimidos, gradativamente, cessadas as causas de sua criação (CF, art. 154, II). Trata-se da competência tributária extraordinária, que, segundo Luís Cesar Souza de Queiroz[103], só tem sentido de existir se puder ser oposta a uma "competência ordinária", que represente a regra em condições normais.

A regra a ser aplicada, em condições normais, é aquela segundo a qual as normas constitucionais que determinam as competências tributárias veiculam duplo comando: ao mesmo tempo em que (i) habilitam a pessoa política contemplada a criar o tributo, (ii) trazem uma cláusula vedatória implícita, pois proíbem as demais pessoas políticas de fazê-lo[104].

Sendo assim, ao definir que à União compete tributar a renda e os proventos de qualquer natureza, a Constituição

103. Cf. QUEIROZ, Luís Cesar Souza de. *Imposto sobre a renda. Requisitos para uma tributação constitucional*. Rio de Janeiro: GZ, 2017. p. 178.

104. Cf. CARRAZZA, Roque Antonio. *Imposto sobre a renda*... cit., p. 36.

excluiu automaticamente dessa competência todos os demais entes políticos, assim como proibiu a União de, em situação de normalidade, instituir impostos com outras materialidades, destinadas aos Estados, Distrito Federal e Municípios.

É possível afirmar, com isso, que cada ente tributante recebeu a sua competência de forma privativa. Por esse motivo, as pessoas políticas, ao instituírem os impostos de sua competência, devem se restringir à materialidade especificada na Lei Maior. Ao outorgar competência à União para instituir imposto sobre a renda e proventos de qualquer natureza, a Constituição não lhe conferiu liberdade para, sob o pretexto de estar tributando a renda e os proventos de qualquer natureza, tributar outros fatos, que, muito embora sejam próximos ao conceito "renda e proventos de qualquer natureza", com ele não se confundem.

O legislador ordinário, portanto, ao exercer sua competência de instituir imposto sobre a renda e proventos de qualquer natureza, está limitado à materialidade "renda e proventos de qualquer natureza", sem qualquer possibilidade de ampliação.

Nesse ponto, permitir uma interpretação extensiva das normas constitucionais que estabelecem competências tributárias seria o mesmo que menosprezar a hierarquia normativa presente no sistema do direito positivo. Ampliar o alcance da norma "seria o mesmo que afirmar a inexistência de escalonamento normativo, ou reconhecer sua ocorrência meramente simbólica (de fachada), nunca substancial"[105].

Diante da superioridade hierárquica da Constituição, dentro do âmbito do sistema jurídico positivo e da rígida discriminação constitucional das competências tributárias, já podemos cogitar a existência de um conceito constitucional de "renda e proventos de qualquer natureza". O conceito constitucional de "renda e proventos de qualquer natureza" é

105. Cf. BECHO, Renato Lopes. *Lições de direito tributário:* teoria geral e constitucional. São Paulo: Saraiva, 2011. p. 239.

um dos elementos limitadores da competência da União para instituir o imposto que grava essa materialidade.

A competência da União para instituir imposto sobre a "renda e proventos de qualquer natureza" limita-se ao escopo semântico da respectiva expressão e nele se exaure. O legislador ordinário, ao instituir imposto sobre a renda e proventos de qualquer natureza, pode restringir, mas não pode expandir o conceito constitucional. Se o fizer, estará certamente alargando, inconstitucionalmente, a sua competência tributária.

3.2 A instituição do imposto sobre a renda e a supremacia dos princípios constitucionais

Na instituição de impostos, a Constituição estabelece rígida discriminação de competências, entre os entes políticos, por meio da determinação das materialidades a cada qual destinadas[106]. No entanto, essa não é a única baliza à qual a Carta da República submete a pessoa política, no exercício da sua competência impositiva. Existem outros limites, impostos pela Lei Maior, à competência para tributar. Estamos falando dos direitos individuais, previstos no art. 5º da Carta de 1988, tais como o direito à vida, à liberdade, à igualdade perante a lei, à propriedade e à honra, e também dos direitos sociais e dos direitos dos trabalhadores, previstos nos arts. 6º e 7º.

A fim de estabelecer os lindes das competências tributárias, os princípios constitucionais exercem função primordial. Tendo em vista ocuparem posição de destaque, por agregarem os valores supremos, os princípios constitucionais devem ser obrigatoriamente levados em conta na produção das demais normas do ordenamento. No âmbito do sistema jurídico positivo, os princípios se articulam para orientar a produção normativa, atividade na qual se inclui a criação das normas

---

106. Com exceção, como visto, da competência concorrente expressamente prevista, exclusivamente para a União, no caso excepcional de guerra externa ou sua iminência, consubstanciada nos impostos extraordinários (CF, art. 154, II).

instituidoras de tributos, que devem estar em harmonia com todo o sistema.

No exercício das competências tributárias, a observância dos princípios é essencial, eis que, como adverte Celso Antônio Bandeira de Mello, os princípios representam verdadeiro alicerce do sistema jurídico, irradiando-se sobre as diferentes normas, "compondo-lhes o espírito" e servindo de critério para a sua exata compreensão e inteligência, uma vez que definem "a lógica e a racionalidade do sistema normativo, conferindo-lhe a tônica que lhe dá sentido harmônico"[107].

São os princípios aquelas normas de excepcional valor aglutinante, a que alude Roque Antonio Carrazza[108], por indicarem o modo como se devem aplicar as normas jurídicas, isto é, que alcance lhes dar, como combiná-las e quando outorgar precedência a algumas delas.

Toda norma jurídica é portadora de valor. Entretanto, são os princípios as normas que carregam aqueles valores mais importantes, como destaca Paulo de Barros Carvalho:

> Advirta-se que toda norma contém, necessariamente, valores. Todavia, convencionou-se chamar de "princípio" àquelas regras portadoras de núcleos significativos de grande magnitude, influenciando visivelmente a orientação de cadeias normativas, às quais outorga caráter de unidade relativa, servindo de fator de agregação para outras regras do sistema do direito positivo[109].

Diante da alta carga valorativa que carregam, os princípios constitucionais ocupam posição de preeminência no sistema hierarquizado do direito positivo. São os princípios

107. Cf. BANDEIRA DE MELLO, Celso Antônio. *Curso de direito administrativo*. 32. ed. rev. e atual. até a Emenda Constitucional 84, de 2.12.2014. São Paulo: Malheiros, 2015. p. 54.

108. Cf. CARRAZZA, Roque Antonio. *Curso de direito constitucional tributário* cit., p. 46.

109. CARVALHO, Paulo de Barros. O princípio da territorialidade no regime de tributação da renda mundial (universalidade). *Revista de Direito Tributário*, São Paulo: Malheiros, n. 76, p. 7.

aquelas normas definidas por Geraldo Ataliba como "as linhas mestras, os grandes nortes, as diretrizes magnas do sistema jurídico", que "[a]pontam os rumos a serem seguidos por toda a sociedade e obrigatoriamente perseguidos pelos órgãos de governo (poderes constituídos)"[110].

O direito positivo, como leciona Carlos Maximiliano, "não é um conglomerado caótico de preceitos"[111]; pelo contrário, é articulado e organizado hierarquicamente. Diante disso, na instituição – e majoração – dos tributos em geral e dos impostos, em particular, os princípios constitucionais fundamentais e gerais, assim como os princípios tributários, mais específicos, exercem papel preponderante como delimitadores da competência tributária.

Por isso, os tributos, "longe de poderem ser exigidos atabalhoadamente, precisam respeitar *largo catálogo* de direitos fundamentais dos contribuintes" (destaque original)[112]. Esse catálogo se consubstancia nos princípios constitucionais.

As competências para instituir impostos foram outorgadas aos entes políticos, que as podem exercer, desde que não extrapolem as materialidades estipuladas e desde que não violem os direitos individuais e coletivos e as demais garantias constitucionais inseridas nos seus magnos princípios.

Os princípios constitucionais, além de servirem como vetor interpretativo de todas as demais normas jurídicas, conferem proteção aos particulares em relação a investidas do próprio Estado contra seus bens e interesses. Isso significa dizer que todas as normas têm que ser produzidas e aplicadas de acordo com os princípios constitucionais, e não o contrário. É o que externa José Artur Lima Gonçalves:

---

110. ATALIBA, Geraldo. *República e Constituição*. 2. ed. São Paulo: Malheiros, 2004. p. 34.

111. MAXIMILIANO, Carlos. *Hermenêutica e aplicação do direito*. 20. ed. Rio de Janeiro: Forense, 2011. p. 104.

112. CARRAZZA, Roque Antonio. *Imposto sobre a renda*... cit., p. 30.

> Esse escalonamento hierárquico entre as normas, a partir da relevância dos valores por elas positivados, manifesta-se pelo fato de que exigências normativas do próprio sistema conferem proteção maior ou menor a certos bens e/ou interesses, fazendo com que, na hipótese de conflito, uma norma (que positiva um valor mais relevante para o sistema) prevaleça sobre outra (que positiva valor menos relevante para o sistema)[113].

No exercício de sua competência tributária, pessoa política nenhuma pode instituir gravame que esteja em desacordo com os princípios fundamentais e gerais, com os princípios constitucionais tributários ou em descompasso com os princípios específicos que regem o tributo. Deve ter ainda em conta que nenhum princípio atua isoladamente; todos se articulam e orientam a ação do legislador na produção das normas que instituem tributos, que devem estar em harmonia com o ordenamento jurídico como um todo.

Longe de pretender esgotar o assunto, faremos, a seguir, breves considerações sobre alguns dos princípios constitucionais que atuam como delimitadores da competência para instituir tributos e, em particular, o imposto sobre a renda.

3.2.1 O imposto sobre a renda e o princípio da igualdade ou isonomia

Para que haja uma sociedade livre, justa e democrática, é preciso que o direito garanta a igualdade. Por esse motivo, já atestara Norberto Bobbio que o reconhecimento e a proteção dos direitos do homem estão (e devem estar) na base das Constituições democráticas modernas. Conforme ponderou, ao dissertar no Simpósio Nacional sobre os Direitos do Homem, promovido pela Sociedade Italiana para a Organização Internacional, por ocasião do vigésimo aniversário da Declaração Universal, os homens não nascem livres e iguais; a "liberdade e a igualdade dos homens não são um dado de fato,

---

113. GONÇALVES, José Artur Lima. A imunidade tributária do livro. In: MACHADO, Hugo de Brito (org.). *Imunidade Tributária do Livro Eletrônico*. São Paulo: IOB, 2003. v. 1, p. 121.

mas um ideal a perseguir; não são uma existência, mas um valor; não são um ser, mas um dever ser"[114].

Para garantir a isonomia na sociedade brasileira, juntamente com a liberdade, a segurança e a justiça, a igualdade de todos foi positivada como um dos valores supremos da nossa Constituição. Dada a sua superior importância, a isonomia surge em inúmeros dispositivos da Carta da República, além de estar presente no *caput* do seu art. 5º, como direito e garantia fundamental, e também figurar expressamente no seu Preâmbulo.

Em decorrência dessa ampla presença, que permeia toda a Carta de 1988, afirmara José Souto Maior Borges que a isonomia não "está" no texto constitucional, mas, em certo sentido, ela "é" a Constituição Federal, eis que se encontra "no fundo dos seus fundamentos"[115]. Diante disso, a isonomia deve ser levada em conta na produção e na aplicação de toda e qualquer norma jurídica.

Devido à sua importância, como diretriz constitucional, mesmo os demais princípios devem ser interpretados à luz do princípio da isonomia. Por essa razão, pontua Roque Antonio Carrazza[116] que todos os princípios presentes na Constituição, a exemplo dos princípios da legalidade, da universalidade da jurisdição, da ampla defesa, entre outros, encontram-se "a serviço da isonomia".

A igualdade, no Brasil, assegura a todos, brasileiros e estrangeiros residentes no País, direitos iguais, sem que haja distinção entre pessoas. A igualdade jurídica, como ensina J. J. Gomes Canotilho[117], é indissociável da própria liberdade individual e traduz-se não só na exigência de igualdade na aplicação

---

114. Cf. BOBBIO, Norberto. *A era dos direitos*. Tradução Carlos Nelson Coutinho. Rio de Janeiro: Elsevier, 2004. p. 7, 18.

115. Cf. BORGES, José Souto Maior. A isonomia tributária na Constituição Federal de 1988. Conferência Magna proferida no VIII Congresso Brasileiro de Direito Tributário. *Revista de Direito Tributário,* São Paulo: Malheiros, 1994, n. 64, p. 14.

116. Cf. CARRAZZA, Roque Antonio. Imposto de renda pessoa física – ganhos líquidos auferidos em operações realizadas em bolsas de valores, de mercadorias, de futuros e assemelhadas – inconstitucionalidade da legislação que manda tributá-los a uma única alíquota. *Revista de Direito Tributário*, São Paulo: Malheiros, n. 74, p. 36.

117. Cf. CANOTILHO, J. J. Gomes. *Direito constitucional e teoria da Constituição* cit., p. 426.

do direito, pelos órgãos da administração e pelos tribunais, mas também de igualdade na criação do direito, ponto no qual o princípio da isonomia se dirige diretamente ao legislador.

O princípio da isonomia volta-se, assim, para o legislador, na sua proporção semântica mais larga possível, compreendendo não só os órgãos da atividade legislativa, que produzem normas gerais e abstratas, mas para todos aqueles que expedem as demais normas dotadas de juridicidade[118].

Imediatamente decorrente do princípio republicano, o princípio da isonomia não admite que uma lei possa ser criada ou aplicada de modo a produzir qualquer desigualdade. Nossa Constituição exige igualdade diante da lei, diante dos atos infralegais e diante de todas as manifestações do poder[119].

No entanto, ao dissertar sobre o tema da igualdade, Celso Antônio Bandeira de Mello sublinha que se, por um lado, o princípio da isonomia veda tratamento desigual às pessoas, por outro, é próprio da lei, precisamente, discriminar situações, de tal sorte que as pessoas venham a se submeter a regimes diferentes[120].

Do mesmo modo, enfatiza Elizabeth Nazar Carrazza que a observância ao princípio da igualdade pressupõe o dever de distinguir, justamente para que não ocorram injustiças, haja vista que, em certas situações, não distinguir acarretaria tratamento igual a desiguais. E, em função disso, afirma que "o dever de distinguir é inafastável, sempre que se esteja diante de situações fáticas que justifiquem tal proceder"[121].

O respeito à isonomia, portanto, não está no tratamento idêntico a todos, assim considerados em igualdade absoluta,

---

118. Cf. CARVALHO, Paulo de Barros. *Direito tributário, linguagem e método* cit., p. 292.

119. ATALIBA, Geraldo. *República e Constituição* cit., p. 158.

120. Cf. BANDEIRA DE MELLO, Celso Antônio. *Conteúdo jurídico do princípio da igualdade*. 3. ed. São Paulo: Malheiros, 2005. p. 12-13.

121. CARRAZZA, Elizabeth Nazar. *IPTU e progressividade*. Igualdade e capacidade contributiva. 2. ed. reformulada e atualizada com a colaboração de Carlos Augusto Daniel Neto. São Paulo: Quartier Latin, 2015. p.51.

mas, diversamente, reside na escolha válida dos critérios distintivos que justificam os tratamentos jurídicos diferentes, como agudamente ressalta Celso Antônio Bandeira de Mello. O que determina a validade ou a invalidade de uma regra perante a isonomia, adverte, é o vínculo de conexão lógica que se estabelece entre os elementos diferenciais escolhidos e a disparidade das disciplinas estabelecidas a partir deles. Por consequência, para aferir a isonomia, é preciso determinar, por um lado, qual é o critério discriminatório e, de outro, se, diante desse discrímen, existe justificativa racional para atribuir o específico tratamento jurídico construído em função da desigualdade estipulada[122].

A isonomia tributária foi estabelecida no art. 150, inciso II, da CF/88 e veda à União, aos Estados, ao Distrito Federal e aos Municípios instituir tratamento desigual entre contribuintes que se encontrem em situação jurídica equivalente, proibindo também qualquer distinção em razão de ocupação profissional ou função por eles exercida, independentemente da denominação jurídica dos rendimentos, títulos ou direitos.

José Souto Maior Borges pontua que a isonomia tributária não é uma mera reiteração do princípio da isonomia geral, cunhado no art. 5º da CF/88. Traz uma abordagem distinta, que estipula uma "suprema limitação do poder de tributar"[123].

Com efeito, o princípio da isonomia tributária, muito embora acompanhe, como não poderia deixar de acompanhar, a ideia básica de igualdade insculpida no art. 5º da CF/88, apresenta características próprias.

Como destaca Paulo de Barros Carvalho, se, no cômputo geral, muitos são os critérios que podem ser tomados para a realização da igualdade (há isonomia entre pessoas qualificadas como maiores para os atos da vida civil, para fins eleitorais, criminais; há igualdade entre pessoas do mesmo sexo,

---

122. Cf. BANDEIRA DE MELLO, Celso Antônio. *Conteúdo jurídico do princípio da igualdade* cit., p. 37-38.

123. BORGES, José Souto Maior. A isonomia tributária na Constituição Federal de 1988 cit., p. 14.

nacionalidade, cor, grupo profissional, político e social), quando tratamos da igualdade tributária, o critério é bem objetivo: dois sujeitos de direito que apresentam sinais de riqueza expressos no mesmo padrão monetário deverão sofrer a tributação em proporções absolutamente iguais[124].

Semelhante ponto de vista externa Renato Lopes Becho, ao pontuar que, na igualdade tributária, "situação equivalente" quer dizer "situação econômica", haja vista que é, basicamente, sobre ela que vai incidir um tributo. Com isso, estabelece estreita relação entre a isonomia tributária e o princípio da capacidade contributiva[125], do qual ainda trataremos.

Assim também pensamos. A isonomia tributária se relaciona diretamente com o princípio da capacidade contributiva, posto que só será isonômico o imposto em que todos aqueles que praticam o seu fato jurídico tributário contribuem para os gastos públicos, visando ao bem comum, de acordo com a grandeza da capacidade econômica que tal fato revela.

Mas, além da capacidade contributiva, nosso constituinte elegeu outros critérios, próprios, para garantir a isonomia no imposto sobre a renda, e, neste ponto trouxe, para o nosso direito positivo, ideias consolidadas ainda no século XVIII.

O estudo da isonomia no imposto sobre a renda foi tema de amplos debates quando da sua implementação, no Reino Unido. Uma das discussões acerca do tema, que foi travada no Parlamento, por ocasião da aprovação da lei de 1799 – instituidora do imposto sobre a renda –, centrava-se em adotar ou não discriminação (segregação) da renda[126], para fins de tributação. Questionava-se se todos os que auferiam renda, "inclusive os investidores em ações e aqueles que auferiam

124. Cf. CARVALHO, Paulo de Barros. *Direito tributário, linguagem e método* cit., p. 293-294.

125. Cf. BECHO, Renato Lopes. *Lições de direito tributário...* cit., p. 398.

126. Segundo o princípio da discriminação da renda, as rendas deveriam ser segregadas e tributadas, em maior ou menor grau, segundo a sua natureza. Cf. SELIGMAN, Edwin R.A. *The income tax* cit., p. 22.

rendas de títulos do governo", deveriam sofrer tributação pelo imposto sobre a renda[127].

Debateu-se também a igualdade diante da progressividade das alíquotas do novo imposto a ser instituído, que se propôs serem equivalentes às aplicadas no *triple assessment*, já progressivo. Nesse ponto, os debates foram mais centrados não na aplicação da progressividade propriamente dita como instrumento de isonomia fiscal, mas sobre a forma mais justa e isonômica de associar as alíquotas às respectivas faixas de renda tributável[128].

No bojo da discussão, o Primeiro Ministro William Pitt defendeu, primeiramente, que, se todos esperavam ter a proteção do Estado, então todos os que auferiam renda deveriam contribuir, inclusive os investidores em ações e aqueles que auferiam rendas de títulos do governo. Por outro lado, refutou a discriminação das rendas para o fim de tributá-las de forma diferenciada, argumentando que a igualdade na tributação pelo imposto sobre a renda só poderia ser obtida se todas as rendas, de todos aqueles que as auferissem, fossem gravadas de forma equânime, independentemente da sua natureza[129].

A ideia de isonomia na tributação do imposto sobre a renda, conforme defendida por William Pitt, prevaleceu na instituição do imposto sobre a renda britânico. Quase dois séculos depois, foi adotada expressamente pelo nosso constituinte originário de 1988, na forma dos princípios informadores da generalidade, da universalidade e da progressividade.

De acordo com esses princípios, todos aqueles que auferem renda devem ser isonomicamente tributados, a imposição deve recair indistintamente sobre todas as rendas e suas alíquotas devem ser progressivas, na medida em que aumenta a riqueza nova disponível.

---

127. Cf. Ibidem, p. 72-77.

128. Cf. Ibidem, p. 76-77.

129. Cf. Idem.

Conforme afirmamos, a ideia de isonomia deve nortear a criação e aplicação das normas jurídicas. Os principais instrumentos escolhidos pelo nosso constituinte originário para garantir a isonomia e a capacidade contributiva no imposto sobre a renda foram os denominados "critérios" da generalidade, da universalidade e da progressividade, prescritos no § 2º do art. 153 da Carta de 1988.

3.2.2 O imposto sobre a renda e o princípio da capacidade contributiva

O princípio da capacidade contributiva está delineado no texto do § 1º do art. 145 da CF/88, o qual prescreve que, sempre que possível, os impostos terão caráter pessoal e serão graduados segundo a capacidade econômica do contribuinte.

Trata-se de um dos mecanismos adotados pelo constituinte de 1988 para garantir valores como a isonomia, a vedação à utilização de tributo com efeito de confisco e a justiça fiscal. A Constituição, com o princípio da capacidade contributiva, visa estabelecer um limite à competência tributária impositiva, haja vista que a tributação não pode exceder à capacidade que cada pessoa tem para contribuir com as despesas do Estado. Ao mesmo tempo, estipula que esses gastos devem ser suportados igualmente pelas pessoas com igual capacidade econômica.

Por esse motivo, já salientara Roque Carrazza que o princípio da capacidade contributiva "hospeda-se nas dobras do princípio da igualdade e ajuda a realizar, no campo tributário, os ideais republicanos[130]".

Segundo Alfredo Augusto Becker, é antiquíssimo o princípio segundo o qual cada indivíduo deve contribuir para as despesas da coletividade em razão da sua força econômica. Com fundamento em estudos realizados por Emilio Giardina,

130. Cf. CARRAZZA, Roque Antonio. A progressividade na ordem tributária. VIII Congresso Brasileiro de Direito Tributário. Conferência Magna. *Revista de Direito Tributário*, São Paulo: Malheiros, n. 64, p. 45.

informa haver menção a um excerto de Heródoto, do qual se deduz que o princípio da capacidade contributiva já vigorava entre os antigos egípcios[131].

O princípio da capacidade contributiva jamais se ausentou do nosso ordenamento. Mesmo tendo desaparecido da Constituição de 1967 e somente ressurgido no art. 145, § 1º, da CF/88, permaneceu implícito no sistema nesse período, e podia ser articulado a partir do princípio da igualdade, dentre outros princípios que estabeleciam proteção ao contribuinte[132].

No tocante à sua denominação, impende ressaltar que, muito embora o princípio seja da "capacidade contributiva", o texto constitucional a ela se refere como "capacidade econômica". Esse fato não é imune a críticas.

Ives Gandra Martins destaca que a expressão é inapropriada, eis que, segundo externa, "capacidade econômica expressa o poder de recursos do cidadão, mas não necessariamente sua capacidade contributiva; enquanto esta exterioriza sua capacidade de contribuir para o sistema" [133].

De forma similar, Betina Treiger Grupenmacher assevera ter havido equívoco do legislador constituinte ao utilizar a expressão "capacidade econômica", uma vez que, tecnicamente, "capacidade econômica" e "capacidade contributiva" não se equivalem: a primeira significa potencialidade econômica, manifestação de renda ou patrimônio, ou disposição dessa renda pelo consumo, enquanto que a capacidade contributiva é a capacidade econômica "qualificada por um dever de solidariedade e superado o mínimo existencial e observado o limite da tributação com efeito confiscatório". Desse modo,

131. Cf. BECKER, Alfredo Augusto. *Teoria geral do direito tributário*. 3. ed. São Paulo: Lejus, 1998. p. 479.

132. Cf. CARRAZZA, Elizabeth Nazar. *IPTU e progressividade* – igualdade e capacidade contributiva cit., p. 77.

133. MARTINS, Ives Gandra da Silva. O princípio da capacidade contributiva em realista teoria do tributo. In: PARISI, Fernanda Drummond; TORRES, Heleno Taveira; MELO, José Eduardo Soares de (coord.). *Estudos de direito tributário em homenagem ao Professor Roque Antonio Carrazza*. São Paulo: Malheiros, 2014. v. 1, p. 95.

no texto do § 1º do art. 145 da CF/88, onde se lê "capacidade econômica", deve-se ler "capacidade contributiva" [134].

Tomada como sinônimo de capacidade contributiva, a capacidade econômica, na definição de Geraldo Ataliba e Cleber Giardino[135], é a "real possibilidade de diminuir-se patrimonialmente, sem destruir-se e sem perder a possibilidade de persistir gerando a riqueza de lastro à tributação". Para atender ao princípio da capacidade contributiva, portanto, a lei tributária deve atingir manifestações ou aspectos da riqueza do contribuinte, sem, contudo, destruir sua base criadora, uma vez que essa prática configuraria confisco.

Todavia, o alcance do princípio da capacidade contributiva não é amplo, de modo a considerar toda a carga tributária suportada pelo contribuinte, em relação à globalidade de sua riqueza. Pelo contrário, já externara Alfredo Augusto Becker[136] que o princípio da capacidade contributiva é uma norma cuja eficácia jurídica é bastante restrita, eis que estabelecida unicamente a partir de um determinado fato-signo presuntivo de riqueza, em relação a cada tributo, tomado isoladamente dos demais.

Explicitada por Roque Carrazza[137], a capacidade contributiva à qual alude a Constituição revela-se com a manifestação objetiva da riqueza escolhida pelo legislador para ser objeto de tributação (possuir um imóvel ou um veículo, por exemplo); não é função da integralidade da situação econômica do contribuinte, individualmente considerado e, nesse sentido, é capacidade contributiva objetiva.

---

134. Cf. GRUPENMACHER, Betina Treiger. Sistema e princípios constitucionais tributários. In: CARVALHO, Paulo de Barros (coord.); SOUZA, Priscila de (org.). *50 anos do Código Tributário Nacional*. São Paulo: Noeses, 2016. p. 166-167.

135. ATALIBA, Geraldo; GIARDINO, Cléber. Imposto de renda – capacidade contributiva – aparência de riqueza – riqueza fictícia – "renda" escritural – intributabilidade de correções monetárias. *Revista de Direito Tributário*, São Paulo: Revista dos Tribunais, 1986, n. 38, p. 143.

136. Cf. BECKER, Alfredo Augusto. *Teoria geral do direito tributário* cit., p. 494-497.

137. Cf. CARRAZZA, Roque Antonio. *Curso de direito constitucional tributário* cit., p. 108.

A capacidade contributiva objetiva, segundo Regina Helena Costa[138], funciona como pressuposto ou fundamento jurídico do tributo, representando sensível restrição à discrição legislativa, eis que impõe que o legislador, na escolha de acontecimentos ensejadores do nascimento de obrigações tributárias, eleja unicamente aqueles que sejam reveladores de riqueza.

A ideia da capacidade contributiva objetiva também sinaliza que o seu limite toma como parâmetro a própria riqueza escolhida. Por esse motivo, pontua Roque Carrazza[139] que, nos impostos sobre o patrimônio, tais como o IPTU, o ITR e o IPVA, a capacidade contributiva revela-se com o próprio bem; no imposto sobre a renda, o fato "auferir renda" revela capacidade contributiva para a referida exação, sendo irrelevante para a aferição da capacidade contributiva objetiva o fato de o contribuinte possuir ou não liquidez para fazer frente ao valor do imposto.

No entanto, dizer que a lei abstrata deve levar em conta a capacidade contributiva objetiva não quer dizer que não seja preciso considerar as desigualdades próprias das diferentes categorias de contribuintes. Pelo contrário, a norma tributária deve estabelecer meios para que, na sua aplicação ao caso concreto, seja possível aferir-se a capacidade contributiva subjetiva[140].

A capacidade contributiva subjetiva ou relativa, atuando no plano da norma individual, limita a carga do imposto do sujeito passivo à situação concreta observada. Opera, portanto,

---

138. Cf. COSTA, Regina Helena. *Princípio da capacidade contributiva*. 4. ed. atualizada, revista e ampliada. São Paulo: Malheiros, 2012. p. 28.

139. Cf. CARRAZZA, Roque Antonio. *Curso de direito constitucional tributário* cit., p. 109. Vejamos seu exemplo: "Todos haverão de concordar comigo que não tem sentido dizer que alguém que ganhou de presente um automóvel da marca Mercedes-Benz, modelo do ano, tem que pagar menos IPVA porque é pobre. Não. Se esta pessoa não tem como pagar o IPVA incidente sobre o seu veículo de luxo, deve, na pior das hipóteses, vendê-lo. Nunca, porém, ser *dispensada* do pagamento do IPVA por falta de capacidade contributiva. Até porque capacidade contributiva ela tem, já que, como se disse, a capacidade contributiva se revela no patrimônio como um todo considerado, e não apenas por meio do exame da conta bancária" (grifo do autor).

140. Cf. Ibidem, p. 111.

como medida da apuração do *quantum* de imposto, ou seja, como um critério de graduação[141].

Sendo assim, a capacidade contributiva subjetiva se realiza no momento da aplicação da norma, isto é, no momento em que o aplicador produz a norma individual e concreta. Por essa razão, a norma geral e abstrata "deve trazer em seu bojo elementos suficientes para que, no momento da aplicação ao caso concreto, as especificidades econômicas de cada contribuinte, isoladamente considerado, sejam levadas em conta"[142].

Em resumo, o princípio constitucional da capacidade contributiva tem por destinatário imediato o legislador ordinário das pessoas políticas[143], que deve estipular como ensejadores da imposição tributária somente ocorrências reveladoras de riqueza, e realiza-se com a aplicação da norma, momento no qual se apura o valor do imposto de acordo com a grandeza da riqueza escolhida.

Agora, voltando aos ensinamentos de Roque Carrazza, há que se destacar que a previsão constitucional de obediência à capacidade contributiva não representa uma simples recomendação, mas uma vinculação[144]. Sendo assim, todos os órgãos legislativos, judiciais e administrativos devem respeitá-lo.

Por essa razão, a expressão "sempre que possível", integrante do texto do § 1º do art. 145 da Carta Maior, não confere uma escolha ao legislador, deixando ao seu alvitre cumprir ou não o princípio. Como destaca José Eduardo Soares de Melo, a cláusula "sempre que possível" não autoriza um arbítrio; trata-se de um "esforço do legislador para delinear o ônus tributário com a maior segurança (possível) e com a menor margem de engano (também possível), a fim de que o contribuinte

141. Cf. COSTA, Regina Helena. *Princípio da capacidade contributiva* cit., p. 31.

142. CARRAZZA, Roque Antonio. *Curso de direito constitucional tributário* cit., p. 111.

143. Cf. Idem.

144. Cf. CARRAZZA, Roque Antonio. *Curso de direito constitucional tributário* cit., p. 114.

participe das necessidades coletivas (interesse público) com suportável parcela de seu patrimônio"[145].

Como visto, o princípio da capacidade contributiva é dirigido ao legislador em sentido amplo: dirige-se, primordialmente, ao legislador ordinário, mas é também direcionado aos órgãos judiciais e administrativos, e prevê que todas as pessoas devem contribuir para a manutenção da coisa pública, por meio do pagamento de impostos, mas sempre e somente na exata medida de sua capacidade para contribuir.

Para que esses fins sejam obtidos, é preciso que o legislador ordinário escolha, em hipótese, ocorrências que revelem uma riqueza passível de mensuração, e que essa mensuração seja efetivamente representada pela base de cálculo escolhida. Além disso, o sujeito eleito para suportar o ônus do tributo deve ser aquele que pratica o fato previsto em hipótese na lei. Por fim, o fato, para ser tributado, precisa ser um fato efetivamente realizado, ou seja, não pode ser um fato presumido ou um fato futuro.

Tudo aquilo que não se caracterizar como renda ou proventos de qualquer natureza não pode ser definido pelo legislador ordinário, nem tomado pelo aplicador da norma geral e abstrata, para ser tributado pelo imposto correspondente, eis que, assim procedendo, gravam-se valores que não são reveladores de capacidade contributiva. Também viola a capacidade contributiva a imposição de gravame sobre rendas não realizadas ou cujo ônus seja suportado por pessoa diferente daquela que tenha praticado o fato "auferir renda ou proventos de qualquer natureza".

E nunca é demais lembrar que, isoladamente consideradas, importâncias tais como rendimentos, receitas, faturamento etc., não são indicadoras de capacidade contributiva para o imposto sobre a renda, uma vez que, individualmente, não caracterizam renda ou proventos de qualquer natureza. Só o fato "renda e proventos de qualquer natureza" é revelador da capacidade contributiva para o imposto de mesmo nome.

---

145. Cf. MELO, José Eduardo Soares de. *Contribuições sociais no sistema tributário*. 6. ed. rev., atual. e ampl. São Paulo: Malheiros, 2010. p. 50-51.

Por fim, para atender ao princípio da capacidade contributiva, como garantia da isonomia, todos aqueles que auferem rendas ou proventos de qualquer natureza, na mesma ordem de grandeza, devem ser igualmente tributados, por terem igual capacidade para contribuir.

3.2.3 O imposto sobre a renda e o princípio da vedação à utilização de tributo com efeito de confisco

A tributação visa à transferência de parte do patrimônio dos particulares para os cofres públicos, para que o Estado possa dar cumprimento aos seus objetivos constitucionais. Para esse fim, o povo brasileiro, representado pelos constituintes, consentiu que fossem criados tributos.

Todavia, esse consentimento está longe de ser irrestrito ou ilimitado. Como temos visto, a própria Constituição estabelece barreiras que não podem ser transpostas pelo legislador tributário na instituição de um tributo, e uma delas consiste na vedação da sua utilização com efeito de confisco.

O princípio da vedação à utilização de tributo com efeito de confisco relaciona-se com a proteção constitucional ao direito de propriedade, eis que visa impedir que a tributação invada o patrimônio do particular de forma excessivamente gravosa. Mas a proteção à propriedade privada não é, até mesmo por esse motivo, uma proteção absoluta, porque, se assim fosse, a tributação não seria possível[146].

Com base nisso, pontua Luciano Amaro[147] que o fim buscado pelo princípio da vedação da utilização de tributo com efeito de confisco é evitar que o Estado, por meio do tributo,

---

146. Cf. AMARO, Luciano. *Direito tributário brasileiro* cit., p. 167-8. Regina Helena Costa destaca que a tributação, em certo sentido, viola, ainda que de forma legítima, o direito de propriedade, por constituir-se em absorção compulsória de uma parcela do patrimônio do contribuinte. Cf. COSTA, Regina Helena. *Princípio da capacidade contributiva*, p. 108.

147. Ibidem, p. 168.

aniquile a riqueza privada. Por esse motivo, esse princípio se relaciona com o princípio da capacidade contributiva, na medida em que, assim como este último, tem por fim preservar a capacidade econômica do indivíduo.

O princípio da vedação ao confisco, expresso no art. 150, inciso IV, da CF/88, é uma diretriz voltada para o legislador, indicando que, na instituição ou majoração de um tributo, ele não pode ultrapassar determinados limites, sob pena de ir além da aptidão revelada para suportar a carga tributária e caracterizar um excesso na tributação. Particularmente no tocante aos impostos, na medida em que a tributação excede a capacidade contributiva, a imposição se torna confiscatória.

A tributação confiscatória é aquela que esgota ou tem a potencialidade de esgotar a riqueza tributável das pessoas, ou "a situação que revela, prima facie, que o contribuinte está sendo onerado, além da conta"[148].

Como salienta Estevão Horvath, ao analisarmos a vedação da utilização de tributo com efeito de confisco, é necessário relacionarmos a atividade legiferante criadora ou majoradora do tributo com o critério quantitativo da sua regra-matriz de incidência, que se compõe de: base de cálculo e alíquota[149]. Esses são dois aspectos essenciais, a serem levados em conta na aferição da potencialidade confiscatória de um tributo.

É função elementar dos tributos, como vimos, suprir o caixa do Tesouro com recursos, para que o Estado possa cumprir suas finalidades constitucionais. A utilização dos tributos com finalidade arrecadatória representa a sua função fiscal.

Mas há ainda a função extrafiscal[150]. A extrafiscalidade pode ser definida como o emprego do tributo como meio de discipli-

---

148. Cf. CARRAZZA, Roque Antonio. *Reflexões sobre a obrigação tributária* cit., p. 199.

149. Cf. HORVATH, Estevão. *O princípio do não-confisco no direito tributário*. São Paulo: Dialética, 2002. p. 38-39.

150. A ideia de extrafiscalidade decorre da "teoria geral de emprego, juros e dinheiro", da lavra de John Maynard Keynes. Segundo essa teoria, de 1936, um dos

nar comportamentos, induzindo as pessoas a fazer ou deixar de fazer determinada coisa, de acordo com o interesse público[151].

A análise da potencialidade confiscatória de um tributo pode ser feita a partir da perspectiva de ele ter, primordialmente, finalidade fiscal ou extrafiscal[152].

Ao promover um estudo do potencial confiscatório do tributo segundo essa perspectiva, Aires Fernandino Barreto[153] concluiu que, no tocante aos impostos, só têm esse potencial os impostos sobre o patrimônio e o imposto sobre a renda e, em regra, os extrafiscais não têm aptidão para atingir o patamar do confisco. Arrisca afirmar que, na repartição da renda, a parcela do Estado não pode ser superior àquela que restará com o produtor da renda ou o titular do bem, já considerada a dedução correspondente à preservação do mínimo necessário, garantido pela Constituição, à manutenção do capital e à produção de outros capitais. Qualquer imposto, sobre o patrimônio ou a renda, que importar subtração igual ou maior que metade da parcela que restará em mãos do produtor da renda ou do titular da propriedade será, a seu ver, confiscatório.

Seguindo essa linha de raciocínio, no que tange aos impostos, aferir se há ou não confisco exige uma análise criteriosa da sua base de cálculo e das suas alíquotas, no contexto de sua função precípua: fiscal ou extrafiscal.

---

instrumentos para estimular a atividade econômica e, em consequência, a criação de empregos, é a política fiscal. Cf. SKIDELSKY, Robert. *Jonh Maynard Keynes.* The economist as a saviour. 1920-1937. New York: Penguin Books, 1995. p. 545.

151. Cf. CARRAZZA, Roque Antonio. *Imposto sobre a renda.* Perfil constitucional e temas específicos cit., p. 139.

152. Lembra Paulo de Barros Carvalho que não há tributo com finalidade exclusivamente fiscal ou extrafiscal; o que existe são tributos que se prestam mais aos expedientes extrafiscais, enquanto outros se inclinam mais para a fiscalidade. Cf. CARVALHO, Paulo de Barros. *Curso de direito tributário* cit., p. 261.

153. Cf. BARRETO, Aires Fernandino. Vedação ao efeito de confisco. VIII Congresso Brasileiro de Direito Tributário. Conferência Magna. *Revista de Direito Tributário,* São Paulo: Malheiros, 1994, n. 64, p. 102-103.

Nos tributos que têm função predominantemente extrafiscal, nosso entendimento difere daquele manifestado por Aires Fernandino Barreto. Entendemos que, mesmo nesses casos, o confisco pode existir, eis que, mesmo na instituição desses impostos, o legislador não pode extrapolar da materialidade constitucional nem perder de vista a razoabilidade. Todavia, no tocante às alíquotas dos impostos com característica predominantemente extrafiscal, os contornos da confiscatoriedade ficam, seguramente, mais elásticos. Como a extrafiscalidade tem por objetivo estimular ou desestimular comportamentos, uma tributação com alíquotas altas pode conferir-lhe efetividade, em consonância com os objetivos constitucionais.

Por essa razão, nesses impostos, a exemplo do imposto sobre a importação, que visa contribuir com políticas monetária e de comércio exterior, as alíquotas de mais de 100% do valor do produto importado (grosso modo, sua base de cálculo) são perfeitamente aceitáveis, uma vez que tornar o produto importado mais oneroso que o nacional é um estímulo à aquisição de produtos nacionais equivalentes. Também no caso do imposto sobre produtos industrializados, sua função regulatória na política industrial e no comércio exterior justifica alíquotas que chegam a 300% do valor do produto sem que haja, por parte dos contribuintes, qualquer insurgência[154].

Nos tributos com vocação predominantemente fiscal, a exemplo dos impostos sobre o patrimônio, alíquotas de 10% ou 15% já podem caracterizar confisco. No imposto sobre a renda, que também tem função predominantemente fiscal[155],

154. Cf. HORVATH, Estevão. *O princípio do não-confisco no direito tributário* cit., p. 93.

155. O imposto sobre a renda, não obstante tenha finalidade predominantemente arrecadatória, possui também fins extrafiscais, com base em objetivos que a Constituição prevê. Com fundamento no art. 43, § 2º, III e art. 151, I, da Carta Maior, por exemplo, visando ao desenvolvimento de certas regiões do País e à redução das desigualdades regionais, o legislador infraconstitucional ficou autorizado a instituir e, de fato, instituiu, incentivos fiscais. A extrafiscalidade se reflete nas hipóteses em que o imposto sobre a renda é utilizado como mecanismo de incentivo ao desenvolvimento de regiões tais como a Amazônia e o Nordeste, bem como de determinados setores da economia, por meio de isenções, reduções e demais tipos de incentivos fiscais concedidos a empresas que queiram desenvolver certas atividades econômicas ou se

essa medida vai depender da faixa de renda da qual estivermos tratando: para as faixas de renda muito elevadas, uma tributação à alíquota de 15% pode ser bastante razoável; por outro lado, essa mesma alíquota pode ser excessivamente gravosa para faixas de renda mais baixas.

Sendo assim, saber se e quando temos alíquotas confiscatórias pode ser até intuitivo, mas nem sempre é simples. Existe uma zona nebulosa, na qual não se tem certeza se há confisco ou se não há. Como anota Paulo Ayres Barreto[156], fixar alíquota do IPTU em 50% do valor venal do imóvel em um determinado município seria certamente confiscatório. "Identificar, contudo, o limite, a partir do qual transmuda-se de uma tributação consentânea com os valores constitucionalmente prestigiados, para uma incidência de cunho confiscatório, é missão das mais árduas".

Por essa razão, no tocante às alíquotas, traçar uma linha divisória, fixando um limite entre o que é confisco e o que não é, senão dificílimo, é até mesmo impossível.

Para aferir a confiscatoriedade nas alíquotas, há ainda que se considerar outros fatores, tais como, por exemplo, a definição da base tributável, que, sendo muito ampla, enseja alíquotas, em geral, mais baixas. Também fatores extrínsecos, tais como o retorno obtido na forma de benefícios sociais do Estado, devem ser levados em consideração, na aferição da existência ou não de alíquotas confiscatórias. Estevão Horvath dá conta da existência de alíquotas de 80% no imposto sobre a renda na Suécia (país no qual os retornos em benefícios para a sociedade, tais como saúde e educação de excelente qualidade são sabidamente garantidos pelo Estado), sem que seja cogitada a possibilidade de confisco[157].

---

instalar nas regiões definidas nas leis que os preveem. Sobre o assunto, cf. CARRAZZA, Roque Antonio. A progressividade na ordem tributária cit., p. 49.

156. Cf. BARRETO, Paulo Ayres. *Imposto sobre a renda e preços de transferência*. São Paulo: Dialética, 2001. p. 47.

157. Cf. HORVATH, Estevão. *O princípio do não-confisco no direito tributário* cit., p. 126-127.

Quando falamos em base de cálculo, podemos afirmar que um imposto que grava valores que extrapolam a materialidade a ele destinada pela Constituição, resvalam para o confisco.

Isso porque, conforme afirma Roque Carrazza, "nenhuma pessoa, física ou jurídica, pode ser tributada por fatos que estão *fora* da *regra-matriz constitucional do tributo* que lhe está sendo exigido, porque isto faz perigar o direito de propriedade" (grifos do autor)[158].

Por exemplo, só pode ser tributado, a título de imposto sobre a renda e proventos de qualquer natureza, aquilo que se caracterizar, efetivamente, como renda e proventos de qualquer natureza. Ao tributar, a esse título, grandezas diferentes, o legislador estará extrapolando de sua competência tributária e instituindo tributo com efeito de confisco.

Além disso, Estevão Horvath, em seu profundo estudo do princípio da vedação à utilização de tributo com efeito de confisco, afirma que esse princípio, ao reforçar a ideia de um sistema tributário justo, impede a tributação excessiva e, nesse sentido, também impede que a tributação alcance alguém que não praticou o fato[159].

Com efeito, no caso dos impostos, somente deve suportar o ônus tributário aquele sujeito que venha a praticar o fato previsto em hipótese no antecedente da regra-matriz, e na medida de sua capacidade contributiva; caso contrário, ocorre tributação com efeito confiscatório.

No imposto sobre a renda, isso significa que: (i) tudo aquilo que não caracteriza renda, da pessoa física ou jurídica, não pode ser tributado a esse título; e (ii) não pode arcar com o ônus do tributo aquele que não aufere renda. Se isso acontecer, a tributação estará indo além da capacidade contributiva e será confiscatória.

---

158. Cf. CARRAZZA, Roque Antonio. *Curso de direito constitucional tributário* cit., p. 122.

159. Cf. HORVATH, Estevão. *O princípio do não-confisco no direito tributário* cit., p. 67.

Agora, voltando à análise empreendida por Aires Fernandino Barreto, entendemos absolutamente pertinente sua colocação quanto à não inclusão, na base de cálculo do imposto, da parcela correspondente à preservação do mínimo necessário, garantido pela Constituição, à "manutenção do capital e à produção de outros capitais".

No imposto sobre a renda das pessoas físicas, essa parcela corporifica o mínimo necessário à sobrevivência digna da pessoa e de sua família. Na pessoa jurídica, não podem integrar a base de cálculo do imposto os valores correspondentes aos recursos necessários à manutenção do negócio. É o denominado "mínimo existencial", do qual ainda voltaremos a tratar.

Como consequência, temos que, para que o imposto sobre a renda não seja confiscatório, os rendimentos recebidos, destinados à sobrevivência digna do sujeito e de sua família não podem ser tributados a título de imposto sobre a renda da pessoa física, assim como as receitas auferidas pela pessoa jurídica, destinadas a suportar os custos e despesas necessários à manutenção do negócio, não podem ser tributadas a título de imposto sobre a renda da pessoa jurídica.

A pessoa física que aufere rendimentos apenas suficientes para a sua sobrevivência digna e à de sua família e a pessoa jurídica cujas receitas apenas cobrem os custos e despesas necessários à manutenção do seu negócio não são contribuintes do imposto sobre a renda, uma vez que não praticam o seu critério material. Nesses casos, não existe riqueza a ser tributada, ou seja, não existe renda, não há capacidade contributiva. Os rendimentos destinados a cobrir o mínimo existencial, seja na pessoa física, seja na jurídica, por não caracterizarem renda, não podem ser tributados pelo imposto sobre a renda. E tributar, a título de imposto sobre a renda, aquilo que não representa renda, vai além da capacidade contributiva, caracterizando utilização de tributo com efeito de confisco.

3.2.4 Princípios informadores do imposto sobre a renda

Além dos princípios gerais, voltados a orientar todo o ordenamento jurídico, e dos princípios tributários que, como o nome diz, regem a ordem tributária, impondo limites ao legislador, em sua função de instituir e majorar tributos, a Constituição traz outros, específicos, que se dirigem ao legislador infraconstitucional no trato de determinados gravames.

No imposto sobre a renda, estamos falando dos "critérios" da generalidade, da universalidade e da progressividade, previstos expressamente no inciso I do § 2º do art. 153 da Carta da República.

O constituinte, ao apontar os três "critérios" informadores do imposto sobre a renda, foi categórico: estabeleceu que o imposto sobre a renda será informado pelos critérios da generalidade, da universalidade e da progressividade; e que isso será feito na forma da lei. Ao assim estipular, o constituinte determinou que a União, ao produzir a lei que instituir ou majorar o imposto sobre a renda, deverá fazê-lo em respeito a esses três "critérios".

A propósito dos dizeres "na forma da lei", já afirmara Roque Carrazza[160] que, longe de enfraquecerem o caráter cogente do dispositivo, apenas destacam que caberá aos Poderes da União dar plena eficácia e total aplicabilidade ao comando constitucional.

Como vimos, os princípios são normas jurídicas intensamente carregadas de valor, de modo a estabelecer diretrizes para o legislador, na elaboração e na interpretação das normas de inferior hierarquia. Os "critérios" da generalidade, da universalidade e da progressividade, ao informarem valores a serem implantados nas normas concernentes ao imposto

---

160. Cf. CARRAZZA, Roque Antonio. *Imposto sobre a renda.* Perfil constitucional e temas específicos cit., p. 68.

sobre a renda, cumprem esse papel, sendo dignos, a nosso ver, de ser alçados à categoria dos princípios constitucionais.

Esses três princípios específicos foram incluídos expressamente no texto da Carta de 1988, e sobre eles não se pode afirmar que sejam meros conselhos formulados pelo constituinte. Muito pelo contrário, os princípios da generalidade, da universalidade e da progressividade, longe de constituírem simples recomendações, exprimem a vontade da sociedade, representada pelo constituinte, e devem ser obrigatoriamente observados pelo legislador infraconstitucional na criação da regra-matriz do imposto sobre a renda.

Sua inclusão na Carta de 1988 traz à baila a ideia inicial do Primeiro Ministro Britânico William Pitt, ao propor a instituição do imposto sobre a renda na Grã-Bretanha, no século XVIII. Pitt propôs um imposto com alíquotas progressivas, nos moldes do imposto que precedeu o imposto sobre a renda, o denominado *triple assessment*, e defendia que todas as rendas, qualquer que fosse a sua natureza, deveriam ser indistintamente tributadas, de forma equânime, de todas as pessoas que as auferissem, uma vez que somente assim seria possível aferir a isonomia tributária e a plena capacidade contributiva[161-162].

Os princípios constitucionais específicos, informadores do imposto sobre a renda[163], sobre os quais passaremos a discorrer, são os da universalidade, da generalidade e da

161. Cf. SELIGMAN, Edwin R. A. *The income tax* cit., p. 73-74.

162. No tocante à tributação das pessoas físicas, diferentemente do que ocorre no Brasil, no Reino Unido, atualmente, as alíquotas aplicáveis aos juros obtidos na poupança pessoal (os juros obtidos em alguns tipos de aplicação são isentos) são as mesmas aplicáveis ao restante da renda. A tributação dos lucros obtidos na alienação de bens e direitos é feita separadamente do imposto sobre a renda; trata-se de um outro tributo. Cf. Income Tax – gov.uk. Disponível em: <https://www.gov.uk/income-tax>. Acesso em: 21 set. 2017; Capital gains tax – gov.uk. Disponível em: <https://www.gov.uk/capital-gains-tax>. Acesso em: 21 set. 2017.

163. Roque Carrazza defende que a determinação constitucional não se limita ao imposto sobre a renda (Cf. CARRAZZA, Roque Antonio. A progressividade na ordem tributária cit., p. 51).

progressividade, que, implicando-se mutuamente, visam a garantir a isonomia tributária, a capacidade contributiva e a vedação à utilização de tributo com efeito de confisco, voltando-se, por fim, ao cumprimento da justiça fiscal.

Por força da conjugação desses três princípios, Paulo Ayres Barreto[164] pontuou que o legislador ordinário, ao criar a regra-matriz de incidência do imposto sobre a renda, deve estabelecer que: (i) todo o patrimônio do contribuinte deve ser considerado, para fins de tributação; (ii) toda a renda auferida deve receber o mesmo tratamento tributário; e (iii) será aplicada alíquota mais elevada quanto maior for a renda tributável.

Isso significa dizer que, da combinação dos princípios informadores do imposto sobre a renda, o nosso sistema constitucional tributário: exige que toda a renda, de todos aqueles que a aufiram, seja tributada pelo imposto sobre a renda; não admite que certas rendas sejam segregadas, em razão da sua natureza, para serem submetidas a uma tributação a alíquotas maiores ou menores por esse motivo; e, por fim, determina que, quanto maior for a renda total, maior será a alíquota a incidir, para o cálculo do imposto.

3.2.4.1 Apontamentos introdutórios aos princípios da generalidade e da universalidade

Os princípios da generalidade e da universalidade, prescritos no art. 153, § 2º, inciso I, da CF/88, afinam-se com os ideais de isonomia tributária e justiça fiscal defendidos pelo Primeiro Ministro Britânico William Pitt, quando da instituição do imposto sobre a renda no Reino Unido, no século XVIII.

Na época da aprovação da Lei de 1799, instituidora do imposto sobre a renda, discutiu-se, no Parlamento do Reino

164. Cf. BARRETO, Paulo Ayres. Imposto sobre a renda – pessoa jurídica. In: SANTI, Eurico Marcos Diniz de (coord.). *Curso de especialização em direito tributário:* estudos analíticos em homenagem a Paulo de Barros Carvalho. Rio de Janeiro: Forense, 2006. p. 771.

Unido, se todas as rendas, sem exceção, deveriam ser tributadas, de todos que as auferissem, e se seria ou não adotada a discriminação (segregação) das rendas para fins de tributação[165].

As discussões mais acaloradas foram sobre se haveria isonomia e justiça se rendas de naturezas distintas fossem gravadas de forma equitativa e se todos, inclusive os investidores em ações e os beneficiários de títulos do governo, deveriam ser contribuintes. William Pitt, na ocasião, defendeu que a igualdade e a justiça na tributação pelo imposto sobre a renda só seriam obtidas se todos aqueles que auferissem renda fossem tributados e todas as rendas, qualquer que fosse a sua natureza, fossem gravadas de forma equânime; só assim se alcançariam a isonomia tributária e a justiça fiscal[166].

Em primeiro lugar, porque, se todos queriam a proteção do Estado, então todos os que auferiam renda deveriam dar a sua contribuição, independentemente da natureza da renda obtida; em segundo, todos os tipos de rendas seriam iguais, perante a tributação; as diferenças na natureza das rendas auferidas, na visão de William Pitt, não seriam um problema tributário, mas decorriam de desigualdades criadas pela estrutura da sociedade[167].

Sendo assim, podemos concluir que a generalidade e a universalidade na tributação da renda acarretam, como consequência, que todos aqueles que auferem renda devem sofrer a tributação do imposto sobre a renda, que deve incidir sobre toda a renda auferida, indistintamente.

---

165. Cf. SELIGMAN, Edwin R. A. *The income tax* cit., p. 72-77. A progressividade já era uma realidade na tributação desde o "triple assessment" ("avaliação tripla", em tradução livre), tributo instituído por iniciativa de William Pitt e que antecedeu o imposto sobre a renda no Reino Unido. Os debates acerca da progressividade, na instituição do imposto sobre a renda, versaram não sobre a sua aplicação, propriamente dita, mas sobre a forma mais justa e isonômica de associar as alíquotas às respectivas faixas de renda tributável. Cf. SELIGMAN, Edwin R. A. *The income tax* cit., p. 76-77.

166. Cf. Ibidem, p. 72-77.

167. Cf. Idem.

Vale lembrar que os entendimentos manifestados pelos doutrinadores brasileiros cujas obras estudamos, sobre os quais discorreremos, a seguir, a respeito do significado desses dois princípios, não diferem daquele externado por William Pitt. O que existe são peculiaridades nas definições de cada um desses princípios individualmente: o que um doutrinador entende por generalidade pode ser entendido por outro como universalidade e vice-versa. Todavia, no cômputo geral, as divergências não são nada significativas. Vejamos.

Para Ricardo Mariz de Oliveira[168], o princípio da generalidade impõe que o imposto sobre a renda "deve tratar por igual todo e qualquer tipo de renda ou provento, de modo que qualquer acréscimo patrimonial universal receba o mesmo tratamento que seja atribuído aos demais". Por força da generalidade, qualquer aumento patrimonial deve ser tratado de igual modo, sem discriminações; devem receber tratamento idêntico os aumentos patrimoniais derivados do capital e do trabalho, seja ele trabalho autônomo ou assalariado, bem como os produzidos por atividades ilegais.

Já o princípio da universalidade, segundo o mesmo autor, quer dizer que todo o patrimônio do contribuinte deve ser considerado na sua integralidade, sem qualquer fracionamento, seja no momento inicial do período de apuração, seja no momento final, seja no decorrer desse período, em que ocorrem mutações[169].

Paulo Ayres Barreto[170] associa o princípio da generalidade à obrigatoriedade da incidência do imposto sobre todas as espécies de renda, vedada a segregação para sua tributação mediante critérios distintos, o que significa dizer que o imposto sobre a renda não pode ser seletivo, onerando mais

168. Cf. MARIZ DE OLIVEIRA, Ricardo. *Fundamentos do imposto de renda*. São Paulo: Quartier Latin, 2008. p. 253-255.

169. Cf. Ibidem, p. 255.

170. Cf. BARRETO, Paulo Ayres. *Imposto sobre a renda e preços de transferência*. São Paulo: Dialética, 2001. p. 62.

algumas espécies de acréscimo patrimonial e menos outras, enquanto o "princípio da universalidade impõe que a renda obtida por toda pessoa, observados os limites da própria competência tributária, fique sujeita à incidência desse imposto".

Roque Carrazza[171] expõe que, a fim de cumprir o requisito da generalidade, o imposto sobre a renda deve alcançar todas as pessoas que realizam seu fato imponível, independentemente de qualquer característica, já que é propósito deste critério vedar discriminações e privilégios entre os contribuintes. Já para atender ao critério da universalidade, o imposto sobre a renda deve alcançar todos os ganhos ou lucros, de qualquer espécie ou gênero, obtidos pelo contribuinte no território brasileiro e também no exterior, respeitados os acordos para evitar a bitributação internacional, evitando que somente parte da renda e proventos obtidos seja levada à tributação.

Semelhante entendimento manifesta Mary Elbe Queiroz[172], segundo quem, ser informado pela universalidade significa que deverão se submeter à incidência do imposto sobre as rendas ou proventos de todas as espécies e gêneros, considerados em seu conjunto, independentemente de denominação, localização, condição jurídica, nacionalidade da fonte e da sua origem (salvo as protegidas pelas imunidades e aquelas expressamente excluídas por lei). O princípio da generalidade, segundo a autora, refere-se a pessoas, "no sentido de que todos, salvo os casos de imunidade, deverão submeter-se à imposição dos tributos desde que realizem os respectivos fatos geradores".

Assim também entendemos. Para nós, o princípio da generalidade visa assegurar que todas as pessoas que auferem renda

---

171. Cf. CARRAZZA, Roque Antonio. *Imposto sobre a renda...* cit., p. 65-69. Este é também o posicionamento externado por Charles William McNaughton e Pedro Anan Jr. Cf. McNAUGHTON, Charles William; ANAN JR., Pedro. *Manual do imposto de renda da pessoa jurídica – IRPJ*. São Paulo: Intelecto, 2016. p. 5-6.

172. Cf. QUEIROZ, Mary Elbe. Imposto sobre a renda e proventos de qualquer natureza – tributação das pessoas físicas. In: SANTI, Eurico Marcos Diniz de (coord.). *Curso de especialização em direito tributário* – estudos analíticos em homenagem a Paulo de Barros Carvalho. Rio de Janeiro: Forense, 2006. p. 444-445.

estão sujeitas à exação. Como consequência, quando determina que o imposto sobre a renda deve obedecer ao princípio da generalidade, a Constituição visa ao tratamento tributário isonômico das pessoas que se encontram em situação equivalente, que auferem renda, ou seja, obtêm riqueza nova disponível.

Já o princípio da universalidade visa à tributação equânime de toda a renda, de tal forma que rendas da mesma magnitude sejam gravadas igualmente. Esse princípio também veda a fragmentação da renda, para o fim de tributá-la de forma diferenciada de acordo com a sua espécie, origem ou natureza.

3.2.4.2 Princípio da generalidade

Determinando que todas as pessoas que auferem renda estão sujeitas ao imposto sobre a renda, a generalidade tem por objetivo assegurar que todos aqueles que se encontram em situação equivalente devem receber o mesmo tratamento tributário. Por outro lado, garante também que aqueles que não auferem renda, por se encontrarem em situação jurídica diversa, não serão tributados pelo imposto sobre a renda.

A generalidade no imposto sobre a renda reafirma, assim, a isonomia tributária, prevista no art. 150, inciso II, da CF/88, que estipula que o legislador não pode atuar de modo a estabelecer qualquer discriminação entre contribuintes que se encontrem em situação jurídica equivalente, sendo proibida qualquer distinção em razão de ocupação profissional ou função por eles exercida, independentemente da denominação jurídica dos rendimentos, títulos ou direito.

Nesse diapasão, o princípio da generalidade no imposto sobre a renda, visando a preservar a isonomia, impede que o legislador ordinário conceda privilégios a determinadas categorias econômicas ou profissionais, ou a determinadas pessoas ou grupos de pessoas, físicas ou jurídicas, em detrimento de outros, por meio de tributação diferenciada, ou isenções ou benefícios fiscais que não visem estritamente a preservar os valores positivados na Constituição.

Apesar de ter se tornado um princípio expresso no texto constitucional somente a partir da Carta de 1988, a ideia de generalidade já estava, de certa forma, presente na legislação do imposto sobre a renda, no seu nascedouro. A Lei 4.625, de 1922 (Lei Orçamentária para o exercício de 1923), estipulava, no *caput* de seu art. 31, que a exação seria devida "annualmente, por toda a pessoa physica ou juridica, residente no territorio do paiz" *(sic)* e, no seu inciso I, determinava que as pessoas não residentes no País e as sociedades com sede no estrangeiro pagariam o imposto sobre a renda líquida apurada dentro do território nacional.

Tendo em conta que, de acordo com o princípio da generalidade, o imposto sobre a renda deve ser cobrado de todas as pessoas, físicas ou jurídicas, que auferem renda, há que se questionar, então, por que determinadas pessoas são imunes ou isentas do imposto sobre a renda.

Nesse ponto, mais uma vez, absorvemos as lições de Roque Carrazza[173], quando explica que as pessoas imunes, por escolha do constituinte originário, não realizam seu fato imponível.

Especificamente no imposto sobre a renda, é o caso, por exemplo, dos demais entes políticos que não a União, dos templos de qualquer culto, dos partidos políticos, inclusive suas fundações, das entidades sindicais dos trabalhadores, das instituições de educação e de assistência social, sem fins lucrativos, atendidos os requisitos da lei. Por força do art. 150, VI, da CF/88, essas pessoas são imunes à tributação do imposto sobre a renda, ou seja, por expressa determinação da Carta de 1988, não praticam o fato "auferir renda".

Por força da imunidade, a União não tem competência para caracterizar a "riqueza nova" auferida por essas pessoas como renda tributável. Como decorrência, jamais haverá, por parte dessas pessoas, a prática do fato tributário "auferir

---

173. Cf. CARRAZZA, Roque Antonio. *Imposto sobre a renda e proventos de qualquer natureza...* cit., p. 68.

renda", razão pela qual não pode haver tributação a título de imposto sobre a renda, por ausência de matéria tributável.

Já as isenções, segundo Roque Antonio Carrazza[174], somente são admitidas quando instituídas em homenagem aos princípios da isonomia e da capacidade contributiva, isto é, somente quando levam em conta valores consagrados pela Constituição, tais como a proteção à velhice, à família, à cultura, entre outros.

Acrescentamos que as isenções do imposto sobre a renda, instituídas pelo legislador infraconstitucional, visam a fins extrafiscais, e que, para serem válidas, devem ter por finalidade, direta ou indiretamente, a garantia de valores constitucionais. Caso contrário, violam o princípio da generalidade. A garantia de valores constitucionais deve ser também o objetivo almejado quando se instituem os denominados benefícios fiscais. Igualmente estabelecidos pelo legislador infraconstitucional, os benefícios ou incentivos fiscais abarcam vários expedientes, que podem ser de redução ou de isenção do imposto, entre outros.

Vale, portanto, confrontar o princípio da generalidade com os incentivos ou benefícios fiscais do imposto sobre a renda, concedidos a pessoas físicas e jurídicas que cumpram certos requisitos, a fim de aferir a sua conformidade com esse princípio informador.

A concessão de benefícios fiscais, em suas várias formas, nas quais se inclui isenção, caracteriza função extrafiscal do imposto sobre a renda. Por meio da redução, da isenção ou da postergação do pagamento do tributo, o benefício tem por objetivo estimular determinados comportamentos que vão ao encontro do interesse público, mas que, não fosse tal medida de incentivo, talvez não fossem adotados pelos particulares.

No imposto sobre a renda, existem vários. Por exemplo, os benefícios fiscais de isenção ou redução do imposto para

174. Cf. Ibidem, p. 69.

pessoas jurídicas que se instalam em determinadas regiões do país, para lá desenvolverem suas atividades, com fundamento nos arts. 43, § 2º, III e 151, I, da Carta da República. Com o incentivo, as empresas ficam estimuladas a investir na região, criando empregos e impulsionando a economia local.

Também são incentivadas as atividades culturais, tais como as artes cênicas e a música erudita ou instrumental, por meio de deduções do imposto sobre a renda para aquelas pessoas físicas ou jurídicas que promovam doações e patrocínios para a produção cultural nesses segmentos, de modo a contribuir para facilitar o acesso de todos às fontes da cultura e o exercício dos direitos culturais, nos moldes do art. 23, V, e do art. 215 da CF/88.

Importante ressaltar que a extrafiscalidade no imposto sobre a renda não é uma possibilidade admitida de forma unânime. Fernando Ferreira Castellani[175], em estudo sobre o tema, manifesta o entendimento que o princípio da generalidade, entendido como a norma que prevê o alcance, pela tributação da renda, de todos aqueles que praticarem a conduta descrita como fato gerador do tributo, não se coaduna com a extrafiscalidade.

Já Roque Carrazza[176] entende que incentivos e benefícios fiscais podem existir, sem prejuízo do critério da generalidade, desde que eles sejam destinados a promover o equilíbrio do desenvolvimento socioeconômico entre as diferentes regiões do País ou a implementar o próprio princípio da igualdade, fazendo com que pessoas em situações econômicas diversas sejam tratadas na medida de suas desigualdades.

Assim também pensamos. Acreditamos que, no caso dos incentivos fiscais, o tratamento diferenciado pode ser admitido, uma vez que as pessoas que se dispõem a perseguir os fins constitucionais, fazendo, por exemplo, investimentos para o desenvolvimento de determinadas regiões geográficas ou de

---

175. Cf. CASTELLANI, Fernando Ferreira. *O imposto sobre a renda e as deduções de natureza constitucional*. São Paulo: Noeses, 2015. p. 139-141.

176. Cf. CARRAZZA, Roque Antonio. *Imposto sobre a renda e proventos de qualquer natureza*... cit., p. 69.

certos setores da economia, estão atuando em prol do interesse público e, por isso, encontram-se em situação jurídica distinta daquelas pessoas que não se dispõem a fazer investimentos para atingir esses fins.

Sendo assim, desde que o benefício fiscal concedido tenha por objetivo, direta ou indiretamente, o atendimento a fins constitucionais, ele não viola a isonomia tributária e a generalidade no imposto sobre a renda. Pelo contrário, vem reforçar o valor da igualdade, consagrado na Constituição.

3.2.4.3 Princípio da Universalidade

Segundo o princípio da universalidade, o imposto deve incidir sobre toda a renda da pessoa física ou jurídica. Deve incidir indistintamente sobre todas as espécies de renda, qualquer que seja a sua origem ou natureza, segundo os mesmos critérios e de uma forma global. Este princípio veda a segregação da renda, com o fim de submeter rendas de diferentes espécies ou naturezas a tributação, mediante critérios distintos.

O princípio da universalidade se opõe ao princípio da discriminação da renda. Este prevê a segregação das rendas auferidas, segundo determinados critérios, de tal modo que a tributação é diferenciada, e aplicada em maior ou menor grau em função da espécie, natureza ou da origem da renda. Essa ideia parte do pressuposto de que a renda, por si só considerada, como um valor absoluto, não constitui um critério seguro para se aferir a capacidade contributiva e a isonomia na tributação, haja vista que, segundo esse entendimento, rendas de diferentes naturezas ou origens frequentemente denotam graus variáveis de capacidade para contribuir[177].

Há diversos critérios possíveis para estabelecer essa diferenciação. Um deles é o que distingue as rendas "meritórias" (*earned income*) das "não meritórias" (*unearned income*). Essa distinção se baseia na ideia de igualdade de sacrifício para

177. Cf. SELIGMAN, Edwin R.A. *The income tax* cit., p. 22.

a obtenção da renda, uma vez que, na primeira hipótese, a renda decorre de esforço pessoal, o que não se dá na segunda. Por essa razão, segundo esse princípio, entende-se que a renda "não meritória" deveria ser tributada de forma distinta da "meritória". A renda "meritória" deriva basicamente do trabalho (por exemplo, salários e honorários), ao passo que a "não meritória" independe de qualquer esforço pessoal (por exemplo, juros e alugueis)[178]. Gladstone (Ministro da Fazenda Britânico no século XIX) definiu-as como renda "laboriosa" e renda "preguiçosa"[179].

No Reino Unido, o Primeiro Ministro William Pitt era contrário à discriminação da renda, para fins tributários. Na criação do imposto, no final do século XVIII, contudo, sua ideia de tributar igualmente todos os tipos de renda sofreu oposição de muitos, que argumentavam que rendas de espécies diferentes deveriam ser tributadas de forma descoincidente, uma vez que exigiam diferentes níveis de sacrifício para serem auferidas. A respeito desse argumento, William Pitt sustentou, na época, que as diversas origens da renda, tais como a propriedade ou o trabalho, não acarretavam dessemelhança na renda propriamente dita. Em outras palavras, não era o imposto, aplicado de forma isonômica a todas as rendas que causava desigualdade; esta decorria da natureza desigual da própria sociedade[180].

O princípio da discriminação ou diferenciação da renda, defendido por Edwin Seligman[181], contrapõe-se, portanto, ao princípio da universalidade, informador do imposto sobre a renda brasileiro a partir da Constituição de 1988.

A tributação discriminada da renda já teve adeptos também no Brasil. Foi defendida por Aliomar Baleeiro, sob o

---

178. Cf. Ibidem, p. 23-24.

179. Cf. Ibidem, p. 152.

180. Cf. Ibidem, p. 73-77.

181. Cf. Ibidem, p. 22.

argumento que só um imposto sobre a renda discriminado (e progressivo) corrigiria efetivamente as injustiças fiscais. A discriminação teria por objetivo justamente submeter a maior ou menor gravame as rendas produzidas unicamente pelo trabalho pessoal, tão somente pela posse de capital ou pelos dois ao mesmo tempo[182].

Não obstante, o constituinte de 1988 incluiu no texto da Carta Maior não o princípio da discriminação da renda, mas o princípio da universalidade. Com isso, inseriu no nosso ordenamento a ideia defendida por William Pitt, no Reino Unido do século XVIII, de que todos os tipos de renda devem ser isonomicamente tributados, independentemente da sua natureza. O constituinte brasileiro rejeitou, assim, qualquer tipo de discriminação da renda para fins tributários, reputando indiferente, para o imposto, o fato de a renda ser produto do capital ou do trabalho, da sua combinação, ou de ter qualquer outra origem.

Em decorrência do princípio da universalidade, a renda tributável não pode ser segregada em categorias, nem fragmentada, nem classificada em função de sua espécie, origem ou natureza, com o intuito de sofrer tributação diferenciada, em maior ou menor intensidade, de acordo com essa classificação ou categorização. Pelo contrário, a Constituição, por meio do princípio da universalidade, exige que a renda tributável seja considerada de forma única e em sua totalidade, uma coisa só.

Em consonância com esse entendimento, Luís César Souza de Queiroz[183] já afirmara que, de acordo com o princípio da universalidade, "o conceito 'renda e proventos de qualquer natureza' deve ser resultado da combinação de todo e qualquer fato (positivo ou negativo) que possa informar a ocorrência de acréscimo de valor do patrimônio". Por esse

182. Cf. BALEEIRO, Aliomar. *Imposto sobre a renda...* cit., p. 50.

183. Cf. QUEIROZ, Luís Cesar Souza de. Limites à compensação de prejuízos fiscais na incorporação. In: COSTA, Alcides Jorge et al. *IX Congresso Nacional de Estudos Tributários. Sistema tributário nacional e a estabilidade da federação brasileira.* São Paulo: Noeses, 2012. p. 635 (nota 22).

motivo, para que se atenda ao princípio da universalidade, no cômputo da renda, devem-se considerar dois aspectos: o da universalidade propriamente dita e o da unidade. Em razão da universalidade, devem-se computar todos os fatos inerentes a uma pessoa que impliquem o aumento ou a diminuição de valor do seu patrimônio. No tocante à unidade, impende considerar que, quando se fala em acréscimo patrimonial, "é preciso ter em conta que patrimônio significa conjunto de direitos subjetivos e deveres jurídicos economicamente apreciáveis, isto é, avaliáveis em moeda, que uma pessoa é titular".

O princípio da universalidade, ao determinar que a totalidade da renda auferida deve ser tributada como um todo único, autoriza a tributação da renda em bases universais, aplicável a todas as pessoas físicas residentes no País e a todas as pessoas jurídicas aqui domiciliadas. Independentemente do local onde o fato "auferir renda" seja praticado, a riqueza nova obtida compõe o montante a ser tributado pelo imposto no Brasil.

Quando foi criado no País, o imposto sobre a renda se pretendia universal. O art. 31 da Lei Orçamentária para o exercício de 1923 (Lei 4.625, de 1922), que o instituiu, previa, no seu *caput*, que o imposto deveria incidir, em cada caso, sobre o conjunto líquido dos rendimentos de qualquer origem.

Todavia, não havia um dispositivo constitucional que exigisse a tributação universal da renda. Isso permitiu a adoção da tributação composta, trazida pela Lei 4.984, de 1925. Adotando o princípio da discriminação, referido diploma previa a incidência de alíquotas proporcionais variáveis (maiores para rendimentos de capital e menores para rendimentos de trabalho), de acordo com o rendimento líquido, classificado de acordo com a sua espécie ou origem (rendimento cedular) e, complementarmente, a incidência de alíquotas progressivas sobre a renda global. A tributação diferenciada das espécies de renda da pessoa física vigorou no Brasil até o advento da Lei 4.506, de 1964, e a classificação dos rendimentos em categorias (cédulas) só foi extinta com a Lei 7.713, de 1988.

3.2.4.4 Princípio da Progressividade

Edwin Seligman[184] classifica as formas de tributação em: proporcional e graduada. Tributação proporcional é aquela na qual se mantém a mesma alíquota para qualquer valor de base de cálculo. Já a tributação graduada pode ser ascendente ou descendente: será ascendente quando suas alíquotas aumentarem na medida em que também aumentam as bases de cálculo, caso em que a tributação se denomina progressiva; quando as alíquotas diminuem na medida em que a base de cálculo aumenta, diz-se que a tributação é regressiva.

A progressividade é, portanto, a característica que um tributo tem, de incidir, de forma mais gravosa, na medida em que a sua base de cálculo aumenta, ou seja, na situação em que, quanto maior for a sua base de cálculo, maiores serão as alíquotas que, a ela associadas, produzirão o valor do tributo devido.

Elizabeth Nazar Carrazza[185], em profundo estudo sobre a progressividade na tributação, aponta que, já em Atenas, por volta do ano 596 a.C, esse expediente foi adotado, quando se

184. Cf. SELIGMAN, Edwin R. A. *The income tax* cit., p. 30. Na tributação graduada ascendente, Edwin R. A. Seligman distingue ainda a tributação progressiva da tributação "degressiva". Esta última é aquela em que a tributação é progressiva até certo ponto, a partir do qual se estabiliza em uma única alíquota, transformando-se em tributação proporcional. No entanto, tendo em vista que nenhuma progressividade pode ser infinita, toda a tributação graduada ascendente seria "degressiva", tornando a distinção pouco relevante. Não obstante, Edwin R. A. Seligman esclarece que, geralmente, a denominação "tributação degressiva" se aplica aos casos em que a alíquota proporcional estabilizante é muito baixa (3% ou 4%), enquanto a expressão "tributação progressiva" é utilizada quando a alíquota proporcional é muito mais alta. Sendo assim, denominar a tributação graduada ascendente de "progressiva" ou "degressiva" depende inteiramente do ponto no qual cessa a progressividade e se inicia a proporcionalidade. Cf. SELIGMAN, Edwin R. A. *The income tax* cit., p. 30. Já Kossuth Kent Kennan define a tributação degressiva como aquela que tem alíquotas proporcionais depois de um certo valor de base de cálculo e, quanto mais diminuem essas bases de cálculo, menor é a alíquota. A "degressividade" é, portanto, a operação conversa da progressividade. Comparando a escala de alíquotas a uma escada, na subida, tem-se a progressividade, e, na descida, a "degressividade", mas a escada é a mesma nas duas situações. Cf. KENNAN, Kossuth Kent. *Income taxation...* cit., p.11.

185. Cf. CARRAZZA, Elizabeth Nazar. *IPTU e progressividade.* Igualdade e capacidade contributiva cit., p. 112-113.

instituiu um tributo sobre a produção. De acordo com a quantidade da produção de cada pessoa, em um determinado período de tempo, aplicava-se, aos mais ricos, um determinado valor de tributo que, no entanto, era decrescente, até a produção da classe mais baixa se tornar isenta. Pontua ainda que, ao longo da história, a tributação progressiva proporcionou experiências positivas e negativas e, por essa razão, teve idas e vindas.

No Brasil, um precursor do imposto sobre a renda, o imposto sobre subsídios e vencimentos, que começou a ser cobrado em 1911 (Lei 2.321, de 1910) e se manteve até o exercício de 1918, não era progressivo. Previa somente uma faixa de isenção, a partir da qual todos os subsídios e vencimentos eram tributados a uma alíquota única.

O imposto sobre a renda propriamente dito, instituído no País com a Lei 4.625, de 1922, também não era, inicialmente, progressivo. Todavia, assim se tornou logo em seguida, com a Lei 4.783, de 1923. Esse diploma trazia, em seu art. 3º, uma tabela progressiva, com alíquotas que variavam de 0,5% a 8%, além de estabelecer uma faixa de isenção.

Mas, antes da Carta de 1988, a progressividade era uma característica atribuída ao imposto sobre a renda pelo legislador infraconstitucional, com fulcro na isonomia, sem que houvesse previsão expressa na Constituição. A partir de 1988, a progressividade desse tributo passou a ser uma exigência constitucional.

Gravando mais aquele que tem maior capacidade contributiva, ao estipular que aqueles que auferem maior renda são tributados segundo alíquotas mais gravosas do que aqueles que auferem rendas mais baixas, o princípio da progressividade visa garantir a isonomia tributária: aquele que obtém maior renda pode e deve contribuir com maior percentual da sua disponibilidade, porque a sua disponibilidade é maior.

Ensina Rubens Gomes de Sousa[186] que a progressividade pode ser simples ou graduada. Progressão simples é aquela em

---

186. Cf. SOUSA, Rubens Gomes de. *Compêndio de legislação tributária*. Edição póstuma. Coordenação: IBET – Instituto Brasileiro de Estudos Tributários. São Paulo: Resenha Tributária, 1981. p. 171.

que a alíquota, determinada em razão de a renda ser mais alta ou mais baixa, se aplica, indistintamente, a toda a matéria tributável. Progressão graduada é aquela em que cada alíquota se aplica sobre a parcela compreendida entre um limite inferior e outro superior, de tal modo que é preciso aplicar tantas alíquotas quantas sejam as parcelas de valor e depois somar todos esses resultados parciais para obter o valor de imposto a pagar.

No Brasil, o imposto sobre a renda das pessoas físicas apurado na declaração anual é calculado segundo uma tabela progressiva, na qual estão previstas cinco faixas de base de cálculo, tributadas a alíquotas que vão de 0% a 27,5%. Cada faixa de renda é tributada de acordo com a alíquota correspondente à faixa, caracterizando, na definição de Rubens Gomes de Sousa, uma progressividade graduada[187].

Também existe progressividade na tributação da renda das pessoas jurídicas, mas o seu escopo é bem mais limitado: aplica-se uma alíquota de 15% a toda a base tributável, mais uma alíquota adicional de 10% sobre o montante da base tributável que ultrapassar um limite definido em lei, atualmente estipulado em R$ 20.000,00 mensais. Isso acarreta uma progressividade de menor intensidade do que a aplicada à tributação da renda anual das pessoas físicas.

Importante ressaltar que a progressividade não pode ser aplicada sem que obedeça a outros limites constitucionais. Não podem as alíquotas ser progressivas ilimitadamente; em algum ponto, definido pelo legislador, é preciso haver uma estabilização das alíquotas, sob pena de instituir uma tributação confiscatória.

É o que destaca Roque Carrazza, ao definir parâmetros mínimo e máximo para a progressividade. A progressividade extrapolaria seu limite máximo ao atingir montantes que

187. A tabela progressiva do imposto sobre a renda das pessoas físicas, utilizada para o cálculo do imposto sujeito à tributação anual, é uma tabela prática. Nela, o valor da "parcela a deduzir" garante que cada faixa de renda do contribuinte seja tributada segundo a alíquota própria. Sendo assim, mesmo aqueles que auferem rendas mais altas, sujeitos à maior alíquota, têm direito a uma faixa de renda isenta e faixas de renda cuja tributação se dá a alíquotas mais baixas.

extravasam a capacidade contributiva, a ponto de tornar o tributo confiscatório. Seu parâmetro mínimo seria encontrado ao incidir sobre a parcela de renda necessária à subsistência do contribuinte e de seus dependentes econômicos[188].

Sendo assim, a progressividade não pode ser infinita. Em algum ponto, é preciso haver uma estabilização, ou seja, deve haver uma alíquota máxima. Porém, se as alíquotas progredirem rapidamente e a alíquota máxima for aplicada a uma faixa de base de cálculo ainda baixa, haverá comprometimento da capacidade contributiva e da isonomia tributária, uma vez que se sujeitarão, a uma mesma alíquota máxima, rendas baixas e altas.

No imposto sobre a renda anual das pessoas físicas no Brasil, a progressividade é muito acentuada nas faixas de base de cálculo inferiores. Isso significa dizer que, no Brasil, as alíquotas se estabilizam em relação a uma base de cálculo ainda muito baixa. Como consequência, a tributação incide, com sua alíquota máxima, sobre faixas de renda muito diferentes.

Já a progressividade no imposto sobre a renda das pessoas jurídicas, no Brasil, é muito pouco significativa, eis que varia em apenas 10 pontos percentuais, de 15% a 25%. Tal como ocorre no imposto sobre a renda das pessoas físicas, as alíquotas estabilizam-se a partir de uma base de cálculo baixa, transformando o imposto sobre a renda das pessoas jurídicas em um tributo praticamente proporcional.

Importa ressaltar que o princípio da progressividade se relaciona com o princípio da universalidade, na medida em que, para ser efetiva, a progressividade exige que, no cômputo do imposto, considere-se o total da renda do contribuinte, de uma vez só. Somente conhecendo e tributando o montante total da renda, integralmente, de uma única vez, será possível certificar-se que a alíquota a ser aplicada é a alíquota justa.

Por fim, para garantir que o imposto será progressivo, a sua base de cálculo não pode ser fracionada, por qualquer

188. Cf. CARRAZZA, Roque Antonio. *Imposto sobre a renda...* cit., p. 72 (nota 104).

motivo que seja. Se a base de cálculo for fragmentada, mesmo que se apliquem, para cada um dos fragmentos da base de cálculo, as alíquotas previstas em uma tabela progressiva, a força do princípio da progressividade se esvai.

No Brasil, apesar da garantia constitucional da progressividade no imposto sobre a renda e da generalidade e da universalidade da tributação, nem toda a renda das pessoas físicas e jurídicas se submete à tributação periódica e às alíquotas progressivas.

4. O IMPOSTO SOBRE A RENDA E PROVENTOS DE QUALQUER NATUREZA

4.1 Considerações preliminares sobre o conceito constitucional de "renda" e "proventos de qualquer natureza"

Podemos entender por "conceito" aquela compreensão que o intérprete constrói em sua mente, quando entra em contato com uma palavra ou expressão. Um conceito é uma noção, concepção, ideia, que o indivíduo obtém quando analisa a palavra ou expressão dentro de um determinado contexto.

Considerando que nosso objetivo é construir um conceito constitucional de "renda e proventos de qualquer natureza", o nosso contexto é a Constituição.

A Lei Maior do Estado brasileiro é a que contém as normas de mais alta hierarquia do nosso ordenamento. Por esse motivo, é primeiramente na própria Constituição que devemos buscar elementos para a construção de um conceito de renda e proventos de qualquer natureza. Nesse sentido, José Luiz Bulhões Pedreira já salientava que o conceito constitucional de renda é o que vai delimitar a competência da União e servir de parâmetro para aferir a constitucionalidade das leis que regulam o tributo. Em suas palavras:

> A noção de renda que nos interessa não é a utilizada pela ciência econômica nem a que teoricamente seja a mais perfeita para as finanças públicas, mas a que se ajusta ao sistema tributário nacional definido na Constituição Federal em vigor. Esse é o conceito que permitirá conhecer os limites da competência da União ao definir a base imponível do imposto sobre a 'renda e proventos de qualquer natureza', e que servirá de padrão para apreciar, em cada caso, a constitucionalidade das leis tributárias federais, estaduais e municipais[189].

Não deixamos de lado os estudos promovidos no campo de outras ciências, que trazem elementos valiosos para a construção do conceito constitucional de renda e proventos de qualquer natureza, mas procuramos utilizar seus fundamentos para construir esses conceitos no contexto da Constituição. Com esse objetivo, todas as normas constitucionais devem ser consideradas, sem perder de vista a ideia de sistema, que orienta nosso estudo.

A propósito da existência ou não de um conceito constitucional de renda e proventos de qualquer natureza, podemos afirmar que o próprio art. 153, inciso III, da Constituição, ao estabelecer essa materialidade para o imposto de competência da União, já permite que se entenda existente um conceito constitucional. Certamente que indeterminado, como qualquer conceito, porém, como salienta Luís Cesar Souza de Queiroz[190], jamais um conceito sem sentido, sem limites máximos ou vazio, de modo a conferir ao legislador infraconstitucional total liberdade para defini-lo.

A Constituição fixou limites muito claros ao legislador infraconstitucional, na instituição de impostos. Estabeleceu as competências impositivas, destinando a cada ente político

---

189. PEDREIRA, José Luiz Bulhões. *Imposto de renda*. Rio de Janeiro: APEC, 1969. p. 2-4.

190. Cf. QUEIROZ, Luís Cesar Souza de. A tributação de lucros auferidos no exterior por controladas e coligadas: a posição do STF e a lei n. 12.973/2014. In: RODRIGUES, Daniele Souto; MARTINS, Natanael (coord.). *Tributação atual da renda*. Estudo da Lei n. 12.973/14: da harmonização jurídico contábil à tributação de lucros no exterior. São Paulo: Noeses, 2015. p. 242.

determinadas materialidades, de modo a evitar conflitos de competência. Partindo desses pressupostos, a amplitude semântica do conceito que informa a materialidade de um determinado imposto não é elástica, nem pode ser deixada para o legislador ordinário.

Na distribuição das competências impositivas, a Constituição destinou impostos à União, aos Estados, ao Distrito Federal e aos Municípios, de forma estanque e inconfundível. No tocante aos impostos que cada ente político está autorizado a instituir, a Constituição traçou o "arquétipo genérico"[191] daqueles que podem ser instituídos, sempre de forma exclusiva, pelos entes políticos, de acordo com um determinado critério material. Descreveu abstrata, mas objetivamente, os fatos autorizados a figurar como hipóteses de incidência dos impostos de suas pessoas políticas[192].

Assim fez o constituinte ao produzir o texto do inciso III do art. 153 da Carta de 1988, estipulando que é a União competente para instituir imposto sobre "renda e proventos de qualquer natureza": especificou que os fatos autorizados a figurar como hipóteses de incidência do imposto são somente aqueles que se caracterizem como "rendas e proventos de qualquer natureza", excluídos quaisquer outros.

Os conceitos de "renda" e de "proventos de qualquer natureza", materialidades escolhidas pelo constituinte para compor o imposto de mesmo nome, constituem e esgotam o âmbito da competência tributária outorgada à União. Como a Constituição, ao designar as competências impositivas, determinou que elas fossem exclusivas para cada ente tributante[193],

---

191. Uma das designações atribuídas por Roque Antonio Carrazza ao arcabouço constitucional dos tributos.

192. CARRAZZA, Roque Antonio. Intributabilidade por via de imposto sobre a renda... cit., p. 164.

193. Com exceção da competência concorrente expressamente prevista, exclusivamente para a União, no caso excepcional de guerra externa ou sua iminência, consubstanciada nos impostos extraordinários (CF, art. 154, II).

os limites de cada materialidade não podem ser transpostos, sob pena de invasão de competência tributária alheia. Em situação de normalidade, que não caracterize guerra externa ou a sua iminência, não existe, portanto, qualquer margem para que as competências impositivas se sobreponham.

Podemos então afirmar, em uma primeira análise, parafraseando Geraldo Ataliba[194], que "renda" e "proventos de qualquer natureza" não podem significar o mesmo que prestação de serviços, importação de produtos estrangeiros, exportação para o exterior, operação de crédito, propriedade territorial rural, propriedade predial e territorial urbana, grande fortuna etc., que são materialidades de outros impostos previstos na Constituição.

Sobre os conceitos constitucionais, Rubens Gomes de Sousa já afirmava ser fundamental a distinção entre capital, patrimônio e renda, uma vez que aqueles têm caráter estático e esta última tem caráter dinâmico. "Capital seria, portanto, o montante de patrimônio encarado num momento qualquer de tempo, ao passo que renda seria o acréscimo do capital em dois momentos determinados"[195].

Na distinção entre os conceitos de patrimônio e renda, a dinamicidade ressaltada por Rubens Gomes de Sousa é elemento distintivo essencial. Se tivesse caráter estático, renda seria o mesmo que patrimônio ou capital, o que, sabidamente, não é.

Patrimônio, conceito de direito privado, significa o plexo das relações jurídicas de uma pessoa, que tenham valor econômico. Nele se incluem a posse, os direitos reais, as obrigações e as ações correspondentes a tais direitos[196]. Capital, por sua vez, é um valor em dinheiro que constitui parte de um

---

194. Cf. ATALIBA, Geraldo. Periodicidade do imposto de renda I.VII Congresso Brasileiro de Direito Tributário, Mesa de Debates. *Revista de Direito Tributário*, São Paulo: Malheiros, 1994, n. 63, p. 22.

195. Cf. SOUSA, Rubens Gomes de. A evolução do conceito de rendimento tributável. *Revista de Direito Público*, São Paulo, v. 14, out./dez. 1970, p. 240.

196. Cf. DINIZ, Maria Helena. *Dicionário jurídico*. São Paulo: Saraiva, 1998. v. 3, p. 541.

patrimônio ou a parte principal de um débito, em oposição aos juros que a dívida pode produzir[197].

Já afirmava Marçal Justen Filho que o caráter dinâmico do conceito de renda fica evidente tendo em vista que tal conceito se constrói a partir dessa distinção: sob "um ângulo dinâmico, a renda consiste numa diferença entre a riqueza preexistente, as despesas efetivadas para aquisição de riqueza nova e o ingresso que possa ser obtido a partir de então"[198].

O conceito de renda, no Brasil, admite três correntes doutrinárias predominantes, que se resumem nas seguintes:

a) Teoria da fonte ou da renda-produto: atrela a renda à natureza de sua origem, ou da "fonte" da qual provém. "Renda" é o produto de uma fonte durável, de modo a preservar sua reprodução periódica[199];

b) Teoria do acréscimo patrimonial: "renda" é acréscimo no valor de itens do patrimônio, sendo irrelevante o fato de decorrer ou não de uma atividade produtiva e de os ingressos dos quais resultam esse acréscimo serem periódicos, transitórios ou acidentais ou terem caráter oneroso ou gratuito[200];

c) Teoria legalista: "renda" é um conceito normativo, a ser estipulado em lei, ou seja, "renda" é aquilo que lei determina ser renda[201].

---

197. Cf. DINIZ, Maria Helena. *Dicionário jurídico*. São Paulo: Saraiva, 1998. v. 1, p. 488.

198. Cf. JUSTEN FILHO, Marçal. Periodicidade do imposto de renda I. VII Congresso Brasileiro de direito Tributário. Mesa de debates. *Revista de Direito Tributário*. São Paulo: Malheiros, n. 63, p. 17.

199. Cf. SOUSA, Rubens Gomes de. A evolução do conceito de rendimento tributável. *Revista de Direito Público*, São Paulo, v. 14, out./dez. 1970, p. 340.

200. Cf. QUEIROZ, Luís Cesar Souza de. Limites à compensação de prejuízos fiscais na incorporação... cit., p. 632.

201. Cf. CARVALHO, Paulo de Barros. *Direito tributário, linguagem e método* cit., p. 699.

Externando a sua ideia de "renda", José Luiz Bulhões Pedreira[202] destacou que as principais concepções doutrinárias podem ser classificadas em dois grandes grupos: (i) renda como fluxo de satisfações, serviços ou riquezas; e (ii) renda como acréscimo de riqueza ou poder econômico. Compara a diferença de pontos de vista adotados em cada um desses grupos de teorias à observada nas noções contábeis de demonstração de resultados e de comparação de balanços: medindo o fluxo de entradas e saídas durante um certo período, as concepções de renda como fluxo seriam comparáveis a uma demonstração de resultados, enquanto que as teorias de renda como acréscimo de riquezas adotam o ponto de vista da comparação entre balanços de abertura e encerramento de um determinado período.

Explica José Luiz Bulhões Pedreira que, nas concepções de renda como fluxo, a renda corresponde à utilidade econômica, que é a aptidão dos bens de satisfazerem as necessidades do indivíduo. Nessa mensuração, computa-se o valor em moeda, assim como o valor dos bens e serviços recebidos pelo indivíduo nas transações com outros indivíduos (renda monetária), e também os serviços obtidos por meio de sua atividade própria ou do uso de bens de sua propriedade (renda não monetária ou imputada). Em resumo, a renda é considerada como um fluxo de riqueza durante determinado período de tempo: o valor recebido durante um período determinado, em excesso das despesas de aquisição[203].

Dentro dessa concepção, tem-se a denominada "teoria da fonte" ou da "renda-produto". Segundo essa teoria, a renda é um produto periódico de uma fonte permanente, que Luciano Amaro define por meio de exemplos:

> É algo como eu ter um pé de laranja e esse pé de laranja produzir laranjas; estas são o produto do meu capital, que é o pé de

202. Cf. PEDREIRA, José Luiz Bulhões. *Imposto de renda* cit., p. 2-6; 2-7.

203. Cf. Ibidem, p. 2-6.

> laranja, e eu colho o fruto, a laranja, sem perder o capital. Ou eu tenho dinheiro, aplico esse dinheiro, colho o juro, que é o fruto civil, e mantenho o meu capital, de modo que renda seria algo produzido por um capital sem, claro, implicar o consumo, a destruição desse capital[204].

A teoria da fonte não leva em consideração o ganho obtido por meio de qualquer ato desvinculado da atividade operacional ou existencial do seu titular; restringe-se a classificar como renda a riqueza nova obtida a esse título. Por essa razão, na teoria da fonte, os ganhos de capital na alienação de bens e direitos não constituem renda, a não ser que se enquadrem nos requisitos da fonte produtiva[205].

Em contraponto às concepções de renda como fluxo, José Luiz Bulhões Pedreira traz as que adotam a ideia de renda como acréscimo ou acumulação em geral. Essas defendem que o conceito de renda tributável deve compreender todo e qualquer aumento de poder econômico, de valor do estoque de direitos de propriedade, ou de patrimônio líquido, seja qual for a sua origem, inclusive diferenças na avaliação de bens (ganhos de capital nominais), bens recebidos por doação ou herança e vantagens obtidas na aquisição de bens a preço inferior ao seu valor[206].

Temos aqui a teoria da renda-acréscimo, ou a teoria da renda como acréscimo patrimonial, que considera renda toda e qualquer riqueza que se agrega ao patrimônio do titular,

---

204. AMARO, Luciano da Silva. Imposto de renda, base de cálculo. X Congresso Brasileiro de Direito Tributário. Mesa de Debates (E). *Revista de Direito Tributário,* n. 69, p. 160.

205. Cf. ROLIM, João Dácio. O conceito jurídico de renda e proventos de qualquer natureza. Alguns casos concretos – adições e exclusões ao lucro real. *Revista de Direito Tributário*, São Paulo: Malheiros, n. 67, p. 216. O mesmo entendimento já fora manifestado por José Luiz Bulhões Pedreira, para quem a "concepção da renda como ganho derivado de fonte permanente ou regular, ou que se repete no tempo, exclui o ganho de capital, por ser eventual e irregular". PEDREIRA, José Luiz Bulhões. *Imposto de renda* cit., p. 2-12.

206. BULHÕES PEDREIRA, José Luiz. *Imposto de renda* cit., p. 2-13.

mesmo que não tenha sido produzida por algo permanente. Mais uma vez Luciano Amaro[207] esclarece a teoria:

> Qualquer coisa – os ganhos trazidos pelo vento, a invenção de tesouro, a doação, sei lá, qualquer coisa que eu receba e se agregue como riqueza nova ao meu patrimônio – pode ser rotulada como renda nessa concepção de renda acréscimo, ou seja, ingresso de riqueza nova.

Destaca João Dácio Rolim que, na teoria da renda como acréscimo patrimonial, admite-se a tributação das transferências de capital em uma acepção ampla[208]. Isso incluiria, no cômputo da renda, valores tais como os ganhos de capital na alienação de bens e direitos e os correspondentes a heranças e doações.

A terceira teoria da renda, a teoria legalista, segundo ressalta Luís Cesar Souza de Queiroz, é atribuída a Rubens Gomes de Sousa, em razão de afirmações feitas por esse autor no seu trabalho de 1947, denominado "O fato gerador no imposto de renda"[209], com ênfase no trecho em destaque a seguir:

> Resumindo, diremos que o fato gerador do imposto de renda, quer se trate do imposto cedular, quer do imposto complementar, quer, ainda, do imposto arrecadado na fonte, ou do imposto sobre a renda das pessoas jurídicas, é a aquisição da disponibilidade econômica de um elemento de riqueza que corresponda à definição legal positiva de rendimento[210].

Luís Cesar Souza de Queiroz[211] também ressalta que o posicionamento de Rubens Gomes de Sousa não pode ser

---

207. AMARO, Luciano da Silva. Imposto de renda, base de cálculo... cit., p. 160.

208. Cf. ROLIM, João Dácio. O conceito jurídico de renda e proventos de qualquer natureza... cit., p. 217.

209. Cf. QUEIROZ, Luís Cesar Souza de. *Imposto sobre a renda* – requisitos para uma tributação constitucional cit., p. 132-133.

210. SOUSA, Rubens Gomes de. O fato gerador no imposto de renda. *Revista de Direito Administrativo*, Rio de Janeiro, v. 12, jan. 1948, p. 58.

211. Cf. QUEIROZ, Luís Cesar Souza de. *Imposto sobre a renda* – requisitos para uma tributação constitucional cit., p. 141.

aferido por esse único recorte de sua obra. Se, à primeira vista, o conceito de renda de Rubens Gomes de Sousa é essencialmente legalista, após um exame mais aprofundado dos demais estudos que dedicou ao tema, pode-se concluir que Rubens Gomes de Sousa entende por "renda", em sentido amplo, um acréscimo (de valor) patrimonial, ou uma "riqueza nova".

A teoria legalista, no nosso rígido sistema constitucional, não parece viável e deve, portanto, ser afastada. Conforme vimos, a Constituição indica, de forma estanque, as materialidades que podem ser adotadas pelo ente político como ensejadoras de impostos. A utilização, pelo legislador ordinário, de materialidade outra que não aquela a ele estritamente destinada pela Carta da República, pressupõe: ou a invasão de competência tributária destinada a outro ente político ou a tributação de materialidade não prevista na Constituição. Diante disso, não se pode admitir que lei ordinária venha livremente estipular o que se deve considerar como renda: a lei instituidora do imposto deve circunscrever seu alcance àquele que a Constituição estabelece.

Nosso sistema constitucional não exclui, em princípio, nem a teoria da renda-produto nem a da renda-acréscimo patrimonial, eis que não estipulou parâmetros precisos de modo a deixar clara uma opção por uma ou por outra, ou pelas duas. Por essa razão, alerta Luís Cesar Souza de Queiroz[212] que, ao se construir a definição do conceito de renda (acepção ampla), deve-se ter em conta que as duas teorias são igualmente valiosas, não devendo uma prevalecer sobre a outra.

Concordamos com esse posicionamento. Sendo assim, na construção do conceito constitucional, consideramos, em princípio, tanto a teoria da renda como acréscimo patrimonial quanto a teoria da renda-produto ou da renda como fluxo. Impende salientar que, tendo em vista que o conceito de renda

---

212. Cf. QUEIROZ, Luís Cesar Souza de. *Imposto sobre a renda* – requisitos para uma tributação constitucional cit., p. 150.

é dinâmico, em ambas as teorias, há que se levar em conta um lapso de tempo, sem o qual o cômputo da renda se torna inviável, haja vista sua dinamicidade.

4.2 Sobre "renda" e "proventos de qualquer natureza" na Constituição

Com o objetivo de aprofundar o estudo dos conceitos constitucionais de "renda" e "proventos de qualquer natureza", trazemos à baila alguns posicionamentos doutrinários, os quais reputamos relevantes.

Ponderamos, primeiramente, que, além dos conceitos de "renda" e de "proventos de qualquer natureza", a Carta da República traz também outros, que deles se aproximam. Por essa razão, auxiliam a construção do conceito que buscamos, haja vista que, diante da já estudada privatividade da competência para instituir impostos, atribuída aos entes políticos, as materialidades objeto dessa tributação não podem se sobrepor.

Em aprofundado estudo sobre o tema, José Artur Lima Gonçalves compara determinados conceitos constitucionais, com o objetivo de delimitar o que vem a ser "renda"[213]. Nesse mister, estuda conceitos tais como "faturamento", "patrimônio", "capital", "lucro", "ganho" e "resultado". Salienta que, muito embora tangenciem ou influenciem no conceito de "renda", esses conceitos com esta não se confundem, tendo em vista a rigidez da Constituição na definição das competências impositivas[214]. Além desses conceitos, adverte ainda que "receita", é também um dos elementos a serem levados em conta para a realização do cálculo de eventual ocorrência de renda[215].

---

213. José Artur Lima Gonçalves não promove um estudo específico da expressão "proventos de qualquer natureza", pois entende que estes nada mais são do que uma espécie do gênero "renda". Cf. GONÇALVES, José Artur Lima. *Imposto sobre a renda:* pressupostos constitucionais. São Paulo: Malheiros, 2002. p. 174-176.

214. Cf. Ibidem, p. 171-177.

215. Cf. GONÇALVES, José Artur Lima. Imposto de renda – o artigo 43 do CTN e a

Nesse exame, José Artur Lima Gonçalves[216] ressalta que a noção de "faturamento", referida no art. 195 da CF/88, não passa de mero ingresso, isto é, representa a expressão do conjunto de ingressos decorrentes das faturas emitidas. Já "capital" é tomado pela Constituição no sentido de investimento permanente, e "patrimônio" significa o "conjunto estático de bens ou direitos titulados por uma pessoa, pública ou privada". "Lucro" corresponde ao resultado positivo de atividade empresarial, constituindo noção menos ampla do que "renda", enquanto "ganho" alude a ingressos, de forma descompromissada da noção de saldo positivo. "Resultado", por fim, é considerado como "situação terminal de um processo, sem qualificação valorativa relativamente à manifestação de capacidade contributiva".

Com a pesquisa, José Artur Lima Gonçalves chega ao conteúdo semântico mínimo do conceito constitucionalmente pressuposto de renda, que assim traduz: "(i) saldo positivo resultante do (ii) confronto entre (ii.a) certas entradas e (ii.b) certas saídas, ocorridas ao longo de um dado (iii) período". Com isso, ressalta o caráter dinâmico do conceito: renda é um saldo positivo, um acréscimo ao patrimônio obtido após um período de tempo[217].

Roberto Quiroga Mosquera, em percuciente exame, investiga as diversas acepções em que o vocábulo "renda" e a expressão "proventos de qualquer natureza" são utilizados no texto constitucional. Identifica cinco acepções diferentes para a palavra "renda" [218] e duas para "proventos" [219]: "renda" enquanto (i) sinônimo de "receitas tributárias e demais

---

lei complementar 104/01. *Revista Dialética de Direito Tributário,* São Paulo: Dialética, 2001, n. 67, p. 114-5.

216. Cf. GONÇALVES, José Artur Lima. *Imposto sobre a renda:* pressupostos constitucionais cit., p.177-179.

217. Cf. Ibidem, p.179.

218. Cf. MOSQUERA, Roberto Quiroga. *Renda e proventos de qualquer natureza* – o imposto e o conceito constitucional. São Paulo: Dialética, 1996. p. 50-59.

219. Cf. Ibidem, p. 59-64.

ingressos públicos"; (ii) "renda nacional, regional ou *per capita*"; (iii) "somatória de 'rendimentos'"; (iv) "rendimento do trabalho"; e (v) "produto do capital"; e "proventos" enquanto: (i) "rendimentos da aposentadoria" e (ii) "valores recebidos pelos agentes públicos".

Na conceituação de renda como materialidade tributável, Roberto Quiroga Mosquera admite as acepções de "renda" como "rendimento" e como "rendimento proveniente do trabalho", ou seja, "como algo que deriva de uma atividade produtiva do ser humano", que se complementam com a acepção de "renda" "como algo produto do capital", ou "rendimento produto do capital"[220]. Já a palavra "proventos" aparece como indicativa de "rendimentos recebidos a título de aposentadoria" e "valores recebidos pelos agentes públicos em decorrência de seu trabalho". A expressão "de qualquer natureza", segundo Roberto Quiroga Mosquera, não apresenta qualquer significação particular atribuída pela Constituição[221].

Mosquera conclui que, segundo essa análise parcial da Carta de 1988, será tributado pelo imposto sobre a renda "todo e qualquer rendimento que se origine do trabalho, do capital, da aposentadoria ou outra fonte", e essa fonte é irrelevante[222]. Lembra, porém, que só haverá "renda e proventos de qualquer natureza" se houver um acréscimo de elementos patrimoniais em um lapso temporal, de tal modo que tipifique "riqueza nova", caracterizada pelo incremento líquido positivo de elementos patrimoniais[223].

Paulo Ayres Barreto, na mesma linha, pontua que "renda",

> nos estritos termos em que constitucionalmente plasmada, há de ser interpretada como *o acréscimo a um dado conjunto de bens e*

220. Cf. Ibidem, p. 68.

221. Cf. Ibidem, p. 69.

222. Cf. Ibidem, p. 70.

223. Cf. Ibidem, p. 114-115.

> *direitos (patrimônio), pertencente a uma pessoa (física ou jurídica), observado um lapso temporal necessário para que se realize o cotejo entre determinados ingressos, de um lado, e certos desembolsos, de outro.* (grifos originais)[224]

Também Roque Antonio Carrazza[225] pontua que renda representa um excedente de riqueza. Por esse motivo, na sua apuração, é necessária a análise global das receitas auferidas, em confronto com os desembolsos efetuados para obtê-las, o que pressupõe a necessidade de um período de tempo para a sua apuração.

Verificamos que, nos posicionamentos estudados, prevalece a ideia de renda como acréscimo patrimonial. Mas também não fica afastada a ideia de renda-produto ou renda como fluxo, em sentido amplo, que emerge da "renda" como um conceito dinâmico, que pressupõe o confronto entre entradas e saídas, elementos positivos e negativos, em um período de tempo.

Sendo assim, renda é acréscimo patrimonial. Mas esse acréscimo não é, nem poderia ser, o valor total do patrimônio final subtraído do valor total do patrimônio inicial, após um período de tempo. O acréscimo patrimonial que caracteriza a renda do período decorre de uma equação complexa, na qual deve ser computado um fluxo de riquezas, no qual alguns ingressos devem ser acrescentados ao patrimônio e alguns gastos devem ser dele subtraídos. Esse raciocínio permite que se combine, à teoria do acréscimo patrimonial, a teoria da renda-produto em um sentido amplo, na qual se tem por "renda" o valor recebido durante um período determinado, em excesso das despesas de aquisição[226].

---

224. Cf. BARRETO, Paulo Ayres. Imposto sobre a renda: pessoa física, pessoa jurídica e regime de fonte. In: BARRETO, Aires Fernandino; BOTTALLO, Eduardo Domingos (coord.). *Curso de iniciação em direito tributário.* São Paulo: Dialética, 2004. p. 114.

225. Cf. CARRAZZA, Roque Antonio. *Imposto sobre a renda...* cit., p. 130.

226. Misabel Derzi, ao dissertar sobre o conceito de renda, adota entendimento semelhante, e distingue a aplicação de cada teoria, nos seguintes termos: "A rigor, nós adotamos na pessoa física o conceito de renda-fonte excedente (é sempre excedente, renda é sempre excedente), comparamos o fluxo dos ingressos em relação às saídas em

Essa ideia foi também apresentada por José Artur Lima Gonçalves, conforme notificamos linhas atrás, ao apontar que, na apuração da renda, temos determinados elementos positivos (entradas) e determinados elementos negativos (saídas), que se combinam para, ao fim do período, apresentar o resultado "renda", se positivo, ou outro resultado, diferente de "renda".

Partindo do estudo das acepções de renda empreendido por Roberto Quiroga Mosquera, entendemos que a Constituição admite como renda tributável tanto o produto de uma atividade produtiva como o produto do capital.

Já a palavra "proventos" foi trazida pela Constituição em duas acepções (também destacadas por Mosquera), quais sejam, "rendimentos recebidos a título de aposentadoria" e "valores recebidos pelos agentes públicos em decorrência de seu trabalho". Porém, ao acrescentar-lhe, no art. 153, a expressão "de qualquer natureza", o constituinte conferiu ao termo uma acepção um pouco mais ampla, que abrangeria também quaisquer proventos, inclusive as importâncias recebidas como vantagem financeira, honorários profissionais, bem como ganho ou lucro, inclusive lucro eventual.

Aqui, cabe destacar que o conteúdo semântico da expressão "proventos de qualquer natureza" só pode indicar um conceito que, assim como o de "renda", tem caráter dinâmico, o que significa dizer que os "proventos de qualquer natureza", assim entendidos os rendimentos recebidos a título de aposentadoria, reforma ou pensão, as importâncias recebidas como vantagem financeira, bem como ganho ou lucro, inclusive lucro eventual, devem ser considerados em um período de tempo, em confronto com determinado gastos.

---

determinado período, de modo que a diferença entre as entradas e as saídas fundamentais ou necessárias dedutíveis nos dá exatamente aquilo que se considera excedente. Mas na pessoa jurídica o regime é distinto, porque o legislador ordinário entendeu que o sistema seria diferente, e usamos não só o sistema de fonte, mas o sistema de acréscimo patrimonial". Cf. DERZI, Misabel. Imposto de renda, base de cálculo. Renda e patrimônio. X Congresso Brasileiro de Direito Tributário. Mesa de debates (E) (25.10.96). *Revista de Direito Tributário*, São Paulo: Malheiros, n. 69, p. 174.

Ante o exposto, considerando o contexto constitucional, podemos concluir que os denominados "proventos de qualquer natureza" têm, obrigatoriamente, a mesma natureza da "renda", ou seja, só podem ser entendidos como acréscimos patrimoniais verificados em um dado período de tempo, a partir de um fluxo de entradas e saídas de valores em um patrimônio.

No cômputo da renda e dos proventos de qualquer natureza, cogitamos que devem ser considerados, como ingressos de valores, certos elementos positivos. Queremos dizer que nem tudo o que ingressa no patrimônio deve entrar no cálculo da renda. Os elementos positivos são aqueles que podem se agregar ao patrimônio da pessoa física ou jurídica, a fim de compor a renda tributável. Todavia, conforme antecipamos, esse cálculo pressupõe a consideração de elementos negativos, as "saídas" do patrimônio.

Gisele Lemke[227] já alertara para a ideia de que o acréscimo patrimonial representativo da renda tributável não se resume somente a elementos que ingressam no patrimônio, mas leva em conta o fluxo de todas as riquezas, ingressos e saídas, que por ele transitaram no período, sob pena de se confundir a noção de acréscimo patrimonial com a de receita. Vejamos:

> Os novos direitos que ingressam no patrimônio, em linguagem econômica, constituem receita. Podem, no entanto, não constituir acréscimo patrimonial, porque é possível que ingresse (*sic*) nesse mesmo patrimônio, no período, obrigações de igual monta.

Luís César Souza de Queiroz denomina os elementos negativos de "fatos-decréscimos dedutíveis", e ressalta que, no cômputo da renda, não "servem de ajuste". Pelo contrário,

227. Cf. LEMKE, Gisele. Regime tributário das indenizações. In: MACHADO, Hugo de Brito (coord.). *Regime tributário das indenizações*. Coedição. São Paulo: Dialética; Fortaleza: Icet – Instituto Cearense de Estudos Tributários, 2000. p. 84, nota 21. Na mesma Nota, a autora afirma que "O acréscimo patrimonial não é constituído apenas pelos direitos que ingressam no patrimônio, mas também pelo aumento de valor dos direitos que nele já se encontram".

vêm compor a própria ideia de renda, uma vez que não existe um conceito de renda independente desses elementos[228].

A Carta de 1988 não enumera as importâncias a serem subtraídas dos ingressos patrimoniais para o cálculo da renda. Todavia, temos por certo que o constituinte deu um claro direcionamento ao legislador infraconstitucional, ao assegurar determinados direitos, qualificados como fundamentais. Ao amparar esses direitos, a Constituição veda a imposição de tributação que venha no sentido de seu desapreço[229].

Estamos falando dos direitos sociais e dos direitos dos trabalhadores, previstos nos arts. 6º e 7º da Constituição, da livre iniciativa, prevista no *caput* do art. 170 e da liberdade de profissão (art. 5º, XIII). Conforme salienta Regina Helena Costa[230], aqueles cujos ganhos são exclusivamente destinados a esses fins não revelam capacidade contributiva.

Destacamos, entre esses direitos, aquele denominado "mínimo existencial", que, para a pessoa física, é representado por aqueles ganhos apenas suficientes para fazer frente aos gastos necessários à subsistência digna do titular e de sua família[231]. Para a pessoa jurídica, é representado pelos ganhos em valor apenas suficiente para os dispêndios necessários ao livre exercício da atividade empresarial e para a manutenção da fonte geradora da renda. Não tem capacidade contributiva, em relação ao imposto sobre a renda, nem a pessoa física que aufere rendimentos integralmente destinados à sua sobrevivência e à de sua família, com dignidade, nem a pessoa

---

228. Cf. QUEIROZ, Luís César Souza de. Limites à compensação de prejuízos fiscais na incorporação... cit., p. 644.

229. Nesse sentido, cf. COSTA, Regina Helena. *Capacidade contributiva e direitos fundamentais* cit., p. 109.

230. Cf. COSTA, Regina Helena. *Capacidade contributiva e direitos fundamentais* cit., p. 110-111.

231. Nesse sentido, cf. QUEIROZ, Luís Cesar Souza de. *Imposto sobre a renda*. Requisitos para uma tributação constitucional cit., p. 72; MOSQUERA, Roberto Quiroga. *Renda e proventos de qualquer natureza...* cit., p. 128-129.

jurídica cuja receita seja integralmente destinada ao seu funcionamento e à reposição do seu capital[232].

Por conseguinte, as importâncias necessárias para garantir o mínimo existencial, tanto da pessoa física quanto da pessoa jurídica, devem ser subtraídas dos ingressos patrimoniais, para o fim de apurar a renda, ao final do período considerado. O legislador infraconstitucional não está autorizado a impor, sobre esses valores, tributação a título de imposto sobre a renda, por total inexistência de capacidade contributiva.

Diante dessas colocações, em uma interpretação sistemática, podemos afirmar que há, na Constituição, elementos para a construção dos conceitos de "renda" e "proventos de qualquer natureza", muito embora ainda com algumas incertezas.

Da análise empreendida, temos que "renda" é um conceito dinâmico, isto é, necessita de um período de tempo para ser apurada, período no qual se considera o fluxo de determinados ingressos e saídas de valores do patrimônio. É também um conceito relativo, uma vez que pressupõe o confronto de uma realidade patrimonial em dois momentos distintos.

Da mesma forma, a expressão "proventos de qualquer natureza" só pode ser entendida como o acréscimo patrimonial decorrente do ingresso de valores no patrimônio, em um período de tempo considerado, descontado dos dispêndios necessários para a criação da riqueza respectiva.

Concluímos, assim, que tanto "renda" quanto "proventos de qualquer natureza" têm natureza idêntica, que é de riqueza nova, incorporada ao patrimônio do seu titular, ao cabo de um período de tempo, depois de deduzidos os gastos necessários para a sua produção.

232. Nesse sentido, cf. ÁVILA, Humberto. A hipótese de incidência do imposto sobre a renda construída a partir da Constituição. *Revista de Direito Tributário,* São Paulo: Malheiros, n. 77, p. 106.

4.3 O imposto sobre a renda no Código Tributário Nacional. Comentários ao art. 43. A definição do conceito constitucional de "renda"

Construímos, no item anterior, os conceitos constitucionais de "renda" e de "proventos de qualquer natureza", para concluir que ambos têm idêntica natureza: a de acréscimo patrimonial obtido a partir de uma equação, na qual se consideram elementos positivos e negativos, representativos do fluxo de riquezas em um dado período de tempo.

Passamos agora ao patamar infraconstitucional detendo-nos, primeiramente, no Código Tributário Nacional – CTN, Lei 5.172, de 1966. Essa lei ordinária foi recepcionada pela Constituição de 1988 como lei complementar nos termos do seu art. 146.

Na sua função constitucional, cumpre à lei complementar explicar o que está implícito na Lei Maior, veiculando normas gerais de direito tributário, com dois objetivos: (i) dispor sobre conflitos de competência em matéria tributária e (ii) regular as limitações constitucionais ao "poder" de tributar[233].

Para cumprir esses propósitos, o art. 146, III, "a" é expresso ao estipular que as normas gerais devem definir os fatos geradores, bases de cálculo e contribuintes dos impostos discriminados na Constituição. Para esses fins, o Código Tributário Nacional trata do imposto sobre a renda em apenas três artigos: 43, 44 e 45.

Com suas finalidades específicas como norma geral de direito tributário, e justamente por ditar os limites dentro dos quais o legislador ordinário pode atuar na definição do "fato gerador" do imposto sobre a renda, o Código Tributário Nacional, delimitando a competência da União para instituir o imposto,

---

233. Adotamos a denominada "corrente dicotômica", nos moldes preconizados por Geraldo Ataliba e esposada por Roque Antonio Carrazza (Cf. CARRAZZA, Roque Antonio, *Curso de direito constitucional tributário* cit., p. 1094-1097). No mesmo sentido o posicionamento de Paulo de Barros Carvalho (cf. CARVALHO, Paulo de Barros. *Direito tributário, linguagem e método* cit., p. 407-412).

vem definir o conceito constitucional de renda (o que não impede a lei ordinária de veicular definições mais específicas, as quais, entretanto, não podem extrapolar da definição do CTN).

Definir uma palavra é indicar seu significado[234] e, nesse sentido, o Código Tributário Nacional, no seu art. 43, ao explicitar, em seus dois incisos, o que é renda (inciso I) e o que são proventos de qualquer natureza (inciso II), veicula normas jurídicas cujo conteúdo semântico é a definição desses conceitos constitucionais.

Não se trata, porém, de uma definição informativa. O Código Tributário Nacional traz uma definição do tipo "estipulativa", que não tem por objetivo prestar uma informação, mas prescrever o significado a ser atribuído a uma palavra ou expressão[235]. É o Código Tributário Nacional a norma delimitadora dos conceitos de "renda" e "proventos de qualquer natureza", dentro dos parâmetros constitucionais.

Transcrevemos, a seguir, a íntegra do art. 43 do CTN, que define os conceitos de "renda" e "proventos de qualquer natureza", em sua redação atual:

> Art. 43. O imposto, de competência da União, sobre a renda e proventos de qualquer natureza tem como fato gerador a aquisição da disponibilidade econômica ou jurídica:
>
> I – de renda, assim entendido o produto do capital, do trabalho ou da combinação de ambos;
>
> II – de proventos de qualquer natureza, assim entendidos os acréscimos patrimoniais não compreendidos no inciso anterior.
>
> § 1º A incidência do imposto independe da denominação da receita ou do rendimento, da localização, condição jurídica ou nacionalidade da fonte, da origem e da forma de percepção. (Incluído pela LC 104, de 2001)
>
> § 2º Na hipótese de receita ou de rendimento oriundos do exterior, a lei estabelecerá as condições e o momento em que se dará

---

234. Cf. GUIBOURG, Ricardo; GHIGLIANI, Alejandro M.; GUARINONI, Ricardo. *Introducción al conocimiento científico*. Buenos Aires: Eudeba, 1985. p. 53.

235. Cf. Ibidem. p. 60-63.

sua disponibilidade, para fins de incidência do imposto referido neste artigo. (Incluído pela LC 104, de 2001).

Uma definição tem por finalidade explicar o significado dos termos, mediante uma estrutura lógica composta de duas partes: o *definiendum* e o *definiens*. A palavra cujo conceito se busca definir se chama *definiendum*; as palavras utilizadas para definir denominam-se *definiens*. No exemplo: "carro é um veículo que trafega sobre rodas", tem-se a palavra "carro" como *definiendum* e "veículo que trafega sobre rodas" como *definiens*[236].

Os incisos I e II do *caput* do art. 43 do CTN seguem essa estrutura sintática: (i) renda é "[...] o produto do capital, do trabalho ou da combinação de ambos"; (ii) proventos de qualquer natureza são "[...] os acréscimos patrimoniais não compreendidos no inciso anterior".

A definição conotativa, utilizando outras palavras, apresenta as características da coisa na qual a palavra se subsome, de tal modo que, mesmo não enumerando os objetos, é possível identificá-los. Já na definição denotativa, não há indicação de características; enunciam-se os elementos da classe, de modo a permitir a identificação do seu conceito[237].

No inciso I, em uma definição denotativa, o legislador enumera as materialidades que correspondem a "renda": o produto do capital, o produto do trabalho e o produto da combinação de capital e de trabalho. Em consonância com o conceito constitucional que traçamos, ao utilizar o termo "produto" (aquilo que é produzido ou criado), o CTN reafirma que renda é um resultado econômico positivo, oriundo de um investimento (produto do capital) e/ou de um esforço ou atividade (produto do trabalho)[238]. Isso equivale a dizer que

236. Cf. MOUSSALLEM, Tárek Moyses. Sobre as definições. In: CARVALHO, Paulo de Barros (coord.); BRITTO, Lucas Galvão de (org.). *Lógica e direito*. São Paulo: Noeses, 2016. p. 253.

237. Cf. CARVALHO, Aurora Tomazini de. *Curso de teoria geral do direito* cit., p. 64.

238. Cf. CARRAZZA, Roque Antonio. *Imposto sobre a renda e proventos de qualquer*

renda é riqueza criada pelo uso do capital, em decorrência do trabalho ou como resultado de ambos, ou seja, é riqueza "produzida" por esses meios.

Vale aqui a observação feita por Ricardo Mariz de Oliveira, ao comentar este dispositivo. Salientou que "tudo o que a exploração de um patrimônio pode produzir ou o que seu titular pode produzir através do trabalho, está compreendido na definição de renda, sendo isto o que a corrente da renda-produto entende por renda"[239].

Rubens Gomes de Sousa, ao elaborar o Anteprojeto de Código Tributário Nacional já havia pensado nesse assunto. Tanto que fez constar expressamente, no art. 40 (do Anteprojeto), que o "fato gerador" do imposto sobre a renda e proventos de qualquer natureza seria "a aquisição de disponibilidade de riqueza nova"[240]. Reafirmou, posteriormente que, na renda, a riqueza nova envolve a noção de algo novo, produzido por, ou decorrente de algo existente: a fonte produtora (capital, trabalho ou a combinação de ambos)[241].

O legislador, embora não tenha sido explícito na redação final do dispositivo, deixou consignado, implicitamente, que renda é riqueza que antes não existia e foi "produzida" pelo capital, pelo trabalho ou pelos dois fatores combinados. Trata-se, portanto, de "riqueza nova". Só a riqueza nova produzida pelo capital, pelo trabalho ou pela sua combinação pode ser tributada a título de imposto sobre a renda; a "riqueza velha" não pode.

---

natureza... cit., p. 63.

239. Cf. MARIZ DE OLIVEIRA, Ricardo. *Fundamentos do imposto de renda* cit., p. 183.

240. "Art. 40. Compete privativamente à União instituir imposto sobre a renda e proventos de qualquer natureza, tendo como fato gerador da respectiva obrigação tributária principal a aquisição da disponibilidade de *riqueza nova*, em dinheiro ou suscetível de avaliação em dinheiro, proveniente do capital, do trabalho ou da combinação de ambos" (grifamos). Publicado no *DO* de 25.08.53, p. 14567. Cf. *Codificação do direito tributário*, p. 17.

241. Cf. Parecer 3.7, de 20/06/1973, *Pareceres 3:* imposto de renda, p. 277-278.

Sobre o inciso I, temos ainda a acrescentar que o fato de o legislador infraconstitucional ter discriminado, como renda, o "produto do capital, do trabalho ou da combinação de ambos" está de acordo com o conceito constitucional; a Carta de 1988 não oferece qualquer óbice à tributação da materialidade assim definida, a título de imposto sobre a renda, uma vez caracterizado o acréscimo patrimonial.

O inciso II também suscita questões de grande relevância. Em primeiro lugar, define conotativamente "proventos de qualquer natureza" como "acréscimos patrimoniais". Em seguida, estipula que "proventos de qualquer natureza" são os acréscimos patrimoniais "não compreendidos no inciso anterior". Ao assim dispor, além de definir "proventos de qualquer natureza" como acréscimo patrimonial, reafirma que não só os proventos, mas também a renda se caracteriza como acréscimo patrimonial (confirmando o conceito constitucional).

Em consonância com nosso entendimento, Ricardo Mariz de Oliveira já havia externado que:

> [...] segundo o inciso I do art. 43, renda é o produto do capital, do trabalho ou da combinação de ambos. E, se o inciso II afirma que os proventos são os acréscimos patrimoniais não compreendidos no inciso I, está necessariamente dizendo que a renda também é acréscimo patrimonial, pois sua dicção textual equivale ao seguinte: proventos são acréscimos patrimoniais não compreendidos no inciso anterior[242].

Quando tratamos do conceito constitucional da expressão "proventos de qualquer natureza", externamos nosso entendimento que eles abrangeriam quaisquer proventos: os recebidos a título de aposentadoria, reforma ou pensão e também as importâncias recebidas como vantagem financeira, bem como ganho ou lucro, inclusive lucro eventual, assumindo os "proventos de qualquer natureza" caráter idêntico ao da renda.

242. MARIZ DE OLIVEIRA, Ricardo. *Fundamentos do imposto de renda* cit., p. 285.

Com isso, e tendo em conta que, assim como a renda, os proventos de qualquer natureza se caracterizam como riqueza nova, podemos afirmar que os proventos de qualquer natureza consistem em uma riqueza que antes não existia e foi criada por outros fatores, mas diferentes do capital, do trabalho, e da sua combinação.

Tanto a renda quanto os proventos de qualquer natureza, para serem tributados pelo imposto sobre a renda, devem caracterizar riqueza nova. Confirmando nosso entendimento que renda tem a mesma índole dos proventos de qualquer natureza, estes devem ser entendidos como o acréscimo patrimonial decorrente da criação de riqueza nova a partir de outros meios que não sejam o capital, o trabalho e a sua combinação, uma vez que estes se denominam "renda".

Proventos de qualquer natureza consistiriam, por exemplo, no produto da inatividade, quando resultado do auferimento de aposentadoria, reforma ou pensão, no produto de um negócio, quando este tiver resultado positivo, no resultado positivo da prática de um fato ou até mesmo da sorte ou de uma atividade ilícita, quando o resultado positivo tiver essa natureza. Mas serão sempre o resultado obtido a partir de algum fato ou atividade geradora de riqueza, riqueza esta devidamente incorporada, com ânimo de definitividade, ao patrimônio do contribuinte. Serão tributáveis na medida em que, ao fim de um período de tempo resultem em um acréscimo patrimonial.

Rubens Gomes de Sousa já alertara que, na apuração da renda, é preciso promover a dedução dos recursos para sua aquisição e manutenção. Vejamos:

> Renda, com efeito, é tão somente aquilo que acresce ao patrimônio de seu titular, num determinado período de tempo, em excesso do capital empregado e das despesas necessárias à sua produção. Portanto, se uma parcela, por pequena que seja, do capital ou dos encargos da renda é consumida na produção deste sem possibilidade de recuperação ou de recomposição, esse consumo afeta diretamente a própria renda, que fica reduzida de importância equivalente em seu montante líquido. A não

> incidência do imposto, quer sobre as despesas necessárias à produção da renda, quer sobre as despesas (ou sobre as reservas, ainda que não sejam rigorosamente despesas) necessárias à manutenção da integridade do capital, é portanto, essencial em todo sistema de imposto de renda que vise tributar efetivamente a renda, sem extravasar do seu alcance próprio para atingir também o capital[243].

Os dizeres de Rubens Gomes de Sousa só vêm corroborar o nosso posicionamento que o acréscimo patrimonial caracterizador da renda e dos proventos de qualquer natureza é o resultado positivo obtido a partir do confronto entre certos ingressos e os dispêndios necessários para a sua produção, considerado um período de tempo. O resultado positivo que se caracteriza como renda e proventos de qualquer natureza é o valor excedente nessa equação, na qual são computados os elementos positivos (entradas ou ingressos) e os negativos (saídas).

Tendo em vista que "renda" e "proventos de qualquer natureza" são conceitos de mesma índole, ao nos referirmos a "renda", de forma genérica, estaremos incluindo também os "proventos de qualquer natureza".

4.3.1 Os ingressos aptos a revelar acréscimo patrimonial

O acréscimo patrimonial revelador da capacidade contributiva para o imposto sobre a renda e proventos de qualquer natureza não pode ser representado somente pelos ingressos de valores, quaisquer valores. Renda e proventos de qualquer natureza devem ser apenas e tão somente a riqueza nova criada, incorporada ao patrimônio, após um período de tempo.

O Código Tributário Nacional define renda como o acréscimo patrimonial produzido pelo capital, trabalho ou ambos, e proventos de qualquer natureza como o acréscimo patrimonial decorrente de outras fontes, diferentes dessas. Sendo

243. Cf. SOUSA, Rubens Gomes de. O imposto de renda e o seguro dotal. *Revista de Direito Administrativo*, Rio de Janeiro, v. 27, jan. 1952, p. 16-17.

assim, o acréscimo patrimonial caracterizado pelos proventos de qualquer natureza tem a mesma natureza daquele que caracteriza a renda. Ele tem origem diferente daquela que o legislador definiu como geradora de renda, mas não pode deixar de ser uma riqueza criada por essas outras fontes e apurada ao cabo de um período de tempo, subtraída dos gastos necessários à sua obtenção.

Tendo em vista o conceito constitucional, a definição de proventos de qualquer natureza construída a partir do Código Tributário Nacional não pode ser ampla, de modo a admitir que seja composta por quaisquer ingressos. Na interpretação da expressão "proventos de qualquer natureza" não podemos admitir que se incluam, em seu bojo, ingressos que não sejam oriundos de uma riqueza criada em razão de um fato ou atividade (diferente do trabalho, do capital ou da sua combinação).

José Luiz Bulhões Pedreira, percebendo a possibilidade de interpretação extensiva para a expressão "proventos de qualquer natureza", constante do inciso II do *caput* do art. 43 do CTN, já havia alertado que:

> [...] [o legislador complementar] não foi feliz ao definir o fato gerador do imposto de renda, pois a preocupação de abranger os ganhos de capital no conceito de renda levou-o a atribuir à expressão "proventos" sentido incompatível com a sua significação vulgar. Interpretado literalmente, o art. 42 (*sic*) do CTN admitiria incidências do imposto de renda sobre aumentos de patrimônio resultantes de valorização de bens, ou de pagamentos ou transferências de capital, o que conflita com a discriminação constitucional de competências[244].

Assim também entendemos. Dado o contexto constitucional, a definição da expressão "proventos de qualquer natureza" não pode ser extensiva. Daí a importância de demarcarmos os limites até onde o legislador ordinário pode atuar, na definição dos ingressos que, ao fim de um período, poderão denotar grandeza tributável a título de imposto sobre a renda.

---

244. Cf. PEDREIRA, José Luiz Bulhões. *Imposto de renda* cit., p. 2-2.

Caso contrário, o legislador, ao traçar a regra-matriz do imposto, poderia afirmar que qualquer coisa caracteriza "proventos de qualquer natureza".

A origem dos ingressos aptos a produzir acréscimo patrimonial tributável pelo imposto sobre a renda foi objeto de decisão do Supremo Tribunal Federal, no julgamento do Recurso Extraordinário 117.887 (*DJ* 23.04.93), cujo Relator foi o Ministro Carlos Velloso. Na oportunidade, o Pretório Excelso manifestou que, para revelar acréscimo patrimonial tributável pelo imposto sobre a renda, o ingresso deveria ter característica de receita, lucro, proveito, ganho. Vejamos a ementa do julgado:

> CONSTITUCIONAL. TRIBUTÁRIO. IMPOSTO DE RENDA. RENDA - CONCEITO. Lei n. 4.506, de 30.XI.64, art. 38, CF/46, art. 15, IV; CF/67, art. 22, IV; EC 1/69, art. 21, IV. CTN, art. 43. I. – Rendas e proventos de qualquer natureza: o conceito implica reconhecer a existência de receita, lucro, proveito, ganho, acréscimo patrimonial que ocorre mediante o ingresso ou o auferimento de algo, a título oneroso. CF, 1946, art. 15, IV; CF/67, art. 22, IV; EC 1/69, art. 21, IV. CTN, art. 43. II. – Inconstitucionalidade do art. 38 da Lei 4.506/64, que institui adicional de 7% de imposto de renda sobre lucros distribuídos. III. – RE conhecido e provido.

Concordamos com esse posicionamento. O imposto sobre a renda visa gravar o acréscimo patrimonial ocasionado pela criação de riqueza. Essa riqueza, apta a caracterizar a renda, ao cabo de um período de tempo, é riqueza nova, vale dizer, riqueza anteriormente inexistente, que se agregou ao patrimônio. É riqueza produzida pelo trabalho, pelo capital, pela sua combinação ou, no caso dos proventos de qualquer natureza, por outra fonte produtora de riqueza, regular ou eventual. Seguindo esse raciocínio, podemos concluir que somente os ingressos patrimoniais que preencham esses requisitos têm vocação para integrar o cômputo da base de cálculo do imposto sobre a renda.

Primordialmente, são os ingressos nas formas de rendimentos, receitas e ganhos. Elementos com outras designações podem ser considerados como rendimentos, receitas ou ganhos, desde que tenham a mesma índole. Os rendimentos, receitas e ganhos não são propriamente renda tributável; eles representam aquelas importâncias que devem ser consideradas como ingressos, para o cômputo da renda.

O conceito de rendimento, já lembrava José Luiz Bulhões Pedreira, é fundamental para a legislação do imposto sobre a renda[245]. Todavia, o só fato de existirem rendimentos, seja do trabalho, do capital, da inatividade ou de qualquer outra fonte não é o que define a existência de renda.

Rendimento, vocábulo também presente no texto constitucional e que suscita uma ideia próxima à de renda, é apenas um dos elementos que devem ser considerados na composição da renda, mas com ela não se confunde, vez que a ideia de rendimento independe da consideração de um lapso de tempo. A obtenção de um rendimento é instantânea, e, por isso, o rendimento caracteriza-se como um episódio de entrada na equação que apura se haverá ou não renda, ao cabo de um período.

Assim já afirmara José Luiz Bulhões Pedreira, ao destacar que a noção de rendimento "independe do tempo, funda-se na natureza da transação ou do fluxo de bens, serviços ou moeda entre indivíduos, empresas, governos ou sistemas econômicos"[246].

Rendimentos, portanto, são episódios isolados de entrada de recursos em um patrimônio, desvinculados dos gastos necessários para a sua obtenção. Trata-se de um termo genérico, utilizado para caracterizar ingressos financeiros, em um patrimônio, em contrapartida do trabalho, do investimento, do capital ou de qualquer outra fonte.

Assim como os rendimentos, também as receitas têm característica de ingresso ou elemento positivo, considerado em um determinado instante; receitas, isoladamente consideradas, igualmente não caracterizam renda. Segundo José Antonio Minatel, receita é:

---

245. Cf. Ibidem, p. 2-1.

246. Cf. Ibidem, p. 2-4.

> [...] ingresso de recursos financeiros no patrimônio da pessoa jurídica, em caráter definitivo, proveniente dos negócios jurídicos que envolvam o exercício da atividade empresarial, que corresponda à contraprestação pela venda de mercadorias, pela prestação de serviços, assim como pela remuneração de investimentos ou pela cessão onerosa e temporária de bens e direitos a terceiros, aferido instantaneamente pela contrapartida que remunera cada um desses eventos[247].

As receitas são, portanto, ingressos financeiros, qualificados pela sua origem. Entram, a título definitivo, no patrimônio da pessoa jurídica. Em regra, decorrem do esforço pelo exercício de uma atividade operacional, seja como contrapartida dos vários negócios jurídicos cujo objeto seja a transferência da propriedade de bens e direitos (venda de mercadorias ou prestação de serviços), seja como remuneração pelo uso de direitos cedidos onerosamente a terceiros, tais como contratos de mútuo, de investimento, de licenciamento, locação de bens[248].

Já os "ganhos", opondo-se às "perdas", caracterizam-se como um "resultado positivo de um determinado fato ou negócio". Vejamos a definição dada por Ricardo Mariz de Oliveira:

> [...] o ganho, ou a perda, que é sua versão negativa, é a soma algébrica dos fatores positivos e negativos que afetam um determinado fato, ato ou negócio, como o ganho ou perda de capital obtido numa venda, ou a perda decorrente de um evento da natureza sobre um bem do ativo, ou da destruição de mercadorias obsoletas[249].

No conceito de ganhos, incluem-se os ganhos de capital, os ganhos em negócios e também, entre outros, os ganhos em apostas de loterias e até mesmo aqueles obtidos com práticas ilícitas. Os ganhos, assim como as receitas e rendimentos,

247. MINATEL, José Antonio. Conceito de receita e implicações tributárias. In: BARRETO, Aires Fernandino et al. *II Congresso Nacional de Estudos Tributários*. Segurança jurídica na tributação e estado de direito. São Paulo: Noeses, 2005. p. 758.

248. Cf. MINATEL, José Antonio. *Conteúdo do conceito de receita e regime jurídico para sua tributação*. São Paulo: MP, 2005. p. 101-102.

249. MARIZ DE OLIVEIRA, Ricardo. *Fundamentos do imposto de renda* cit., p. 110.

são instantâneos e representam um elemento positivo, o que significa dizer que são episódios que caracterizam ingressos financeiros em um patrimônio, sem qualquer relação com os gastos necessários para a sua obtenção.

Para que os rendimentos, receitas e ganhos transformem-se em renda, é preciso confrontá-los com os gastos necessários para a sua obtenção, e isso exige um lapso de tempo. Só haverá renda se, no final desse período, o resultado desse confronto, entre entradas e saídas patrimoniais, for positivo; só aí teremos riqueza nova.

Contudo, uma vez inserida no patrimônio e tributada, como renda, ao final de um determinado período, a riqueza nova incorpora-se ao patrimônio, de tal modo que, no período subsequente, já fará parte do conjunto preexistente de bens e direitos do titular. No período seguinte, portanto, já não será mais riqueza nova, e sim "riqueza velha", e não poderá mais ser tributada a título de "renda". Por essa razão, se ocorrer um episódio de perda patrimonial, os recursos que venham repor essa perda não podem entrar no cômputo da renda, uma vez que somente recompõem o patrimônio anteriormente existente.

Neste ponto, importante trazer à baila a questão das indenizações, que podem ser concedidas nos casos de dano emergente ou lucro cessante. Destaca Maria Helena Diniz[250] que o dano emergente, ou dano positivo, consiste num *déficit* efetivo, causado ao patrimônio do lesado, enquanto o lucro cessante é relativo à privação de um ganho, ou seja, corresponde ao lucro que o credor deixou de auferir, em razão do descumprimento da obrigação, pelo devedor.

Quando existe uma perda patrimonial anteriormente incorrida, como é o caso do dano emergente, a "recomposição" do patrimônio lesado não representa qualquer acréscimo. A indenização recebida por aquele que sofreu um dano efetivo ao seu patrimônio é uma mera substituição do bem perdido

250. Cf. DINIZ, Maria Helena. *Código Civil anotado*. 8. ed. São Paulo: Saraiva, 2002. p. 293.

ou deteriorado, por outro bem equivalente ou pelo seu valor em dinheiro[251].

No entanto, no caso do lucro cessante, entendemos que se trata de um ganho passível de compor a renda tributável. Isso porque, diferentemente do que ocorre no dano emergente, em que a reposição é de patrimônio, o lucro cessante vem repor um ganho potencialmente tributável, apto a compor a renda.

Esse entendimento vai ao encontro daquele manifestado por Mary Elbe Queiroz[252], quando anota que os lucros cessantes, por se referirem a ganhos ou lucros, caracterizam "acréscimos". Sendo assim, se esse ganho tivesse sido percebido na época oportuna e não tivesse existido a lesão, ele seria tributável. Desse modo, por uma questão de isonomia, sobre o valor agora recebido a esse título, igualmente, deverá incidir o imposto.

Também Gisele Lemke, ao se posicionar sobre o tema, manifestou entendimento semelhante, na seguinte passagem:

> [...] pensamos ser relevante a distinção anteriormente feita, entre os danos emergentes e o lucro cessante. É que só os primeiros vêm substituir no patrimônio da pessoa valores que dele constavam e que foram suprimidos em razão do ato danoso. O lucro cessante destina-se a incorporar novos valores (= novos direitos de propriedade sobre dinheiro) ao patrimônio do sujeito passivo do ilícito, os quais provavelmente viriam a integrá-lo no futuro, tanto que se chama exatamente lucro cessante[253].

Em suma, os dois tipos de indenização se distinguem em um ponto fundamental, qual seja: a indenização por dano emergente vem recompor o patrimônio, ou seja, representa

---

251. O mesmo ocorre com a reposição de um dano ao patrimônio imaterial; este também não deve compor a renda tributável, uma vez que, igualmente, vem apenas recompor o patrimônio lesado. Nesse sentido, a Súmula STJ 498: "Não incide imposto de renda sobre a indenização por danos morais" (*DJe* 13.08.2012).

252. QUEIROZ, Mary Elbe. As indenizações sob a ótica do imposto de renda. In: MACHADO, Hugo de Brito. *Regime tributário das indenizações*. Coedição. São Paulo: Dialética; Fortaleza: Icet – Instituto Cearense de Estudos Tributários, 2000. p. 266, 267.

253. LEMKE, Gisele. Regime tributário das indenizações cit., p. 84-85.

uma "riqueza velha", não sendo, por isso, passível de tributação pelo imposto sobre a renda. Já a indenização por lucro cessante não tem essa característica, na medida em que substitui (em valor idêntico ou aproximado) um rendimento, receita ou ganho tributável, e como tal deve ser considerada, por força da isonomia tributária. Por esse motivo, entendemos que a indenização por lucro cessante tem vocação para representar uma "riqueza nova" e, como consequência, deve ser considerada um ganho potencialmente tributável[254].

Ainda sobre as indenizações, vale mencionar a questão dos juros de mora. Estes não têm a mesma natureza dos juros compensatórios ou remuneratórios. Os juros compensatórios decorrem da utilização consentida do capital alheio; os juros remuneratórios são aqueles convencionados como remuneração de um mútuo feneratício. Já os juros moratórios consistem na indenização pelo retardamento da execução de uma dívida[255]. A partir dessa clara distinção, é possível concluir que os juros remuneratórios e os juros compensatórios representam um produto do capital e devem integrar o cálculo da renda, enquanto os juros de mora correspondem a uma indenização por dano emergente[256].

---

254. O Superior Tribunal de Justiça vem decidindo em consonância com este entendimento, cf. REsp 782.646/PR, *DJ* 05.12.2005, REsp 706.817/RJ, *DJ* 28.11.2005 e REsp 928.561/RJ, *DJ* 29.06.2009.

255. Cf. DINIZ, Maria Helena. *Dicionário jurídico* cit., v. 3, p. 30.

256. No caso do pagamento em atraso de verbas trabalhistas, o Superior Tribunal de Justiça tem reafirmado a aplicação do art. 16, parágrafo único, da Lei 4.506/64 ("Art. 16. Serão classificados como rendimentos do trabalho assalariado todas as espécies de remuneração por trabalho ou serviços prestados no exercício dos empregos, cargos ou funções referidos no art. 5º do Decreto-lei número 5.844, de 27 de setembro de 1943, e no art. 16 da Lei número 4.357, de 16 de julho de 1964, tais como: [...] Parágrafo único. Serão também classificados como rendimentos de trabalho assalariado os juros de mora e quaisquer outras indenizações pelo atraso no pagamento das remunerações previstas neste artigo"). O Tribunal Superior considera não sujeitos ao imposto sobre a renda os juros de mora decorrentes de verbas trabalhistas pagas no contexto de despedida ou rescisão do contrato de trabalho, consoante o art. 6º, inciso V, da Lei 7.713/88 e isentos os juros de mora incidentes sobre verba principal isenta ou fora do campo de incidência do imposto sobre a renda, conforme a regra do *accessorium sequitur suum principale*. Cf. REsp 1.227.133/RS, *DJ* 19.10.2011, REsp

Outro ponto a ressaltar é o das transferências patrimoniais, a exemplo das subvenções de capital, transferências de capital por empréstimo, depósitos recebidos por um banco, ou mesmo o recebimento, pela pessoa jurídica, de capital subscrito pelos sócios, entre outras. Comentaremos algumas delas.

A transmissão de bens e direitos *causa mortis* e por doação, embora seja gravada pelo imposto estadual de mesmo nome, previsto no art. 155, I, da Constituição, não se confunde com a materialidade do imposto sobre a renda; naquele, tributa-se a *transmissão* de bens e direitos, neste, *a obtenção de acréscimo patrimonial eventualmente observado em decorrência da transmissão*. Desse modo, entendemos que não há vedação constitucional à tributação, a título de imposto sobre a renda, do acréscimo patrimonial obtido em razão da transmissão de bens e direitos *causa mortis* e por doação, por coincidência de critério material.

Todavia, segundo nossa interpretação dos incisos I e II do art. 43 do CTN, tanto a renda quanto os proventos de qualquer natureza (que têm a mesma índole da renda), são riquezas produzidas ou criadas, requisito que não se observa no caso das heranças e doações, que são meras transferências patrimoniais. Por essa razão, embora venham agregar-se ao patrimônio do beneficiário, após um período de tempo, os bens assim transferidos não podem ser incluídos como ingressos no cômputo da renda tributável, por força da definição de renda construída a partir do Código Tributário Nacional, que, no nosso pensar, exige que, para se caracterizar como renda, a riqueza precisa ser produzida ou criada.

1.089.720/RS, *DJ* 28.11.2012. No julgamento do REsp 1.138.695/SC, *DJ* 31.05.2013, no procedimento previsto para os recursos repetitivos, o STJ decidiu que os juros incidentes na devolução dos depósitos judiciais possuem natureza remuneratória e devem ser tributados pelo IRPJ e pela CSLL. O tema da constitucionalidade da incidência de imposto sobre a renda das pessoas físicas sobre as verbas recebidas a título de juros de mora será apreciado no RE 855.091 RG/RS, cuja repercussão geral foi reconhecida em 16.04.2015, *DJe* 01.07.2015.

As transferências de capital por empréstimo, assim como os depósitos recebidos por um banco e o recebimento, pela pessoa jurídica, de capital subscrito por sócio, caracterizam-se como capital, e por essa razão também não são hábeis para compor a renda. Não se caracterizam como produto do capital, do trabalho, da combinação de ambos, ou como o produto de outros fatores diferentes destes, por parte do beneficiário. Salientamos, contudo, que o mesmo não se pode afirmar quanto aos ganhos porventura auferidos no manejo desses recursos. Caso o beneficiário da transferência obtenha algum ganho em decorrência da utilização do capital a ele transferido, esse ganho deve ser considerado um ingresso capaz de, ao fim do período, ter, como resultado, a renda.

Em suma, são aptos a integrar o polo positivo da equação que, ao fim de um período, apurará a existência ou não de renda, somente as importâncias que se caracterizem como rendimento, receita ou ganho ou aquelas que, mesmo com outra denominação, tenham a mesma índole.

Não basta, portanto, haver a transferência da titularidade de um bem ou direito, temporária ou definitivamente, para o patrimônio do beneficiário, para que este seja considerado um ingresso passível de compor o resultado "renda". Se não houver criação de riqueza, incorporada definitivamente ao patrimônio do beneficiário, não haverá possibilidade de existir, ao fim do período, matéria a ser tributada pelo imposto sobre a renda.

4.3.2 Os dispêndios necessários para a apuração da renda. A renda como excedente de riqueza

Quando tratamos do conceito constitucional de renda, destacamos que renda só pode ser o resultado positivo de uma equação complexa, na qual se considera um fluxo de riquezas, representado por determinados ingressos e saídas de um patrimônio, em um determinado período de tempo. O resultado econômico positivo dessa equação representa um acréscimo patrimonial, que é a renda tributável.

Sendo assim, os ingressos de valores no patrimônio não são os únicos elementos da equação; eles são apenas os elementos positivos. Em oposição a eles, há os elementos negativos, representados pelos dispêndios necessários à produção e manutenção daqueles ingressos. Se assim não fosse, o imposto não seria sobre a renda, mas sobre a somatória de receitas, ganhos e rendimentos.

Como já afirmara Mary Elbe Queiroz[257], o acréscimo patrimonial a ser considerado não se resume aos valores acrescidos ao patrimônio, eis que, se assim fosse, o imposto incidiria sobre ingressos, e não sobre a renda. Por isso, o "acréscimo" só pode ser o resultado da renda auferida menos os recursos empregados na sua obtenção e na manutenção da fonte produtora.

Também Marçal Justen Filho[258] se posicionou nesse mesmo sentido, reafirmando que tributar simplesmente o ingresso patrimonial, sem considerar o outro ângulo inafastável do conceito de renda (que é o ângulo do desembolso dos investimentos, das despesas necessárias à constituição do ingresso), não teríamos mais imposto sobre a renda; o tributo incidiria ou sobre o faturamento, ou sobre o patrimônio, ou seria um empréstimo compulsório.

Na equação que apura a renda tributável, os ingressos (elementos positivos), como vimos, representam uma riqueza decorrente do trabalho, do capital, da sua combinação ou uma riqueza originária de outras fontes, desde que seja uma riqueza produzida ou criada por essas fontes. Essa riqueza se insere no patrimônio na forma de rendimentos, ganhos ou receitas, ou outros elementos que, embora com outra denominação, tenham a mesma índole, decorrentes do capital ou representativos das atividades, em sentido amplo, desenvolvidas pelas pessoas físicas e jurídicas, bem como da sua combinação.

---

257. Cf. QUEIROZ, Mary Elbe. As indenizações sob a ótica do imposto sobre a renda cit., p. 264.

258. Cf. JUSTEN FILHO, Marçal. Periodicidade do imposto de renda I... cit., p. 18.

Os elementos negativos são os dispêndios, representativos dos desembolsos necessários à produção e manutenção daquelas riquezas. Ao final de um período de tempo, haverá renda se o saldo ou resultado dessa equação (rendimentos, ganhos ou receitas menos dispêndios necessários para a sua produção e manutenção) for positivo.

Salientamos, contudo, que os dispêndios a serem considerados como elementos negativos, para o fim de compor a renda tributável, não podem ser quaisquer dispêndios; são somente aqueles necessários para o auferimento dos rendimentos, ganhos ou receitas ou para a manutenção da fonte produtora desses ingressos. Esses dispêndios são representados pelos direitos garantidos na Constituição, como anteriormente sinalizamos. Por outro lado, não podem ser considerados elementos negativos os gastos com consumo desnecessário.

Para evitar distorções, as importâncias a serem subtraídas dos rendimentos, ganhos ou receitas, na apuração da renda tributável, devem ser estabelecidas em lei ordinária, que deve obrigatoriamente defini-los em respeito aos direitos constitucionais.

No caso das pessoas jurídicas, são os custos e despesas incorridos, desde que necessários à atividade da empresa e à manutenção das fontes de produção. São exemplos os salários e gratificações pagos a empregados e os gastos efetuados com manutenção e reparos de máquinas e equipamentos. A lei também deve prever as compensações de prejuízos fiscais apurados em períodos anteriores, uma vez que não representam renda, e sim recuperação de perda patrimonial.

Para as pessoas físicas, os valores necessários para a manutenção da renda, que não podem ser tributados pelo imposto sobre a renda, são aqueles que se destinam aos gastos indispensáveis para a sobrevivência digna do próprio indivíduo e de sua família e com direitos sociais, nos termos da Constituição. Todavia, é tributável a parte dos rendimentos destinada ao consumo quando este for dispensável ou desnecessário.

Esse raciocínio leva à conclusão de que a renda tributável só pode ser a "renda líquida", que é a denominada "renda bruta" (somatória dos rendimentos, ganhos e receitas) menos os gastos necessários para o seu auferimento.

Para a apuração da renda tributável, as despesas mínimas obrigatórias a serem previstas em lei, para serem deduzidas dos ingressos, devem corresponder ao denominado "mínimo existencial". O mínimo existencial corresponde aos dispêndios da pessoa física, necessários para garantir os direitos sociais e direitos dos trabalhadores, e aos dispêndios da pessoa jurídica, voltados à garantia da livre iniciativa[259].

Quando nos referimos, anteriormente, ao mínimo existencial, destacamos que, para a pessoa física, ele é representado por aqueles rendimentos ou ganhos apenas suficientes para fazer frente aos gastos necessários à subsistência digna do titular e de sua família[260]. Para a pessoa jurídica, configura as receitas ou ganhos em valor apenas suficiente para os dispêndios necessários ao livre exercício da atividade e para a manutenção da fonte geradora da renda[261].

Para o fim de garantir o mínimo existencial da pessoa física, existe a previsão legal para algumas deduções, tais como as com dependentes, educação e saúde. Todavia, a legislação ordinária não prevê a dedução de outros gastos, destinados aos direitos sociais e aos direitos dos trabalhadores, que também estão previstos na Constituição e que não podem ser tributados, por compor o mínimo existencial.

Tributar os rendimentos correspondentes aos gastos da pessoa física com despesas tais como: alimentação básica, saúde, moradia, instrução da própria pessoa física e de seus

---

259. Respectivamente, arts. 6º, 7º e 170, IV, da Constituição.

260. Nesse sentido, cf. QUEIROZ, Luís Cesar Souza de. *Imposto sobre a renda.* Requisitos para uma tributação constitucional cit., p. 72; MOSQUERA, Roberto Quiroga. *Renda e proventos de qualquer natureza...* cit., p. 128-129.

261. Nesse sentido, cf. ÁVILA, Humberto. A hipótese de incidência do imposto sobre a renda construída a partir da Constituição cit., p. 106.

dependentes, é instituir tributo sobre grandeza econômica que não representa renda. Ao assim proceder, o legislador, extrapolando de sua competência tributária, define, como base de cálculo do imposto sobre a renda, uma grandeza que não denota capacidade contributiva para o imposto sobre a renda. Como consequência, utiliza o imposto com efeito de confisco.

Para a pessoa jurídica, o mínimo existencial se caracteriza quando os ganhos e receitas por ela auferidos são apenas suficientes para cobrir os dispêndios necessários ao livre exercício da sua atividade empresarial e para a manutenção da fonte geradora da renda. Não tem capacidade contributiva a pessoa jurídica cuja receita seja integralmente destinada ao seu funcionamento e à reposição do seu capital[262].

Sendo assim, para que se respeite o mínimo existencial da pessoa jurídica, a lei deve autorizar a dedução de todos os custos e despesas necessários para a manutenção da atividade produtiva.

Além disso, no caso de prejuízo fiscal, a legislação ordinária deveria prever a sua compensação integral, de modo a preservar o patrimônio da pessoa jurídica. Até que todos os prejuízos acumulados sejam compensados, a pessoa jurídica está em situação de recuperação patrimonial, e não apresenta capacidade contributiva para o imposto sobre a renda.

Em sentido diverso, contudo, decidiu o Supremo Tribunal Federal em 27/06/2019, em repercussão geral, no julgamento do Recurso Extraordinário 591.340, no qual ficou assentado ser constitucional a limitação do direito de compensação de prejuízos fiscais do IRPJ (e da base de cálculo negativa da CSLL) a 30% do lucro líquido ajustado pelas adições e exclusões.

No entanto, segundo entendemos, a limitação legal à compensação de prejuízos fiscais constitui violação ao princípio do mínimo existencial para as pessoas jurídicas, na medida em que, impondo a tributação a título de imposto sobre a renda antes mesmo de permitir que todos os prejuízos acumulados

262. Idem.

sejam compensados, acarreta tributação de riqueza inexistente e invade o patrimônio da pessoa jurídica, violando a capacidade contributiva e instituindo tributo com efeito de confisco.

4.3.3 A disponibilidade econômica e a disponibilidade jurídica da renda

O *caput* do art. 43 do CTN estipula que o imposto sobre a renda tem como "fato gerador" a "aquisição da disponibilidade econômica ou jurídica" da renda e dos proventos de qualquer natureza.

Desde sempre, a expressão vem sendo objeto de debates doutrinários, existindo muitos e diferentes entendimentos, alguns dos quais comentaremos a seguir.

Alcides Jorge Costa, quando tratou do tema, salientou que a disponibilidade de que trata o art. 43 do CTN seria desvinculada do momento da ocorrência do "fato gerador". Nesse sentido, a disponibilidade da renda seria verificada plenamente a cada episódio de ingresso de valor no patrimônio do contribuinte, e não ao final do período de apuração[263].

Para Ricardo Mariz de Oliveira, a disponibilidade a que se refere o art. 43 do CTN corresponde aos atributos da propriedade previstos na lei civil, que consistem na "possibilidade de alienar a coisa representativa da renda, ou melhor, o objeto do direito em que a renda se constitui (o dinheiro, o título de crédito, outro bem material ou imaterial) ou os direitos de usá-lo e dele gozar, além do direito de defesa do mesmo contra terceiros"[264].

---

263. De acordo com seu entendimento, no curso do período de apuração, a disponibilidade já existiria: a pessoa física assalariada, ao receber seu salário a cada mês pode gastá-lo ou investi-lo no próprio ano, mas só ao cabo do período de apuração será possível obter-se a renda tributável. Da mesma forma, qualquer sociedade pode, durante o período de apuração, levantar balanços, apurar lucro e distribuí-lo ou reinvesti-lo, ou seja, tem disponibilidade total sobre a sua renda. Cf. COSTA, Alcides Jorge. Imposto sobre a renda. *Revista de Direito Tributário*, São Paulo: Malheiros, n. 40, p. 104, 107.

264. Cf. MARIZ DE OLIVEIRA, Ricardo. *Fundamentos do imposto de renda* cit., p. 290.

Acrescenta que a disponibilidade econômica e a jurídica diferem, de acordo com a circunstância de o fato causador do aumento patrimonial ser ou não regulado pelo direito. Nesse diapasão, existe disponibilidade jurídica de renda, por exemplo, na venda de uma mercadoria, quando, sendo o preço da venda maior que o da aquisição, a renda se incorpora ao patrimônio do vendedor desde o instante em que ele entrega a mercadoria e faz jus ao respectivo preço. Já a disponibilidade econômica ocorre nas hipóteses em que a fonte da renda é um fato econômico sem proteção jurídica, por exemplo, um ganho em jogo de azar, ou mesmo um ato contrário ao direito, tal como o ganho na exploração da prostituição ou no tráfico de drogas[265].

Luís Eduardo Schoueri, ao estudar o tema da disponibilidade da renda, salienta que, tendo em vista que nenhum autor cogita de uma terceira espécie de disponibilidade, além da econômica e da jurídica, a questão fundamental não é definir se a disponibilidade da renda é de uma espécie ou de outra, mas sim saber o que é disponibilidade[266]. E, atrelando a disponibilidade da renda à capacidade contributiva, explica que:[267]

> se o princípio da capacidade contributiva implica localizar no índice "renda e proventos de qualquer natureza" elemento presuntivo da possibilidade de pagar tributos, fica claro que *haverá disponibilidade quando o contribuinte tiver a possibilidade de pagar o imposto a partir da ocorrência do fato gerador.* (destaques originais)

Conclui, assim, que o art. 43 do CTN, ao exigir a disponibilidade da renda, não só concretiza o princípio da capacidade

265. Cf. Ibidem, p. 301. É esse também o posicionamento de Mary Elbe Queiroz. Segundo a doutrinadora, a disponibilidade econômica poderia ocorrer de forma não acolhida pela ordem jurídica, e a disponibilidade jurídica diz respeito à aquisição da renda por meio de uma das formas legítimas e legais, de acordo com o direito. Já disponibilidade financeira é a posse efetiva dos valores. Cf. QUEIROZ, Mary Elbe. Imposto sobre a renda e proventos de qualquer natureza... cit., p. 453.

266. Cf. SCHOUERI, Luís Eduardo. Imposto de renda e os lucros auferidos no exterior. In: ROCHA, Valdir de Oliveira (coord.). *Grandes questões atuais do direito tributário*. São Paulo: Dialética, 2003. v. 7, p. 320-321.

267. Cf. Ibidem, p. 323.

contributiva, como também deixa patente que não ocorre o fato gerador do imposto sobre a renda nos casos em que a situação hipotética descrita pelo legislador ordinário não permite que o sujeito passivo disponha de recursos para o pagamento do imposto. Por essa razão, o fato gerador do imposto sobre a renda é a aquisição de "renda disponível"[268].

Paulo Ayres Barreto expressa o entendimento de que a disponibilidade econômica se dá quando a renda tiver sido efetivamente recebida pelo seu titular (*cash basis*), enquanto a disponibilidade jurídica se configura no instante em que a renda for auferida (produzida), independentemente do seu efetivo recebimento em espécie (*accrual basis*) e, dentro dessas duas situações, fica o legislador ordinário livre para tributar a renda no momento do seu recebimento ou no momento da sua produção[269].

Conforme vimos, a renda tributável só é apurada ao final de um período de tempo, denominado "período de apuração", no qual se computam as entradas, na forma de rendimentos, ganhos ou receitas, e delas se deduzem as saídas, que são os gastos necessários à produção da riqueza. Só haverá renda tributável se, ao cabo do período, o saldo dessa equação for positivo.

Por essa razão, entendemos que o legislador ordinário não é livre para definir qualquer momento como sendo aquele em que ocorre a disponibilidade da renda. O instante em que ocorre a disponibilidade da renda, apurada segundo o regime de competência ou o regime de caixa (regimes de reconhecimento de receitas e despesas), é o último instante do período de apuração, quando ocorre o confronto entre as receitas, ganhos ou rendimentos com as despesas necessárias para o seu auferimento.

Diante desse raciocínio, não há que se falar em disponibilidade de renda, seja ela econômica ou jurídica, antes desse

268. Cf. Ibidem, p. 323.

269. Cf. BARRETO, Paulo Ayres. Imposto sobre a renda: pessoa física, pessoa jurídica e regime de fonte... cit., p. 115.

momento final, uma vez que não estaríamos nos referindo à disponibilidade da renda, mas sim à disponibilidade dos rendimentos, receitas ou ganhos, que irão, certamente, junto com as despesas necessárias, compor o resultado final, mas ainda não podem ser considerados "renda" no sentido que a entendemos[270].

Os regimes de competência (*accrual basis*) e de caixa (*cash basis*) são regimes de reconhecimento de receitas e despesas, mas não de renda, como renda tributável. Sendo assim, o regime de apuração das receitas e despesas, de competência para as pessoas jurídicas em geral (com exceções) ou de caixa, para as pessoas físicas em geral (há exceções), diz respeito mais diretamente à disponibilidade do rendimento, ganho ou receita. Não deixa de influenciar, contudo, a disponibilidade da renda, na medida em que, posicionar, no tempo, o instante em que cada receita, rendimento, ganho ou despesa deve ser considerada, determina quais são efetivamente os elementos da equação, correspondentes a cada período de apuração. Nesse sentido, o fato de o regime de apuração das receitas e despesas ser de competência (*accrual basis*) ou de caixa (*cash basis*) é fundamental.

Mas a renda só fica disponível no momento em que é apurada, ao final do período de apuração considerado, seja pelo regime de competência, seja pelo regime de caixa, mediante o confronto entre rendimentos, receitas e ganhos, como ingressos ou elementos positivos, e as despesas necessárias para a sua obtenção, como saídas ou elementos negativos. Antes disso, se disponibilidade existe, trata-se de disponibilidade de receita, ganho ou rendimento, mas não de renda.

Agora, uma vez acontecido o evento "apuração de saldo positivo", no final do período de apuração, ocorre a disponibilidade econômica da renda. No entanto, essa disponibilidade só se tornará uma disponibilidade jurídica de renda no

---

270. Por exemplo, podemos afirmar que existe disponibilidade de um rendimento, para uma pessoa física assalariada, no momento em que é feito o depósito de seu salário mensal em sua conta corrente. Todavia, não se pode afirmar que existe disponibilidade de renda, uma vez que esse salário, durante o período, pode ser inteiramente utilizado com gastos para a sua subsistência e saúde.

momento em que, reportando-se ao evento, o resultado positivo apurado for inserido, como um fato jurídico, relatado no antecedente de uma norma individual e concreta decorrente da regra-matriz de incidência do imposto sobre a renda[271]. Só aí, com a inclusão do fato "auferiu renda" no sistema positivo, por meio de uma norma jurídica individual e concreta, teremos, então, a disponibilidade jurídica da renda, que implicará a instauração da relação jurídica tributária, cujo objeto é o imposto sobre a renda.

Em resumo, podemos afirmar que a disponibilidade econômica de renda, ocorrida no mundo social, representa um mero evento, enquanto a sua disponibilidade jurídica é um fato jurídico tributário.

Por exemplo, a pessoa jurídica "A" auferiu receitas e ganhos e teve custos e despesas em um determinado período de apuração, mantendo sua escrituração comercial e fiscal em dia. Ao final do período de apuração, constatou ter havido lucro real; no entanto, não cumpriu seu dever instrumental de prestar a devida declaração ao fisco. Em procedimento de fiscalização, o agente da administração, após auditoria, constatou a existência do lucro real e promoveu o devido lançamento do imposto sobre a renda, notificando o contribuinte.

Dito isso, temos que: no último dia do período de apuração, a pessoa jurídica "A" obteve disponibilidade econômica de renda tributável (lucro real). Todavia, não havia linguagem competente para constituir esse evento como um fato jurídico, haja vista que a pessoa jurídica "A" não constituiu o crédito tributário correspondente mediante um dever instrumental. Não havia, portanto, disponibilidade jurídica de lucro real.

---

271. Temos por "evento" a ocorrência que envolve a presença direta ou indireta de sujeitos de direito, mas que, por qualquer motivo, ainda não foi relatada em linguagem competente, exigida pelo Direito. Já "fato jurídico" é o enunciado de linguagem, produzido segundo os rigores da lei, que, reportando-se à data e às condições do evento e articulado segundo a linguagem das provas, instaura o vínculo obrigacional. Cf. CARVALHO, Paulo de Barros. *Curso de direito tributário* cit., p. 387-390.

A disponibilidade jurídica desse lucro só ocorreu com a notificação, ao sujeito passivo, do lançamento promovido pelo auditor fiscal, que, reportando-se ao evento ocorrido no último dia do período de apuração, produziu uma norma jurídica, denominada "lançamento", em cujo antecedente foi relatado o fato "auferiu renda". Somente a partir desse instante a disponibilidade da renda tornou-se jurídica, ensejando a instauração da relação jurídica tributária entre sujeitos ativo e passivo em torno do objeto, o imposto sobre a renda.

4.3.4 Os §§ 1º e 2º do art. 43 do CTN

Os §§ 1º e 2º do art. 43 do CTN foram acrescentados em 2001, pela Lei Complementar 104:

> § 1º A incidência do imposto independe da denominação da receita ou do rendimento, da localização, condição jurídica ou nacionalidade da fonte, da origem e da forma de percepção.
>
> § 2º Na hipótese de receita ou de rendimento oriundos do exterior, a lei estabelecerá as condições e o momento em que se dará sua disponibilidade, para fins de incidência do imposto referido neste artigo.

Na ocasião em que foram inseridos no Código Tributário Nacional, esses parágrafos suscitaram dúvidas e intensos debates; primeiro, devido ao fato de haver, em sua redação, referência a "receita" e "rendimento", dando a entender que o legislador complementar poderia ter ampliado a base de cálculo do imposto. Em segundo, ante a ideia de que, ao legislador ordinário, teria sido concedida total liberdade para estabelecer o momento de ocorrência da disponibilidade da renda, nos casos em que a receita ou o rendimento fosse oriundo do exterior.

Com efeito, no projeto de lei que deu origem a estes dispositivos, verifica-se a proposta de alteração de todo o art. 43[272], inclusive do seu *caput*, justamente para, em completo

272. "Art. 43. O imposto sobre a renda e proventos de qualquer natureza tem como fato gerador a aquisição de disponibilidade econômica ou jurídica de receita ou de

desprezo ao conceito constitucional de renda, ampliar a base impositiva, atingindo outras realidades que não o acréscimo patrimonial caracterizador da existência de renda[273].

Felizmente, prevaleceu o bom senso e a proposta não vingou. Mas foram acrescentados os dois parágrafos em estudo.

Tendo em vista que as adições foram feitas em forma de parágrafos, seu alcance ficou limitado ao que o *caput* determina. Como, para a obtenção de ordem lógica, são funções dos parágrafos somente (i) complementar ou (ii) excepcionar o disposto no *caput*, é à luz deste que devem ser interpretados, tendo em conta que, a conduzir toda a interpretação do Código Tributário Nacional, temos a Constituição.

Sendo assim, podemos afirmar que o § 1º nada acrescentou ao ordenamento jurídico vigente. A denominação da receita ou do rendimento que dá origem à renda jamais foi relevante para a incidência do imposto: basta que se caracterize como uma receita, rendimento ou ganho, ou outro elemento de mesma índole, não importa a denominação que se dê.

Sobre esta matéria, nosso entendimento vai ao encontro do que destacou Roque Antonio Carrazza[274], que, ao analisar o al-

---

rendimento proveniente, a qualquer título, do capital, do trabalho ou da combinação de ambos.
§ 1º Constituem também fato gerador do imposto de que trata o *caput*, os acréscimos patrimoniais de qualquer natureza.
§ 2º O imposto não incidirá sobre os acréscimos patrimoniais de que trata o parágrafo anterior, quando forem decorrentes de receita ou de rendimento sujeitos à tributação nos termos do *caput*.
§ 3º A incidência do imposto independe da denominação da receita ou do rendimento, da localização, condição jurídica ou nacionalidade da fonte, da origem e da forma de percepção.
§ 4º Na hipótese de receita ou de rendimento oriundos do exterior, a lei estabelecerá as condições e o momento em que se dará sua disponibilidade, para fins de incidência do imposto referido neste artigo". Cf. BRASIL. PLP 77/1999. Diário da Câmara dos Deputados, 16 de outubro de 1999, p. 48928. Disponível em: <http://www.camara.gov.br/proposicoesWeb/fichadetramitacao?idProposicao=25745>. Acesso em: 08 jun. 2017.

273. Cf. BARRETO, Paulo Ayres. *Imposto sobre a renda e preços de transferência* cit., p. 75.

274. Cf. CARRAZZA, Roque Antonio. *Imposto sobre a renda e proventos de qualquer*

cance do dispositivo, concluiu que o § 1º do art. 43 do CTN "não dilarga nem o conceito de *renda*, nem o de *proventos de qualquer natureza*. Tampouco altera, para mais, o âmbito de abrangência da figura exacional em exame" (destaques do autor).

Renda, de acordo com o conceito constitucional, é acréscimo patrimonial, saldo positivo observado ao término de um período de tempo, a partir de um fluxo de determinadas entradas e saídas. Os dois incisos do *caput* do art. 43 do CTN, em consonância com esta ideia, estipulam que os elementos positivos que integram a renda são a riqueza produzida pelo trabalho, pelo capital, pela sua combinação ou por qualquer outra fonte produtora de riqueza. Essa definição, por si só, elimina eventual manipulação do conceito de receita ou rendimento, por meio de parágrafos.

Angela Maria da Motta Pacheco[275] sintetiza essa ideia com propriedade, ao explicar que, nesse estudo, não pode ser considerada qualquer interpretação que considere como existente acréscimo patrimonial no instante em que o rendimento é auferido. Assim, as receitas e os rendimentos aos quais se refere o § 1º do art. 43 do CTN só podem ser entendidas como "fatores positivos que entrarão no cômputo do resultado, renda, após os descontos de custos e despesas de um determinado período".

Além disso, por força do princípio da isonomia e, mais especificamente, dos princípios da generalidade e da universalidade do imposto sobre a renda, para haver a incidência do imposto, é suficiente que ocorra o fato "renda". Isso, por óbvio, independe da denominação dada ao rendimento ou receita que tenha dado origem à renda tributável.

Pelas mesmas razões, a localização, condição jurídica ou nacionalidade da fonte, a origem e a forma de percepção das receitas ou rendimentos que dão origem à renda tributável

---

natureza... cit., p. 61.

275. Cf. PACHECO, Angela Maria da Motta. . *Ficções tributárias:* identificação e controle. São Paulo: Noeses, 2008. p. 334.

já eram, e continuam sendo, irrelevantes para caracterizar a renda, sem que seja necessário isso ser dito na forma de um parágrafo do art. 43 do CTN.

O § 2º, além da questão da utilização dos termos "receita" e "rendimento", já analisada, traz um segundo ponto de relevo, que é a possibilidade de o legislador ordinário estabelecer as condições e o momento em que se dará a disponibilidade da renda, para fins de incidência do imposto.

Caso se entenda que sim, caberia ao legislador ordinário federal, com base no dispositivo, definir que o momento de incidência do imposto sobre a renda seria qualquer momento.

Ocorre que, como vimos anteriormente, a renda tributável é aquela apurada ao cabo de um período de tempo. Antes do fim do período de apuração, não se sabe se existe ou se não existe renda tributável, porque não chegou o momento de se fazer o confronto entre as entradas e as saídas de valores do patrimônio. Por essa razão, afirmamos que renda disponível é somente aquela apurada, segundo o regime de competência ou de caixa, ao final do período de apuração.

Desse modo, não pode o legislador ordinário determinar que a renda está disponível antes do final do período de apuração. Por conseguinte, o § 2º do art. 43 do CTN, que autoriza a lei a estabelecer as condições e o momento em que se dará a disponibilidade da renda, para fins de incidência do imposto, só pode ser interpretado como uma autorização para o legislador determinar que a renda está disponível para a tributação em momento posterior, nunca anterior, àquele que representa o último instante do período de apuração definido em lei.

4.3.5 O período de apuração da renda

Segundo entendemos, renda é um conceito constitucional, dinâmico e relativo: exige um confronto entre duas situações patrimoniais, e isso só pode ser feito considerando-se um período de tempo, no qual acontecem as entradas e saídas de valores de um patrimônio, de modo que, ao final, produzirão um resultado positivo, nulo ou negativo. Só existe renda se o resultado for positivo.

Esse posicionamento, contudo, está longe de ser pacífico. Conforme veremos a seguir, alguns autores aceitam, em maior ou menor grau, a ideia de obtenção instantânea da renda, sem que seja necessário haver o cômputo de um fluxo de entradas e saídas para, ao final, comparando a situação patrimonial do contribuinte em dois momentos distintos, apurar se houve um saldo positivo como resultado.

Também não existe consenso doutrinário quanto à existência de uma fixação constitucional desse intervalo de tempo, suficiente e necessário para a apuração da renda, nem sobre qual seria esse período de tempo.

Luís César Souza de Queiroz[276] se filia à corrente defensora da necessidade de um lapso temporal para a apuração da renda, sustentando a ideia que o acréscimo patrimonial caracterizador da renda só pode ser apurado "em certo período de tempo". Explica que esse é um "critério necessário", eis que, só assim, é possível determinar se houve acréscimo (renda) ou decréscimo (prejuízo) patrimonial.

Também Geraldo Ataliba[277] já havia ponderado que renda é acréscimo patrimonial, resultante de um confronto entre receitas e despesas, que não se obtém a não ser que se considere um período de tempo:

> Sem período passa a ser um total arbítrio cogitar de buscar um saldo positivo, de tentar fazer um confronto entre o volume da receita e o volume da despesa, sem saber que ambas devem começar num determinado momento e terminar num determinado momento.

---

276. Cf. QUEIROZ, Luís César Souza de. Limites à compensação de prejuízos fiscais na incorporação... cit., p. 641.

277. Cf. ATALIBA, Geraldo. Periodicidade do imposto de renda I cit., p. 23.

Ataliba vai além; entende que esse período é ditado pela compreensão sistemática da Constituição, e só pode começar em 1º de janeiro e terminar em 31 de dezembro, em consonância com o exercício financeiro[278].

José Artur Lima Gonçalves[279] e Humberto Ávila[280] defendem, igualmente, a existência de um período constitucionalmente pressuposto de um ano para a apuração da renda tributável, em função de toda a amarração organizacional do funcionamento do Estado brasileiro ser calcada na ideia de período anual.

Esse é também o entendimento esposado por Paulo Ayres Barreto[281], no sentido de que a interpretação sistemática da Constituição aponta para que seja de um ano o período adequado para se aferir se ocorreu acréscimo patrimonial, pontuando que, "sendo tal lapso exíguo, prejudicada ficará a contraposição dos valores que conformarão a base de cálculo em norma individual e concreta, podendo operar-se a desnaturação do próprio conceito de renda".

Roque Antonio Carrazza também salienta que o período para a apuração da renda, em princípio, deve ser anual[282]. Não obstante, admite que, em casos excepcionais (por exemplo, um tipo especial de atividade), nos quais as entradas e as saídas aptas a aferir a existência de renda ocorrem em período diverso, o sistema anual pode ser afastado pela lei, ressalvada ao contribuinte a oportunidade de fazer prova de que o período adotado é insuficiente para revelar a existência de riqueza nova[283].

---

278. Cf. Idem.

279. Cf. GONÇALVES, José Artur. *Imposto sobre a renda:* pressupostos constitucionais cit., p. 184-185.

280. Cf. ÁVILA, Humberto. A hipótese de incidência do imposto sobre a renda construída a partir da Constituição cit., p.114.

281. Cf. BARRETO, Paulo Ayres. *Imposto sobre a renda e preços de transferência* cit., p. 80.

282. CARRAZZA, Roque Antonio. *Reflexões sobre a obrigação tributária* cit., p. 83.

283. Cf. CARRAZZA, Roque Antonio. *Imposto sobre a renda...* cit., p. 132.

Luciano Amaro[284] concorda que, em regra, deve haver um período para a apuração da renda, mas entende que esse período pode ser maior ou menor que um ano, sem que seja necessário acompanhar o exercício financeiro. Segundo Amaro, o período de apuração do imposto sobre a renda pode até, em certas situações, configurar "fato gerador instantâneo", tal como ocorre com o imposto sobre a renda exclusivo na fonte.

Posicionamento semelhante tem Julia de Menezes Nogueira, para quem não há, na Constituição, disposição que determine que o período de tempo para a apuração da renda deve ser de um ano[285]. Diante disso, a seu ver, a renda pode ser anual, mensal ou instantânea (no caso de imposto sobre a renda retido na fonte)[286].

Luís Cesar Souza de Queiroz[287] analisa a questão do período de apuração do imposto sobre a renda sopesando diversos e conflitantes valores constitucionais. Salienta que o período anual é aquele que mais favorece o contribuinte, uma vez que, de forma mais justa, identifica a real capacidade que cada um tem para contribuir em prol do financiamento do Estado por meio do imposto. Já sob o ponto de vista do Estado, responsável pelo atendimento das necessidades públicas e de redução das desigualdades econômicas e sociais, o período anual deixa a desejar, porque não proporciona uma rápida arrecadação

---

284. Cf. AMARO, Luciano. Periodicidade do imposto de renda I. VII Congresso Brasileiro de Direito Tributário. Mesa de debates. *Revista de Direito Tributário*, n. 63, p. 31-32. Sobre o assunto, salienta que a periodicidade do imposto sobre a renda, na pessoa jurídica, é, a rigor, maior que um ano, na medida em que se admite a regra de compensação de prejuízos havidos em anos anteriores ao da competência, e também com o § 5º do art. 6º do Decreto-lei 1.598/77, que permite a apropriação de receitas ou despesas fora do período de competência, desde que não acarrete prejuízo para o fisco.

285. Assim também entende Sidney Saraiva Apocalipse. Cf. APOCALIPSE, Sidney Saraiva. Imposto de renda. Período-base. Deve ser anual? *Revista de Direito Tributário*, São Paulo: Malheiros, n. 60, p. 106-108.

286. Cf. NOGUEIRA, Julia de Menezes. *Imposto sobre a renda na fonte*. São Paulo: Quartier Latin, 2007. p. 65-67.

287. Cf. QUEIROZ, Luís Cesar Souza de. *Imposto sobre a renda*. Requisitos para uma tributação constitucional cit., p.223-224.

e aplicação de recursos. Nesse confronto, pondera ainda que o dever de pagar tributo somente surge após a realização do fato jurídico tributário, que revela capacidade contributiva.

A partir desse diagnóstico, Luís Cesar Souza de Queiroz[288] apresenta duas alternativas para a determinação do período de apuração do imposto sobre a renda: (i) adotar-se um período de apuração anual, com previsão de antecipações espontâneas, tendo por referência uma base de cálculo presumida; e (ii) adotar-se um período menor que um ano, porém não inferior ao mensal, por força do princípio da razoabilidade.

De nossa parte, já manifestamos o entendimento que, sendo a renda representativa de um acréscimo patrimonial, é preciso considerar um período de tempo para a sua apuração. Todavia, não encontramos uma necessária vinculação entre os períodos anuais que a Constituição impõe à organização estatal e o período de apuração do imposto sobre a renda, de modo a torná-lo obrigatório, mas entendemos que ele é o mais adequado e mais justo.

Nesse trilhar, ponderamos que, embora o período anual de apuração da renda seja o mais justo e adequado, os dispositivos constitucionais que fixam esse período para o orçamento e a organização do Estado não vinculam a periodicidade do imposto sobre a renda, assim como não vinculam a periodicidade de outros impostos, que têm períodos de apuração os mais diversos.

Ainda no tocante ao período de tempo necessário e suficiente para o cômputo da renda, cabe lembrar que, mesmo que o legislador ordinário defina período de apuração inferior a doze meses, mesmo assim, preservam-se os princípios da anterioridade e da irretroatividade da lei. Por essa razão, estipular período de apuração maior ou menor que o anual, por si só, não viola esses princípios. Sobre este tema, já nos manifestamos na seguinte passagem[289]:

288. Cf. Ibidem, p. 224-225.

289. Cf. MURPHY, Celia Maria de Souza. *Imposto sobre a renda:* lucro arbitrado. Pressupostos e casos polêmicos. Dissertação de Mestrado. Pontifícia Universidade Católica de São Paulo, 2010. p. 82-83.

> Do princípio da anterioridade (art. 150, III, *b*, da Constituição), temos que a vigência das leis que aumentam o imposto sobre a renda somente se inicia no exercício financeiro seguinte ao da sua publicação. Atualmente, o exercício financeiro de que trata o mencionado dispositivo constitucional coincide com o ano civil, nos termos do art. 34 da Lei 4.320, de 1964, recepcionada pela Constituição como lei complementar[290], por força do seu art. 165, § 9º. Para atender ao princípio da anterioridade, portanto, as leis que aumentam o imposto sobre a renda devem estar em vigor no primeiro dia do ano civil no qual se dá o início do período de apuração. Ante essa constatação, mesmo que o período de apuração do imposto sobre a renda seja menor que o ano civil, a anterioridade anual fica preservada, ou seja, a fixação de período de apuração menor do que um ano para o imposto sobre a renda, por si só, não viola o princípio da anterioridade (anual), porque está vinculada ao exercício financeiro (ano civil), e não ao período de apuração do imposto sobre a renda.
>
> O período de apuração inferior a um ano também não amesquinha o princípio da irretroatividade da lei mais gravosa, já que, combinado com o princípio da anterioridade, não permite que lei majoradora do tributo, publicada em um determinado ano civil, aplique-se a período de apuração do imposto sobre a renda iniciado antes do exercício financeiro seguinte.

Reafirmamos nosso entendimento que, por ser razoável e adequado, o período a ser considerado para a apuração do imposto sobre a renda deve ser anual, uma vez que tende a minimizar os efeitos da sazonalidade para as pessoas jurídicas e a contemplar a programação do orçamento doméstico, no caso das pessoas físicas.

---

290. "MEDIDA CAUTELAR EM AÇÃO DIRETA DE INCONSTITUCIONALIDADE. MEDIDA PROVISÓRIA 1.061, DE 11.11.97 (LEI 9.531, DE 10.12.97), QUE CRIA O FUNDO DE GARANTIA PARA PROMOÇÃO DA COMPETIVIDADE – FGPC. ALEGADA VIOLAÇÃO DOS ARTS. 62 E PAR. ÚNICO, 165, II, III, §§ 5º, I E III, E 9º, E 167, II E IX, DA CONSTITUIÇÃO. 1. A exigência de prévia lei complementar estabelecendo condições gerais para a instituição de fundos, como exige o art. 165, § 9º, II, da Constituição, está suprida pela Lei 4.320, de 17.03.64, recepcionada pela Constituição com *status* de lei complementar [...]." STF, ADI 1.726 MC/DF, Tribunal Pleno, rel. Min. Maurício Corrêa, 16.09.88, *DJ* 30.04.2004. Cf. BRASIL. Supremo Tribunal Federal. Disponível em: <http://www.stf.jus.br>.

Mas esse período, a nosso ver, não é uma imposição da Constituição; deve ser definido pela lei ordinária, em respeito aos princípios constitucionais, de modo a garantir, por um lado, a justa apuração da renda, e por outro, a adequação da arrecadação ao fluxo de receitas e despesas da União e a sua organização orçamentária.

A questão fundamental, portanto, que deve ser considerada pelo legislador ordinário na estipulação do período de apuração da renda tributável, é que ele deve ser extenso o suficiente para permitir o efetivo cômputo da renda tributável, considerando os ingressos (rendimentos, receitas ou ganhos) e os gastos necessários para a sua produção, a fim de permitir a efetiva apuração do acréscimo patrimonial caracterizador da existência de renda.

Se o legislador ordinário definir período de apuração inferior a um ano, tal medida deve estar plenamente justificada, uma vez que pode provocar distorções injustas, vulnerando a capacidade contributiva e a justiça fiscal.

Por outro lado, o Estado precisa garantir um fluxo de receitas que o permita fazer frente a suas atribuições constitucionais.

Sendo assim, sopesando os direitos do contribuinte a uma tributação justa e as necessidades do Estado, no cumprimento dos seus fins constitucionais, visando ao atendimento das necessidades públicas e à redução das desigualdades sociais, entendemos ser possível que, mantendo a periodicidade do imposto sobre a renda em um ano, haja a imposição de uma antecipação, apurada sobre uma base de cálculo estipulada em lei, a fim de garantir o fluxo de receitas do Estado, desde que essa antecipação não se constitua como definitiva, porque a tributação efetiva só pode se dar após ocorrido o fato "auferiu renda", que, por sua vez, só pode ser constatado ao cabo do período de apuração.

Desse modo, tendo em vista que a antecipação do imposto sobre a renda é expressamente admitida pela Constituição, ante o disposto nos seus arts. 157, inciso I[291] e 158, inciso I[292], entendemos que ela pode ser instituída pelo legislador ordinário, mas desde que não se caracterize como pagamento antecipado e definitivo do imposto, antes da ocorrência do fato "auferiu renda". Salientamos que, nesse caso, impõe-se que o valor antecipado possa ser compensado com o imposto apurado ao fim do período de apuração ou, caso não haja imposto devido, essa antecipação seja restituída.

Nosso conceito de renda, repisamos, exige um período de tempo para que a renda seja apurada, via de regra, um ano. Por essa razão, não admitimos a apuração denominada "instantânea" da renda, eis que em um único instante, a apuração de acréscimo patrimonial não é viável.

Assim sendo, não podemos concordar com a ideia de que, como não há intervalo mínimo estipulado, quer na Constituição, quer no CTN, para a comparação de patrimônios para o fim de se apurar a renda, admite-se a possibilidade de a lei ordinária estabelecer que cada aumento de patrimônio seja tributado de imediato, independentemente dos demais, dentro do período de apuração do imposto sobre a renda (a exemplo do que ocorre na tributação exclusiva na fonte).

Essa ideia nada mais é, a nosso ver, do que a tributação de um rendimento, ganho ou receita isoladamente considerado, sem levar em conta os dispêndios necessários para a produção da riqueza correspondente. Isso transformaria o imposto sobre a renda em um imposto sobre rendimentos, receitas ou ganhos, desvirtuando-o, ao arrepio da Constituição.

---

291. "Art. 157. Pertencem aos Estados e ao Distrito Federal:
I – o produto da arrecadação do imposto da União sobre renda e proventos de qualquer natureza, incidente na fonte, sobre rendimentos pagos, a qualquer título, por eles, suas autarquias e pelas fundações que instituírem e mantiverem; [...]".

292. "Art. 158. Pertencem aos Municípios:
I – o produto da arrecadação do imposto da União sobre renda e proventos de qualquer natureza, incidente na fonte, sobre rendimentos pagos, a qualquer título, por eles, suas autarquias e pelas fundações que instituírem e mantiverem; [...]".

Em um único instante, não é possível promover o necessário confronto entre duas situações patrimoniais, a fim de determinar a existência de variação patrimonial positiva ou negativa. Se fôssemos seguir esse pensar, somente os ingressos patrimoniais seriam tributados a título de imposto sobre a renda, porque a probabilidade de haver ingressos e saídas de valores em um único instante, de modo a permitir o confronto do patrimônio do contribuinte para constatar ou não o auferimento de renda, é zero, constituindo, a nosso ver, flagrante afronta ao princípio da capacidade contributiva.

Repisamos que, para a fixação do período dc apuração do imposto sobre a renda, isto é, o período de tempo ao cabo do qual se comparam duas situações patrimoniais a fim de constatar (ou não) a existência de renda, o espaço temporal deve ser de um ano, por ser mais justo para o contribuinte e adequado para a organização financeira do Estado, mas um prazo maior ou menor pode ser fixado pelo legislador ordinário federal, sem que haja automática violação à Carta Constitucional.

Evidentemente, caso o legislador ordinário pretenda instituir prazo inferior a um ano, deve fazê-lo sempre em consonância com os princípios constitucionais, a exemplo dos princípios da justiça, da legalidade, da anterioridade, da isonomia, da vedação à utilização de tributo com efeito de confisco e da capacidade contributiva.

Mantida a periodicidade anual, admitimos a existência de uma antecipação do imposto, calculado sobre uma base de cálculo determinada em lei, desde que possa ser restituído ou compensado com o imposto apurado ao fim do período.

O imposto sobre a renda das pessoas físicas apurado na declaração segue o período anual, que coincide com o ano civil (Lei 9.250/95, art. 7º). Esse imposto está sujeito a antecipações, feitas pela própria pessoa física titular dos rendimentos ou por pessoa jurídica que promova à pessoa física pagamentos de rendimentos do trabalho, com ou sem vínculo de emprego e demais previstos em lei. Conforme analisamos linhas atrás, essa sistemática não viola a Constituição.

Também o imposto sobre a renda das pessoas jurídicas sujeita-se a antecipações que, igualmente, estão em consonância com a Lei Maior. Por exemplo, há antecipação na fonte sobre as importâncias pagas ou creditadas por uma pessoa jurídica a outra pessoa jurídica, a título de comissões, corretagens, ou qualquer outra remuneração pela representação comercial ou pela mediação na realização de negócios civis e comerciais, assim como pela prestação de outros serviços. Além disso, a própria pessoa jurídica deve efetuar antecipações, com base na receita bruta e outras parcelas previstas em lei, nos casos de opção pelo lucro real anual.

No imposto sobre a renda das pessoas jurídicas apurado ao cabo de um período de apuração, a tributação segue a sistemática do lucro real, do lucro presumido ou do lucro arbitrado, conforme previsto no art. 44 do CTN. Em cada caso, a legislação prevê um determinado período de apuração, que pode ser trimestral ou anual.

O lucro real pode ser utilizado por toda e qualquer pessoa jurídica. Seu cômputo é feito a partir do resultado contábil, que é ajustado por meio de adições, exclusões e compensações previstos em lei. O lucro tributável, nesta modalidade, é apurado, segundo a escolha da pessoa jurídica, a cada ano ou a cada trimestre civil.

A apuração do lucro presumido é uma opção, oferecida pela lei, a contribuintes que preencham certos requisitos. O lucro presumido é apurado trimestralmente, com base na receita bruta da pessoa jurídica e adicionado de outras parcelas previstas. Pode ser a forma de tributação escolhida pelo contribuinte, caso se apresente vantajosa.

Já lucro arbitrado, também de apuração trimestral, aplica-se em determinadas situações excepcionais previstas em lei, tais como: de opção indevida pelo lucro presumido ou nos casos em que a escrituração contábil e fiscal do contribuinte é inexistente ou imprestável, ou então não tenha sido apresentada à autoridade fiscal mediante regular intimação, acarretando a impossibilidade de apuração da base de cálculo do imposto. O lucro arbitrado pode, dependendo do caso, ser utilizado tanto pelo próprio contribuinte como ser aplicado pela autoridade fiscal, em procedimento de fiscalização.

Para as pessoas jurídicas tributadas pelo lucro real, a Lei 9.430, de 1996, instituiu, a partir de 1997, o período de apuração trimestral, de acordo com o trimestre civil. Manteve, contudo, como opção, o período de apuração anual, desde que com antecipações do imposto. Não vemos fundamento para questionar a constitucionalidade na introdução do período trimestral, para o lucro real, uma vez que ficou preservado o período de apuração anual, para os contribuintes que por ele optarem. No que tange às antecipações, vale o que já comentamos para o imposto sobre a renda das pessoas físicas; entendemos que sua imposição é constitucional. Cabe ao contribuinte analisar as consequências tributárias na utilização dos dois períodos, trimestral e anual e optar por aquele que lhe for mais benéfico.

A mesma Lei 9.430/96 estipulou ainda que a apuração do lucro presumido e do lucro arbitrado deve ser trimestral.

Em ambas as situações, tanto de lucro presumido quanto de lucro arbitrado, entendemos que o período de apuração reduzido se justifica: no primeiro caso, trata-se de uma opção, que pode ou não ser exercida pelo contribuinte, caso isso lhe seja benéfico. No segundo, a situação é excepcional; está prevista e justificada na lei ordinária que o define. Além disso, o arbitramento do lucro em um trimestre do ano não acarreta a tributação excepcional nos demais e, nesse sentido, o período de apuração trimestral pode se tornar benéfico para o contribuinte, que pode optar pelo lucro real ou presumido nos demais trimestres do ano.

Sendo assim, entendemos que os períodos de apuração fixados na legislação ordinária para o imposto sobre a renda das pessoas jurídicas tributadas pelo lucro real, presumido ou arbitrado, não afrontam a Constituição.

Salientamos que as microempresas e as empresas de pequeno porte que cumpram determinados requisitos podem optar pelo regime simplificado de arrecadação de tributos (Regime Especial Unificado de Arrecadação de Tributos e Contribuições devidos pelas Microempresas e Empresas de Pequeno Porte – Simples Nacional) instituído pela Lei Complementar 123/2006. Esse regime, no qual se inclui o imposto sobre a renda, prevê recolhimentos mensais dos tributos, de forma unificada.

No regime simplificado, a forma de apuração dos tributos é específica, abrangendo tributos federais, estaduais, municipais e distritais, e, por esse motivo, tal regime não será por nós analisado. Não obstante, as microempresas e empresas de pequeno porte optantes pelo Simples Nacional são tributadas separadamente pelo imposto sobre a renda, nas modalidades "definitiva" (nos ganhos de capital na alienação de bens e direitos) e "exclusiva na fonte". Assim sendo, as microempresas e empresas de pequeno porte optantes pelo Simples Nacional são trazidas à baila em alguns tópicos, nas hipóteses em que são tributadas, separadamente, pelo imposto sobre a renda.

5. A REGRA-MATRIZ DE INCIDÊNCIA DO IMPOSTO SOBRE A RENDA

5.1 A regra-matriz de incidência tributária

Partimos do pressuposto kelseniano que toda norma jurídica é um juízo construído pelo intérprete a partir dos textos postos pelo legislador. É o jurista que, interpretando os enunciados postos, preenche, com conteúdo semântico, uma estrutura normativa composta de duas partes, expressando algo que deve ser ou acontecer, especialmente que uma pessoa deve adotar uma determinada conduta[293]. Trazemos, a seguir, a contribuição que, com base nessa noção, trouxeram alguns importantes doutrinadores que se debruçaram sobre o tema.

Alfredo Augusto Becker identificou, nas normas jurídicas, uma *hipótese de incidência* (ou suporte fáctico) e uma *regra* (regra de conduta, preceito), de tal modo que, realizada a hipótese de incidência, dão-se os efeitos jurídicos indicados na regra[294]. Assinalou que, na regra jurídica de tributação, que prescreve a incidência tributária, a *hipótese de incidência* compõe-se de um núcleo (base de cálculo), de um ou

293. Cf. KELSEN, Hans. *Teoria pura do direito* cit., p. 4-6.

294. Cf. BECKER, Alfredo Augusto. *Teoria geral do direito tributário* cit., p. 295-296.

mais elementos adjetivos e coordenadas de tempo e lugar[295], enquanto a *regra* prevê uma relação jurídica tributária cujo conteúdo jurídico é uma obrigação tributária[296].

Geraldo Ataliba, que também estudou profundamente a estrutura da norma jurídica, pontuou que as normas tributárias, com feitio idêntico ao das demais normas que compõem o sistema jurídico positivo, possuem: (i) hipótese, (ii) mandamento e (iii) sanção; sendo que a obrigação tributária nasce por força do mandamento[297]. Nesse esquema, a norma instituidora de um tributo assume a seguinte configuração: (i) *hipótese*: "se acontecer o fato Y", (ii) *mandamento*: "pague X, em dinheiro, ao estado (ou pessoa designada pela lei)"[298].

Na teoria de Geraldo Ataliba, a hipótese da norma instituidora do tributo, traduzindo a formulação abstrata de um fato, denomina-se "hipótese de incidência tributária"[299]. A hipótese de incidência tributária decompõe-se nos aspectos: (i) *pessoal*, que designa o sujeito ativo e dita o critério para determinar o sujeito passivo da obrigação tributária; (ii) *material*, que é a imagem abstrata do fato jurídico (por exemplo: propriedade imobiliária, patrimônio, renda, produzir um serviço); (iii) *temporal*, que estipula o momento em que se deve reputar consumado o fato; e (iv) *espacial*, que indica as circunstâncias de lugar, relevantes para a configuração do fato imponível. Tem-se ainda uma *base imponível*, atributo do aspecto material da hipótese de incidência, dimensível de algum modo. No "mandamento" encontra-se a alíquota[300], que,

---

295. Cf. Ibidem, p. 329.

296. Cf. Ibidem, p. 305.

297. Cf. ATALIBA, Geraldo. *Hipótese de incidência tributária*. 6. ed. São Paulo: Malheiros, 2001. p. 52-53.

298. Idem, p. 58.

299. Cf. ATALIBA, Geraldo. *Hipótese de incidência tributária* cit., p. 58-59.

300. Geraldo Ataliba salienta que o mandamento principal, na norma tributária, não é simplesmente "pague", mas "pague x% sobre a base calculada". Por essa razão, posiciona a alíquota não na hipótese legal, mas na parte mandamental da nor-

aplicada sobre a base imponível, resulta no *quantum* correspondente a cada obrigação tributária[301].

Para estudo da norma que institui o imposto sobre a renda, adotaremos o esquema lógico da regra-matriz de incidência tributária, desenvolvido por Paulo de Barros Carvalho. Segundo a sua doutrina, a norma jurídica se estrutura em: uma *hipótese*, ou *antecedente*, e um *consequente*; duas proposições, ligadas por um vínculo implicacional, um "dever ser" neutro, significando que, uma vez ocorrido o antecedente, "deve ser" o consequente. A proposição antecedente descreve um fato de possível ocorrência, no plano dos acontecimentos sociais, e a consequente prescreve os efeitos jurídicos que devem se implementar, uma vez ocorrido o fato descrito no antecedente, ligando dois ou mais sujeitos de direito em uma conduta regulada como proibida, permitida ou obrigatória[302].

A regra-matriz de incidência tributária surge como uma estrutura sintática que, uma vez preenchida com os conteúdos semânticos que se obtêm a partir da interpretação dos textos normativos, prescreve a incidência de um tributo; atrela forma e conteúdo, configurando uma norma tributária em sentido estrito. Nas palavras de Paulo de Barros Carvalho:

> [...] a regra-matriz, enquanto forma, reúne aquilo que há de constante, de homogêneo, de permanente, de imutável, ao passo que o conteúdo, por outro lado, será sempre algo contingente e acidental, variável e heterogêneo. É bem verdade que a regra-matriz, considerada em sua inteireza existencial, na sua conformação real, ostenta a integração da forma com o conteúdo, elementos que se coimplicam de modo irremediável: como entidade de existência histórica, localizada em tempo e espaço determinados, a regra-matriz aparecerá permanentemente constituída pela união indissolúvel entre forma e conteúdo[303].

---

ma. Cf. ATALIBA, Geraldo. *Hipótese de incidência tributária* cit., p. 116.

301. Cf. Ibidem, passim.

302. Cf. CARVALHO, Paulo de Barros. *Direito tributário*. Fundamentos jurídicos da incidência, p. 39 e ss.

303. CARVALHO, Paulo de Barros. Base de cálculo como fato jurídico e a taxa de

Integram a regra-matriz de incidência tributária duas proposições: uma, antecedente, e outra, consequente, ligadas por um "dever-ser" que caracteriza a imputação normativa, de tal modo que, uma vez implementado o antecedente, "deve-ser" o consequente. A proposição antecedente descreve uma situação hipotética, a previsão abstrata de um fato, enquanto a proposição consequente prescreve os efeitos jurídicos que o acontecimento irá propagar, consubstanciados em uma relação jurídica, que deve se instaurar, uma vez acontecido o fato cogitado na hipótese[304]. As demais normas que integram o sistema jurídico positivo, que não definem a incidência tributária, são normas jurídicas em sentido amplo[305].

Na hipótese ou descritor da regra-matriz de incidência tributária, Paulo de Barros Carvalho[306] identificou três critérios: o (i) *critério material* descreve o comportamento de uma pessoa, condicionado no tempo pelo (ii) *critério temporal* e no espaço pelo (iii) *critério espacial*. No consequente ou prescritor, dois critérios: um (iv) *critério pessoal*, que indica o sujeito ativo da relação jurídica e estabelece parâmetros para identificar o seu sujeito passivo, e um (v) *critério quantitativo*, que indica a base de cálculo e a alíquota do tributo.

Por força do princípio da legalidade tributária, insculpido no art. 150, I, da Constituição Federal, ninguém pode ser obrigado a pagar um tributo ou cumprir um dever instrumental tributário que não tenham sido instituídos por meio de lei emanada da pessoa política competente. Qualquer exação, portanto, só pode ser criada ou aumentada pela própria

---

classificação de produtos vegetais. *Revista Dialética de Direito Tributário*, São Paulo: Dialética, n. 37, p. 120-121.

304. Cf. CARVALHO, Paulo de Barros. *Curso de direito tributário* cit., passim.

305. Cf. Idem, p. 266.

306. Cf. Ibidem, p. 267-268. Observa-se que, diferentemente de Geraldo Ataliba, que incluiu a base de cálculo do tributo (base imponível) na hipótese de incidência, como um atributo do critério material, Carvalho associou-a à alíquota, em um critério quantitativo, no consequente da norma. Também o critério pessoal passou a integrar o consequente normativo.

lei, e não simplesmente "com base em lei", o que significa dizer que o tributo há de nascer *diretamente da lei*, editada pela pessoa política competente para tributar, nos termos da Constituição[307].

A Constituição exige expressamente lei complementar para a instituição ou majoração dos empréstimos compulsórios, dos impostos de competência residual da União, nos termos de seus arts. 148 e 154, inciso I, assim como a instituição de novas contribuições para o custeio da seguridade social, nos termos do art. 195, § 4º. Para os demais tributos, a exemplo do imposto sobre a renda, a competência dos Poderes Legislativos para instituir ou aumentar tributos é exercida por meio de lei ordinária, com base na norma geral de que trata o art. 146, inciso III, da CF/88, que é o Código Tributário Nacional.

É nas disposições da lei ordinária produzida pelo Poder Legislativo federal, portanto, que encontraremos os enunciados definidores dos critérios da regra-matriz de incidência do imposto sobre a renda.

A lei deve indicar, de forma conotativa, todos os elementos da norma jurídica tributária, ou todos os critérios da regra-matriz de incidência do tributo, de modo a permitir que se identifiquem os fatos do mundo social aos quais se deve imputar a conduta prescrita aos sujeitos que os tenham praticado. Sendo assim, a lei deve "tipificar"[308] o tributo, pontuando, abstratamente, as características do acontecimento factual, por meio dos critérios material, espacial e temporal. Deve regular a conduta por meio do critério pessoal, com a indicação do sujeito ativo e a definição de critérios para identificar o sujeito passivo, e do critério quantitativo, estabelecendo alíquota e base de cálculo.

---

307. Cf. CARRAZZA, Roque Antonio. *Curso de direito constitucional tributário* cit., p. 284.

308. Sobre o princípio da tipicidade da tributação no Direito brasileiro, Cf. CARRAZZA, Roque Antonio. *Curso de direito constitucional tributário* cit., p. 283-303; CARVALHO, Paulo de Barros. *Direito tributário, linguagem e método* cit., p. 308-315; XAVIER, Alberto. *Tipicidade da tributação, simulação e norma antielisiva*, p. 17-34.

A regra-matriz de incidência tributária é do tipo das gerais e abstratas[309]. Normas gerais são aquelas dirigidas a um conjunto de sujeitos indeterminados; normas individuais dirigem-se a sujeitos identificados. A individualidade ou a generalidade da norma é identificada no consequente normativo[310].

Cabe lembrar que a regra-matriz é uma norma geral por exigência da Constituição, que assim determina, seja por força do princípio geral da isonomia (art. 5º, I) seja em razão do princípio da isonomia tributária (art. 150, II). Desse modo, ressalvadas as hipóteses previstas na própria Constituição, a falta de generalidade da regra-matriz de incidência de um tributo pode comprometer a sua constitucionalidade[311].

Abstração e concretude referem-se ao modo como se toma o fato descrito no antecedente da norma: a tipificação de um conjunto de fatos caracterizando uma hipótese de possível ocorrência realiza uma previsão abstrata, enquanto a conduta especificada no espaço e no tempo confere à norma caráter concreto[312].

Sendo assim, se o fato descrito no antecedente da norma descrever uma ação que, realizada, esgota o comando normativo, temos uma norma concreta. Se, por outro lado, apontar para uma ação cuja realização não esgota sua força normativa, estaremos frente à descrição de um fato hipotético. Nesse caso, a realização do fato não esgota a força da norma, que estará apta a incidir todas as vezes que ocorrer a conduta. Caracteriza-se uma ação-tipo, circunstância que denota que a norma é abstrata[313].

---

309. Sobre normas gerais e individuais, cf. KELSEN, Hans. *Teoria geral das normas*. Tradução e revisão José Florentino Duarte. Porto Alegre: Sergio Antonio Fabris, 1986. p. 10-12.

310. Cf. CARVALHO, Paulo de Barros. *Direito tributário*. Fundamentos jurídicos da incidência cit., p. 57-58.

311. Cf. Ibidem, p. 66-67.

312. Cf. Ibidem, p. 57-58.

313. Cf. LINS, Robson Maia. *Controle de constitucionalidade da norma tributária. Decadência e prescrição*, p. 71.

Nesse trilhar, a regra-matriz de incidência tributária, como norma geral e abstrata, não traz, na sua hipótese, a descrição de um evento perfeitamente determinado; alude a uma classe de eventos, na qual poderão se encaixar inúmeros acontecimentos concretos. A operação de inclusão de um elemento concreto na classe descrita denomina-se "subsunção"[314].

Vale destacar, ainda, que os enunciados que irão compor a regra-matriz de incidência tributária não precisam estar todos juntos em um mesmo diploma normativo. Com efeito, muito frequentemente, esses enunciados se encontram dispersos no ordenamento jurídico. É função do intérprete selecionar os enunciados normativos e, a partir deles, construir a norma jurídica, que surge da união do plano de expressão com o plano de conteúdo, ao fim do processo gerador de sentido[315].

5.1.1 Critérios da hipótese: material, espacial e temporal

O papel da hipótese, na norma, é de descritor[316]. É na hipótese normativa que o legislador descreve as situações que serão reguladas pelo direito, qualificando, normativamente, o fato. É o que explica Lourival Vilanova:

> No campo do direito, especialmente, a hipótese apesar de sua descritividade, é *qualificadora normativa do fáctico*. O fato se torna jurídico porque ingressa no universo do direito através da porta aberta que é a hipótese. E o que determina quais propriedades entram, quais não entram, é o ato-de-valoração que preside à feitura da hipótese da norma[317] (destaques do autor).

Nesse sentido, esclarece Paulo de Barros Carvalho que a hipótese, como proposição descritiva de situação objetiva

---

314. Cf. CARVALHO, Paulo de Barros. Op. cit. p. 137.

315. Sobre o assunto, cf. CARVALHO, Paulo de Barros. *Curso de direito tributário* cit., p. 134-155.

316. Cf. VILANOVA, Lourival. *As estruturas lógicas e o sistema do direito positivo* cit., p. 83.

317. Cf. Ibidem, p. 85.

real, "é construída pela vontade do legislador, que recolhe os dados de fato da realidade que deseja disciplinar (realidade social), qualificando-os, normativamente como *fatos jurídicos*" (destaques do autor), complementando que, ao conceituar o fato que dará ensejo ao nascimento da relação jurídica tributária, o legislador seleciona também as propriedades que julgou importantes para caracterizá-lo. E, a partir desse conceito, é possível determinar critérios de identificação que permitem o seu reconhecimento, sempre que o fato aconteça. Na hipótese normativa, são três os critérios identificadores do fato: critério material; critério espacial; e critério temporal[318].

No esquema da regra-matriz de incidência tributária, os três critérios: material, espacial e temporal, se complementam e, conjuntamente considerados, qualificam o fato, que deve preencher todos os requisitos da hipótese normativa.

O critério material faz referência a um comportamento de pessoas, físicas ou jurídicas, abstraído de suas condicionantes de espaço e de tempo (estes são estipulados nos critérios espacial e temporal, respectivamente). O critério material é o núcleo da hipótese tributária, que, uma vez condicionado no tempo e no espaço, transforma-se no fato hipoteticamente descrito. Compõe-se de um verbo de predicação incompleta, conjugado no infinitivo, seguido de seu complemento, a exemplo de "vender mercadorias", "industrializar produtos"[319].

Serve o critério espacial para determinar as condições de lugar onde poderá acontecer o evento que, uma vez ocorrido, resultará na imposição tributária[320].

O critério espacial não se confunde com o âmbito espacial de vigência da norma. Ao fazer a distinção entre um e outro,

---

318. Cf. CARVALHO, Paulo de Barros. *Curso de direito tributário* cit., p. 293-294.

319. Cf. CARVALHO, Paulo de Barros. *Direito tributário, linguagem e método*. 7. ed. rev. São Paulo: Noeses, 2018. p. 483.

320. Cf. CARVALHO, Paulo de Barros. *Direito tributário*. Fundamentos jurídicos da incidência cit., p. 135.

Aurora Tomazini de Carvalho esclarece que o critério espacial é um enunciado indicativo do local em que o fato a ser promovido à categoria de fato jurídico deve ocorrer; já o âmbito espacial de vigência da norma é a delimitação territorial onde a regra está apta a produzir efeitos jurídicos[321].

Ao discorrer sobre o critério espacial da regra-matriz de incidência tributária, Paulo de Barros Carvalho explica que a lei pode estabelecer três níveis de elaboração para indicar as coordenadas de espaço: (i) hipótese cujo critério espacial faz menção a determinado local para a ocorrência do fato, a exemplo dos tributos que gravam o comércio exterior, como os impostos de importação e de exportação; (ii) hipótese em que o critério espacial alude a áreas específicas, de tal sorte que o acontecimento apenas ocorrerá se dentro delas estiver geograficamente contido, a exemplo dos impostos que incidem sobre bens imóveis, como o ITR e o IPTU; e (iii) hipótese de critério espacial bem genérico, onde todo e qualquer fato que suceda, sob o manto da vigência territorial da lei instituidora, estará apto a desencadear seus efeitos peculiares[322].

A esses, Aurora Tomazini de Carvalho acrescenta um quarto critério: (iv) o critério espacial universal, que alude a qualquer lugar, mesmo que fora do âmbito territorial em que a regra está apta a produzir efeitos jurídicos. É o caso do imposto sobre a renda, que alcança não só os acontecimentos dentro do território nacional como também fora dele[323].

A Constituição, ao estabelecer os princípios da universalidade e da generalidade como norteadores do imposto sobre a renda, estipulou, respectivamente, que toda a renda auferida submete-se à tributação do imposto sobre a renda, e também que todos aqueles que a auferem devem ser tributados.

321. Cf. CARVALHO, Aurora Tomazini. *Curso de teoria geral do direito* cit., p. 399.

322. Cf. CARVALHO, Paulo de Barros. *Curso de direito tributário* cit., p. 297.

323. Cf. CARVALHO, Aurora Tomazini. *Curso de teoria geral do direito* cit., p. 398.

Esses dois princípios informadores do imposto sobre a renda, combinados com o princípio da soberania, autorizam a tributação de todas as rendas auferidas no Brasil, assim como de todas as rendas auferidas por beneficiários residentes ou domiciliados no País. Desse modo, fica autorizada a tributação das rendas auferidas no exterior, desde que o beneficiário seja residente ou domiciliado no País, assim como fica permitida a tributação das rendas auferidas, no Brasil, por residente no exterior[324].

O critério temporal delimita o marco de tempo em que se reputa ocorrido o fato tributário, a fim de que se propaguem os devidos efeitos jurídicos, ou seja, é o momento em que surge um direito subjetivo do Estado e um dever jurídico do sujeito passivo em relação ao tributo.

Paulo de Barros Carvalho define o critério temporal da hipótese tributária como "o grupo de indicações, contidas no suposto da regra, e que nos oferecem elementos para saber, com exatidão, em que preciso instante acontece o fato descrito, passando a existir o liame jurídico que amarra o devedor e o credor, em função de um objeto – o pagamento de certa prestação pecuniária"[325].

O critério temporal indica o instante em que se reputa ocorrido o fato tributário, e não o período de tempo eventualmente necessário para que se preencham todos os requisitos para que este fato se considere ocorrido. Não se confundem, portanto, o critério temporal do tributo e o período de tempo necessário para a sua apuração.

A distinção entre o período de tempo necessário para que se repute ocorrido o fato jurídico tributário e o momento em que se consideram cumpridos todos os requisitos legais para a consumação do fato é especialmente importante quando tratamos de tributos que, a exemplo do imposto sobre a renda,

---

324. A tributação internacional da renda e os tratados para evitar a sua dupla tributação não são objeto deste trabalho.

325. Cf. CARVALHO, Paulo de Barros. *Curso de direito tributário* cit., p. 299.

exigem um período de apuração. O critério temporal não é o período de apuração, mas o instante no qual se consideram cumpridos todos os requisitos para a realização do fato, encerrado esse período.

O período de apuração encontra-se no plano dos eventos. Nas hipóteses em que se exige um período de apuração, como é o caso do imposto sobre a renda, é nesse período de tempo que ocorrem todas as entradas e saídas patrimoniais que, ao final, compõem um resultado que, caso positivo, caracteriza a renda. O critério temporal é o instante definido na regra-matriz, previsto para que o fato "auferiu renda" passe a integrar o mundo jurídico, uma vez constituído como um fato jurídico, relatado no antecedente de uma norma jurídica individual e concreta.

5.1.2 Critérios do consequente: pessoal e quantitativo

O consequente da norma tem função de prescritor; prescreve uma conduta que deve ser cumprida, uma vez ocorrido o fato descrito na hipótese. O consequente da regra-matriz de incidência tributária, normativamente vinculado à hipótese, prescreve uma relação jurídica, entre um sujeito ativo e um sujeito passivo, em torno de um objeto, que é a prestação tributária. Essa relação jurídica implementa-se como consequência lógica da realização do fato hipotético previsto no antecedente[326].

Os critérios do consequente da regra-matriz de incidência são dois: o critério pessoal e o critério quantitativo, sobre os quais passaremos a discorrer.

O critério pessoal é o conjunto de elementos que aponta os sujeitos da relação jurídica tributária. O sujeito ativo, credor ou pretensor, de um lado, e o sujeito passivo ou devedor, do outro[327].

---

326. Sobre o tema, cf. CARVALHO, Paulo de Barros. *Direito tributário*. Fundamentos jurídicos da incidência cit., p. 52-55; CARVALHO, Paulo de Barros. *Curso de direito tributário* cit., p. 319 e ss.

327. Cf. CARVALHO, Paulo de Barros. *Curso de direito tributário* cit., p. 320.

Na regra-matriz de incidência tributária, os sujeitos ativo e passivo são aqueles que se acham atrelados em função do objeto da relação jurídica tributária, que é a prestação pecuniária; esses sujeitos, com interesses formalmente antagônicos, estão ligados perante o direito, para a obtenção dos objetivos que a ordem jurídica prescreve[328].

O sujeito ativo é o titular do direito subjetivo de exigir do sujeito passivo a prestação pecuniária na qual se consubstancia o tributo. Trata-se da capacidade para ser sujeito ativo de uma obrigação tributária, ou "capacidade tributária ativa", entendida como a possibilidade jurídica que uma pessoa tem para figurar no polo ativo da obrigação tributária[329].

O sujeito ativo da obrigação está definido no art. 119 do CTN como "a pessoa jurídica de direito público, titular da competência para exigir o seu cumprimento". No entanto, esse dispositivo parece expressar que o sujeito ativo da obrigação deve ser a pessoa jurídica de direito público titular da competência para instituir o tributo.

Mas isso nem sempre acontece; são distintos os conceitos de competência tributária e de capacidade tributária ativa, e não precisam coincidir em uma mesma pessoa. Em linhas gerais, ser titular de competência tributária é ter aptidão para inovar a ordem jurídica, instituindo tributos; já a capacidade tributária ativa é a aptidão para figurar no polo ativo da relação jurídica tributária. A competência tributária é matéria constitucional; a capacidade tributária ativa é prevista na lei que institui o tributo.

Analisando o art. 119 do CTN, Roque Antonio Carrazza[330] pontua que a Constituição não proíbe e o próprio Código Tributário prevê expressamente a delegação da capacidade tributária ativa. E, muito embora, na maioria dos casos, competência

328. Cf. Ibidem, p. 332-333.

329. Cf. CARRAZZA, Roque Antonio. *Reflexões sobre a obrigação tributária* cit., p. 156.

330. Cf. Ibidem, p. 156-159.

tributária e capacidade tributária ativa acumulem-se em uma mesma pessoa política, nada impede que a lei autorize pessoa diversa a arrecadá-lo. Essa terceira pessoa pode ser de direito público ou privado, perseguidora de finalidades públicas e, dependendo do que a lei estipular, ou arrecada em seu nome e destina o valor arrecadado para a entidade tributante ou arrecada o tributo para o implemento de suas próprias finalidades, em fenômeno denominado "parafiscalidade".

Paulo de Barros Carvalho[331] é ainda mais incisivo, ao afirmar que a formulação do art. 119 do CTN "briga com o sistema", vez que a própria Constituição permite que as pessoas titulares de competência tributária transfiram a capacidade tributária ativa, nomeando outro ente, público ou privado, para figurar como sujeito ativo na relação jurídica tributária.

O sujeito ativo da relação jurídica tributária, estabelecido por lei produzida a partir do exercício da competência tributária, conforme definido na Constituição, é a pessoa que possui o direito subjetivo de exigir o cumprimento do dever do sujeito passivo de recolher o tributo. Nessa função, a pessoa indicada na lei tem a atribuição de receber, fiscalizar, cobrar e executar o cumprimento da lei fiscal[332].

No outro polo da relação jurídica tributária está o sujeito passivo. Na regra-matriz de incidência, norma geral e abstrata, não temos ainda a indicação do sujeito passivo da obrigação tributária, mas somente critérios para determiná-lo.

A sujeição passiva tributária pode ser compreendida de diferentes formas, a depender das premissas adotadas. Por admitirem inúmeras particularidades, que fogem ao nosso objetivo, as diferentes teorias sobre a sujeição passiva tributária não serão analisadas. Dedicaremos nossa atenção a expor o ponto de vista que adotamos.

---

331. Cf. CARVALHO, Paulo de Barros. *Curso de direito tributário* cit., p. 333-334.

332. Cf. BECHO, Renato Lopes. *Lições de direito tributário...* cit., p. 126.

A Constituição, ao estabelecer as competências para instituir impostos, não traz um critério que permita definir o sujeito passivo da obrigação tributária. Ao descrever as matérias tributáveis, a Carta de 1988 deixa subentendido somente o sujeito que, realizando o fato correspondente à materialidade especificada, deve suportar o ônus do tributo, em função do princípio da capacidade contributiva.

Por exemplo, ao outorgar competência à União para instituir imposto sobre a renda, a Constituição deixa entender que, por ser o titular da capacidade contributiva, aquele que aufere a renda tributável é o sujeito cuja renda deve ser gravada. Esse sujeito é aquele que realiza o critério material do imposto e possui, necessariamente, um *vínculo econômico* com o ente tributante, eis que é a sua riqueza que sofrerá uma subtração em razão da imposição tributária. Todavia, não é o vínculo econômico aquele que nos interessa para determinar quem são os sujeitos da obrigação tributária; interessa-nos o *vínculo jurídico* e esse vínculo não está estabelecido na Carta Constitucional.

Esse argumento pode ser verificado no art. 156, II, da CF/88, que confere aos Municípios competência para instituir ITBI. Na transmissão do bem imóvel, sujeita à tributação, a Constituição prevê a matéria tributável e a competência dos Municípios para gravá-la, mas não especifica se o sujeito passivo do imposto é o alienante ou o adquirente do referido bem[333].

Sendo assim, por ausência de determinação na Constituição, é no patamar infraconstitucional que encontraremos os critérios indicadores do sujeito passivo da relação jurídica tributária. O sujeito passivo pode ser o mesmo sujeito que praticou o fato jurídico tributário, mas pode ser outro, escolhido pelo legislador, desde que essa escolha não viole princípios constitucionais, a exemplo dos princípios da isonomia, da capacidade contributiva e da vedação à utilização de tributo com efeito de confisco.

---

333. Cf. FERRAGUT, Maria Rita. *Responsabilidade tributária e o Código Civil de 2002*. 3. ed. São Paulo: Noeses, 2013. p. 35.

O Código Tributário Nacional define, como sujeito passivo da obrigação principal, a pessoa obrigada ao pagamento de tributo ou penalidade pecuniária. Classifica os sujeitos passivos em duas espécies: (i) "contribuinte, quando tenha relação pessoal e direta com a situação que constitua o respectivo fato gerador"; e (ii) "responsável, quando, sem revestir a condição de contribuinte, sua obrigação decorra de disposição expressa de lei" (art. 121, *caput* e parágrafo único).

Criticando a classificação feita nesse dispositivo do CTN, Paulo de Barros Carvalho[334] já anotara que, na definição do sujeito passivo da obrigação tributária, só interessa, do ângulo jurídico-tributário, a pessoa que integra o vínculo obrigacional. Partindo dessa ideia, define sujeito passivo da relação jurídica tributária como a pessoa física ou jurídica, privada ou pública, sujeito de direitos, de quem se exige o cumprimento da prestação, seja pecuniária, como ocorre nos nexos obrigacionais, seja insusceptível de avaliação patrimonial, como ocorre nas relações que veiculam deveres instrumentais.

Maria Rita Ferragut[335], partindo da definição formulada por Paulo de Barros Carvalho, acrescenta que, no contexto dos incisos I e II do parágrafo único do art. 121 do CTN, contribuinte é a pessoa que realizou o fato jurídico tributário e, cumulativamente, encontra-se no polo passivo da relação obrigacional; caso uma dessas condições esteja ausente, o sujeito ou será o responsável ou o realizador do fato, mas não o contribuinte. A partir desse entendimento, destaca que a Constituição, como regra, aponta o sujeito realizador do fato previsto no antecedente da regra-matriz de incidência, mas não indica quem deve ser o sujeito obrigado a cumprir com a prestação objeto da relação jurídica.

Como sujeito passivo da relação jurídica tributária, temos ainda a figura do substituto tributário ("responsável por

---

334. Cf. CARVALHO, Paulo de Barros. *Curso de direito tributário* cit., p. 335.

335. Cf. FERRAGUT, Maria Rita. *Responsabilidade tributária e o Código Civil de 2002* cit., p. 33-35.

substituição"), que não encontra tratamento específico no CTN, apesar da previsão do seu art. 128.

Na definição de Alfredo Augusto Becker, existe substituto legal tributário toda vez que o legislador escolhe, para sujeito passivo da relação jurídica tributária, outro indivíduo em substituição àquele cuja renda ou capital a hipótese de incidência é fato-signo presuntivo[336].

Destaca Maria Rita Ferragut[337] que substituição tributária é norma jurídica em sentido amplo, que prevê, em seu antecedente, "uma relação direta ou indireta firmada entre o substituto e o substituído, ou direta entre o substituto e o fato jurídico tributário" e prescreve, no seu consequente, "a obrigação de o substituto cumprir com a obrigação tributária gerada em virtude de fato juridicamente relevante praticado pelo substituído, ao mesmo tempo em que exonera este último de cumprir com a obrigação".

Pontua ainda que a substituição tributária é pré-jurídica. Por essa razão, "substituição" é denominação inadequada, porque não implica "cessão do polo passivo, de um sujeito, para outro". Se a substituição for "pura", ou seja, sem que, simultaneamente, haja solidariedade com o sujeito que tenha praticado o fato, o praticante do fato nunca terá sido sujeito passivo da relação jurídica tributária[338].

A sujeição passiva por substituição pode ocorrer nas modalidades: "para trás", "convencional" e "para frente". A primeira consiste na responsabilidade pelo recolhimento de tributo relativo a operações anteriores, ou seja, representa um diferimento da tributação. A substituição "convencional" ocorre assim que realizado o fato jurídico. Na substituição tributária "para frente", o substituto integra a relação jurídica

---

336. Cf. BECKER, Alfredo Augusto. *Teoria geral do direito tributário* cit., p. 552.

337. Cf. FERRAGUT, Maria Rita. *Responsabilidade tributária e o Código Civil de 2002* cit., p. 69-70.

338. Ibidem, p. 70.

tributária antes mesmo da ocorrência do evento que possa se realizar, no futuro, como um fato jurídico tributário[339]. Interessa-nos a substituição tributária convencional, que se aplica nos casos de imposto sobre a renda exclusivo na fonte.

Com base no exposto, temos, em suma, que o sujeito passivo da relação jurídica tributária, seja ele o contribuinte, um responsável ou um substituto, é aquele obrigado a levar aos cofres públicos o montante devido a título de tributo, a partir da aplicação da regra-matriz de incidência tributária. Só o sujeito passivo tem relação jurídica com o Estado. Sendo ele um responsável ou um substituto, por força dos princípios da capacidade contributiva e da vedação à utilização de tributo com efeito de confisco, a lei deve-lhe assegurar o direito ao ressarcimento integral do tributo pago, sempre que não estivermos tratando de responsabilidade prevista em norma sancionadora.

O critério quantitativo, integrando o consequente da regra-matriz de incidência tributária, é aquele critério que congrega os elementos definidores da quantia devida a título de tributo: base de cálculo e alíquota.

Base de cálculo, na definição de Roque Antonio Carrazza[340], é a unidade de medida, prevista na lei, que traduz, em uma expressão numérica, a hipótese de incidência tributária, e serve não só para medir a matéria tributável, mas também para determinar a modalidade do tributo que será exigido do contribuinte.

Alfredo Augusto Becker[341], em sua obra, destaca ser a base de cálculo o elemento mais importante da hipótese de incidência, pois é ela que permite distinguir o gênero jurídico do tributo. Por essa razão, Becker elevou a base de cálculo à condição de "núcleo" da hipótese de incidência.

---

339. Ibidem, p. 75.

340. Cf. CARRAZZA, Roque Antonio. *Reflexões sobre a obrigação tributária* cit., p. 165-167.

341. Cf. BECKER, Alfredo Augusto. *Teoria geral do direito tributário* cit., p. 329.

Paulo de Barros Carvalho[342] reafirma a importantíssima função da base de cálculo na composição do tributo. Nesse sentido, pontua que sua atribuição primordial é "dimensionar a intensidade do comportamento inserto no núcleo do fato jurídico, para que, combinando-se à alíquota, seja determinado o valor da prestação pecuniária".

Em paralelo[343], identifica, na base de cálculo, três funções: mensuradora, objetiva e comparativa. Na função mensuradora, a base de cálculo determina o atributo valorativo que servirá de suporte mensurador do fato tributário, e sobre o qual atuará a alíquota. Na função objetiva, faz-se integrar com a alíquota para o fim de compor a prestação a ser exigida do sujeito passivo. Na função comparativa, confirma, infirma ou afirma o verdadeiro critério material descrito no antecedente da regra-matriz de incidência tributária. A base de cálculo confirma o critério material da regra-matriz sempre que houver perfeita sintonia entre o padrão de medida e o núcleo do fato dimensionado; infirma-o quando houver incompatibilidade entre eles; afirma-o na circunstância de ser obscura a formulação legal.

Sendo assim, havendo qualquer desencontro entre a base de cálculo e o critério material da regra-matriz, é a base de cálculo que deve prevalecer como caracterizadora do tributo, independentemente da situação hipotética descrita no critério material[344].

A base de cálculo associa-se à alíquota na composição do critério quantitativo do consequente da regra-matriz de incidência tributária.

As alíquotas podem ser proporcionais, progressivas ou regressivas. A alíquota será proporcional quando for invariável

342. Cf. CARVALHO, Paulo de Barros. *Curso de direito tributário* cit., p. 358.

343. Cf. Ibidem, p. 357 e ss.; CARVALHO, Paulo de Barros. *Direito tributário*. Fundamentos jurídicos da incidência cit., p. 242-244.

344. Cf. CARVALHO, Paulo de Barros. *Direito tributário*. Fundamentos jurídicos da incidência cit., p. 404.

em relação à base de cálculo, isto é, havendo proporcionalidade, seja qual for a base de cálculo, a alíquota é sempre a mesma. Haverá aplicação de alíquotas progressivas quando elas variarem para cima quando a base de cálculo também se tornar maior, resultando em que, quanto maior for a base de cálculo, maior será a sua fração destinada ao pagamento do tributo. Serão regressivas as alíquotas que forem menores à medida que aumentar a base de cálculo[345].

Por fim, vale lembrar que, na determinação das alíquotas, o legislador ordinário deve levar em conta os princípios constitucionais, a exemplo dos princípios da isonomia, da capacidade contributiva e da vedação da utilização de tributo com efeito de confisco. No imposto sobre a renda, imperioso que as alíquotas sejam progressivas, à medida que aumenta a base de cálculo, em respeito ao princípio da progressividade, insculpido no art. 153, § 2º, da CF/88.

5.2 As regras-matrizes de incidência do imposto sobre a renda

O imposto sobre a renda no Brasil encontra-se estruturado de forma bastante complexa, por meio das leis ordinárias que o regulam.

Destacamos o imposto incidente sobre a renda das pessoas físicas e jurídicas, apurado ao final do período de apuração, cada um com sua regra-matriz própria. Temos ainda definidos na legislação ordinária o imposto sobre a renda exclusivo na fonte, aplicável a pessoas físicas e jurídicas, e o imposto definitivo sobre os ganhos de capital na alienação de bens e direitos, aplicável às pessoas físicas e às micro e pequenas empresas optantes pelo regime simplificado de tributação, previsto na Lei Complementar 123, de 2006. Cada um destes também conta com regra-matriz de incidência autônoma.

345. Sobre proporcionalidade, progressividade e regressividade, veja item 3.2.4.2.

Reafirmamos aqui o nosso posicionamento que o imposto sobre a renda, para estar conforme com o conceito constitucional de renda e com a definição desse conceito, trazida pelo Código Tributário Nacional, só pode incidir sobre a renda apurada ao final de um período de apuração. Todavia, dentro desse escopo, admitimos a exigência de antecipações desse imposto.

Conforme anteriormente anunciamos, ao tratar do período de apuração do imposto sobre a renda, a existência de imposto sobre a renda na fonte foi admitida pelo constituinte originário, que dele trata nos arts. 157, inciso I e 158, inciso I, da Carta de 1988, quando prevê que pertencem ao Estado, ao Distrito Federal e aos Municípios "o produto da arrecadação do imposto da União sobre renda e proventos de qualquer natureza, incidente na fonte, sobre rendimentos pagos, a qualquer título, por eles, suas autarquias e pelas fundações que instituírem e mantiverem". Dessa feita, não há como afirmar que a antecipação do imposto sobre a renda na fonte seja inconstitucional.

Entretanto, para que a tributação na fonte não se torne confiscatória nem vulnere a isonomia, a capacidade contributiva, a generalidade, a universalidade e a progressividade, há que se dissociar, da antecipação do imposto, a exigência do seu recolhimento antes da ocorrência do seu critério material – auferir renda[346].

Nesse sentido, impende considerar que a denominada "tributação do imposto sobre a renda na fonte" só pode ser feita, cumulativamente: (i) tendo em vista o interesse público, para regular o fluxo financeiro do Tesouro, visando ao cumprimento dos fins constitucionais; (ii) na forma de antecipação do imposto devido apurado ao final do período de apuração; e (iii) com a garantia de compensação do valor antecipado com o do tributo apurado no final do período de apuração, ou a restituição da importância antecipada, caso tenha sido feita em valor superior ao do imposto devido.

346. Sobre este assunto, cf. AMARO, Luciano. Periodicidade do imposto de renda I... cit., p. 29.

A partir desses pressupostos, e tendo em vista que o fato "auferiu renda" só pode ocorrer ao cabo do período de apuração previsto em lei, temos que, na antecipação, não estamos diante da efetiva realização do fato tributário. Podemos, assim, afirmar que a antecipação do imposto sobre a renda se realiza por meio de normas jurídicas em sentido amplo e não da incidência da regra-matriz do imposto sobre a renda.

As normas jurídicas em sentido amplo são definidas por Paulo de Barros Carvalho como aquelas que "fixam outras providências administrativas para a operatividade do tributo, tais como as de lançamento, recolhimento, configuração de deveres instrumentais e relativas à fiscalização". Segundo Carvalho, são normas jurídicas em sentido amplo todas aquelas que não se caracterizam como regras-matrizes de incidência tributária[347].

Em harmonia com esse entendimento, no caso da antecipação na fonte, tanto para as pessoas físicas como para as pessoas jurídicas, identificamos duas normas jurídicas em sentido amplo[348]: a primeira determina que a fonte pagadora do rendimento (pessoa jurídica) fica obrigada a recolher aos cofres públicos uma parte do valor do rendimento pago ao beneficiário (pessoa física ou jurídica). O antecedente da norma de antecipação é "pagar rendimento sujeito a antecipação na fonte". Seu consequente é "recolher aos cofres públicos" a importância correspondente à antecipação.

Atrelada à norma de recolhimento da importância aos cofres públicos, temos uma outra norma em sentido amplo, que permite a retenção da importância correspondente, do valor pago ou creditado ao beneficiário do rendimento. Essa norma tem como hipótese, igualmente, "pagar rendimento sujeito a antecipação na fonte" e, como consequência, a permissão para reter, do beneficiário do rendimento, o montante que

347. Cf. CARVALHO, Paulo de Barros. *Curso de direito tributário*. 30. ed. São Paulo: Saraiva, 2019. p. 266.

348. Paulo Ayres Barreto externa entendimento semelhante, mas não idêntico. Cf. BARRETO, Paulo Ayres. *Imposto sobre a renda e preços de transferência* cit., p. 88.

cabe, à fonte pagadora, recolher aos cofres públicos a título de antecipação do imposto sobre a renda[349].

Sem pretender esgotar as hipóteses previstas em lei para a ocorrência da antecipação na fonte do imposto sobre a renda, apresentamos, a seguir, a título de exemplos, algumas hipóteses nas quais a legislação ordinária prevê essa modalidade de tributação, para as pessoas físicas e jurídicas.

Estão sujeitos à antecipação na fonte, pela pessoa jurídica, os rendimentos do trabalho assalariado e demais remunerações decorrentes de vínculo empregatício, pagos ou creditados a pessoa física residente no Brasil e os rendimentos do trabalho assalariado, em moeda estrangeira, pagos ou creditados a pessoa física residente no Brasil, ausente no exterior a serviço do País, por autarquias ou repartições do governo brasileiro situadas no exterior[350].

Sujeitam-se também à antecipação na fonte as importâncias pagas por pessoa jurídica a pessoa física a título de remuneração por serviços prestados, sem vínculo empregatício, os rendimentos de aluguéis, *royalties* e juros decorrentes da alienação a prazo de bens ou direitos pagos por pessoa jurídica a pessoa física[351].

Os rendimentos pagos pelas pessoas jurídicas a outras pessoas jurídicas em razão da prestação de serviços caracterizadamente de natureza profissional e os rendimentos pagos ou creditados a outras pessoas jurídicas pela prestação de serviços de limpeza, conservação, segurança, vigilância e

---

349. Julia de Menezes Nogueira define a norma de retenção como aquela que traz, na hipótese, "pagar rendimentos tributáveis na fonte (exclusivamente ou por antecipação)" e, no consequente, "a permissão à fonte pagadora de reter do beneficiário dos rendimentos o montante do tributo que lhe cabe pagar (IRF-antecipação ou IRF-exclusivo)". Para Nogueira, a norma de recolhimento (que entendemos ser, no caso da antecipação, uma norma jurídica em sentido amplo) é sempre uma norma jurídica em sentido estrito, regra-matriz de incidência do imposto sobre a renda na fonte. Cf. NOGUEIRA, Julia de Menezes. *Imposto sobre a renda na fonte* cit., p. 182-183.

350. Lei 7.713/88, art. 7º, I e Lei 9.250/95, art. 5º.

351. Decreto-lei 5.844/43, art. 3º; Lei 4.506/64, art. 21; Lei 7.713/88, art. 3º, § 4º.

por locação de mão de obra também sofrem antecipação do imposto sobre a renda na fonte[352].

Os juros pagos ou creditados a titular, sócio ou acionista, a título de remuneração do capital próprio, calculados sobre as contas do patrimônio líquido da pessoa jurídica e limitados à variação, *pro rata* dia, da Taxa de Juros de Longo Prazo (TJLP) sofrem antecipação na fonte, quando o beneficiário for pessoa jurídica tributada pelo lucro real, presumido ou arbitrado (se o beneficiário for pessoa jurídica optante pelo Simples Nacional, ou pessoa física, a tributação é exclusiva na fonte)[353].

As pessoas jurídicas tributadas pelo lucro real, presumido ou arbitrado sofrem antecipação na fonte sobre os rendimentos produzidos por aplicações financeiras; o valor antecipado é compensado, no final do período de apuração. Para as pessoas jurídicas optantes pelo Simples Nacional e para as pessoas físicas, esses mesmos rendimentos são tributados exclusivamente na fonte[354].

Também estão sujeitos a antecipação do imposto sobre a renda os pagamentos efetuados por órgãos da administração pública federal, suas autarquias e fundações, a pessoas jurídicas, pelo fornecimento de bens ou pela prestação de serviços[355]. Ao cabo do período de apuração, o imposto sobre a renda das pessoas jurídicas fornecedoras dos bens ou prestadoras dos serviços é calculado e a antecipação é compensada com o imposto devido.

A antecipação do imposto na fonte recai ainda sobre quaisquer outros rendimentos pagos por pessoa jurídica a pessoa física, para os quais não haja incidência específica e não estejam incluídos entre aqueles tributados

352. Decreto-lei 2.030/83, art. 2º; Decreto-lei 2.462/88, art. 3º; Lei 7.450/85, art. 52; Lei 9.064/95, art. 6º.

353. Lei 9.249/95, art. 9º, §§ 2º, 3º e 6º; Lei 9.430/96, art. 51, parágrafo único.

354. Lei 9.779/2000, art. 5º; Lei 8.981/95, art. 76, § 2º; Lei 9.430/96, art. 51.

355. Lei 9.430/96, art. 64.

exclusivamente na fonte[356]. Há ainda casos em que é conferida à pessoa física beneficiária dos rendimentos a opção de sujeitar-se à tributação exclusiva na fonte ou à antecipação do tributo devido ao final do período de apuração, a exemplo dos rendimentos recebidos acumuladamente.

Admitida a constitucionalidade da antecipação do imposto sobre a renda na modalidade "fonte", tanto para as pessoas físicas quanto para as pessoas jurídicas, uma vez cumpridos os requisitos apontados, imperioso ponderar em prol da constitucionalidade da antecipação do imposto sobre a renda feita pela própria pessoa física, nos moldes do denominado "carnê leão"[357] e das antecipações mensais, feitas pelas pessoas jurídicas tributadas pelo lucro real anual[358], por uma questão de isonomia tributária.

A antecipação na forma de "carnê leão" é aquela na qual a pessoa física promove o recolhimento antecipado, nos casos em que aufere rendimentos de outras pessoas físicas ou de fontes situadas no exterior.

Com a antecipação do imposto feita pela própria pessoa física, por meio do "carnê leão", confere-se tratamento isonômico a pessoas em situação equivalente: tanto aquelas que auferem rendimento do trabalho assalariado e da prestação de serviços, pagos por pessoas jurídicas, como as que auferem rendimentos da mesma natureza, pagos por pessoa física ou por fonte situada no exterior, devem antecipar o imposto sobre a renda. No caso da antecipação feita pela própria pessoa física, na forma de "carnê leão", há somente uma norma em sentido amplo, de antecipação, que tem, como antecedente, "auferir rendimentos de pessoa física ou de fonte situada no exterior" e, no consequente, "antecipar o imposto sobre a renda".

---

356. Lei 7.713/88, art. 7º, II.

357. Lei 7.713/88, art. 8º.

358. Lei 9.430/96, art. 2º.

A antecipação feita pelas pessoas jurídicas tributadas pelo lucro real anual é apurada de acordo com uma norma de estimativa, que leva em conta: ou a receita bruta mensal auferida (estimativa "pura"), ou balanços ou balancetes de suspensão ou redução (estimativa "monitorada")[359]. O ajuste anual é feito após apurada a renda (lucro real) ao fim do período de apuração.

Durante o ano civil, a pessoa jurídica pode optar pela antecipação com base na receita bruta mensal ou em balanços ou balancetes de suspensão ou redução. Havendo excesso na antecipação, calculada com base na receita bruta mensal, a pessoa jurídica pode, a qualquer momento, promover a suspensão ou a redução do pagamento da antecipação, uma vez comprovado o excesso, por meio do levantamento de balanços ou balancetes de suspensão ou redução.

Para as pessoas jurídicas optantes pelo lucro real anual, o dever de antecipar o imposto sobre a renda também decorre de uma norma jurídica em sentido amplo. No cálculo por estimativa com base na receita bruta mensal, o antecedente da norma será "auferir receita bruta mensal" e, o consequente, "antecipar o imposto sobre a renda". Se a opção for pelo cálculo com base em balanço ou balancete de suspensão ou redução, seu antecedente será "auferir lucro ajustado com base em balanço ou balancete de redução" e o consequente "antecipar o imposto sobre a renda". Neste caso, o lucro ajustado que serve de base de cálculo para a antecipação, corresponde ao período que vai de 1º de janeiro até a data da elaboração do balanço ou balancete de redução.

Em qualquer caso, tanto da antecipação na fonte, feita pela pessoa jurídica pagadora dos rendimentos para pessoas físicas e jurídicas, quanto na antecipação feita pela própria pessoa física ou jurídica, só haverá tributação a título de

---

359. Cf. NEVES, Silvério das; VICECONTI, Paulo E. *Curso prático de imposto de renda*. 17. ed. São Paulo: Revista dos Tribunais, 2017. p. 37-47.

imposto sobre a renda se, ao final do período de apuração, momento do ajuste, for apurada matéria tributável.

Antes disso, temos apenas antecipações, que terão, como base de cálculo, valores mais próximos ou menos próximos da base de cálculo do imposto, de acordo com o que determina a lei. No entanto, durante o período de apuração, ainda não ocorreu o fato jurídico tributário, motivo pelo qual não se cogita a incidência da regra-matriz autônoma para as antecipações[360].

Por outro lado, quando tratamos do imposto sobre a renda exclusivo na fonte e do imposto sobre ganhos de capital na alienação de bens e direitos, como veremos nos itens seguintes, a legislação ordinária dá por ocorrido o fato jurídico tributário do imposto sobre a renda no momento em que o beneficiário aufere o rendimento ou ganho, além de estabelecer distinções inconciliáveis com outros critérios da regra-matriz do imposto sobre a renda apurado ao fim de um período de apuração. Como consequência, temos regras-matrizes autônomas do imposto sobre a renda.

5.2.1 Critério material

Vimos que o critério material da regra-matriz de incidência se expressa por um verbo de predicação incompleta, conjugado no infinitivo, seguido de um complemento.

No caso do imposto sobre a renda e proventos de qualquer natureza, não temos dúvida que o complemento do verbo é "renda e proventos de qualquer natureza", única materialidade possível para o imposto de mesmo nome, previsto na Constituição.

Segundo a nossa definição, renda e proventos de qualquer natureza representam o acréscimo patrimonial verificado em um período de tempo. Consistem em um saldo positivo

360. Sobre a existência de uma regra-matriz autônoma do imposto sobre a renda na fonte – antecipação, cf. NOGUEIRA, Julia de Menezes. *Imposto sobre a renda na fonte* cit., p. 163-167.

obtido ao final desse período, como resultado de uma equação na qual se consideram as entradas, ou elementos positivos, que são as receitas, ganhos ou rendimentos, e as saídas, que são os gastos necessários para a obtenção e a manutenção das receitas, ganhos ou rendimentos que compõem a equação na qual se apura, ao fim do período, a existência ou não de renda e proventos de qualquer natureza.

Cada receita, ganho ou rendimento, individualmente considerado, muito embora integre a equação, não constitui, isoladamente, matéria tributável pelo imposto sobre a renda, eis que não caracteriza "renda e proventos de qualquer natureza". Ou seja, não obstante esses elementos venham, em um primeiro momento, agregar valor ao patrimônio, eles não são os únicos elementos a serem considerados na composição da renda. No instante do recebimento do rendimento, do ganho ou da receita, ainda não foram computados os gastos necessários para a sua obtenção, de tal modo que ainda não se sabe se houve ou não "renda".

Diante disso, somente a expressão "renda e proventos de qualquer natureza", entendida como o acréscimo patrimonial obtido pelo confronto de certas entradas e certas saídas do patrimônio do contribuinte, apurado ao cabo de um período de tempo, pode figurar como complemento do verbo que compõe o critério material do imposto sobre a renda.

Falta então definir o verbo que deve ser associado ao complemento "renda e proventos de qualquer natureza", para o fim de compor o critério material.

José Artur Lima Gonçalves[361], em seu estudo sobre o tema, concluiu existir "uma necessária conexão, ao substantivo 'renda', do verbo 'auferir'", por ser aceito como o mais adequado, uma vez que só pode ser obrigada a pagar esse tributo a pessoa que concretamente realizou o fato significado por tal verbo.

361. Cf. GONÇALVES, José Artur Lima. *Imposto sobre a renda:* pressupostos constitucionais cit., p. 187.

Também Paulo de Barros Carvalho[362] anota que o legislador optou pelo verbo "auferir", ou seja, o critério material do imposto sobre a renda se consubstancia na locução "auferir renda".

No mesmo sentido, Roque Antonio Carrazza[363] destaca que o imposto sobre a renda, alcançando unicamente os acréscimos patrimoniais obtidos em um certo lapso de tempo, nasce sempre de uma ação, ou seja, da situação dinâmica de uma pessoa auferir renda.

Assim também entendemos. Para atender ao princípio da capacidade contributiva, o valor do tributo há de estar contido nesse acréscimo patrimonial, o que leva à conclusão que só aquele que aufere a renda está apto a suportar a carga do tributo. Desse modo, para nós, o critério material do imposto sobre a renda só pode ser "auferir renda"[364].

Ocorre que a legislação ordinária prevê o denominado "imposto sobre a renda exclusivo na fonte" e prevê também a tributação definitiva, esta aplicada aos ganhos de capital na alienação de bens e direitos da pessoa física e na alienação de bens do ativo não circulante da microempresa e da empresa de pequeno porte optantes pelo regime simplificado de arrecadação instituído pela Lei Complementar 123/2006 – Simples Nacional.

O imposto exclusivo na fonte é previsto em situações pontuais, indicadas em diferentes dispositivos de leis ordinárias. O imposto sobre ganhos de capital na alienação de bens e direitos das pessoas físicas e na alienação de bens do ativo não circulante da microempresa e da empresa de pequeno porte optantes pelo regime simplificado de arrecadação instituído pela Lei Complementar 123/2006 – Simples Nacional, está disciplinado na Lei 8.981/95, alterada pela Lei 13.259/2016, e na Lei 9.249/95.

---

362. Cf. CARVALHO, Paulo de Barros. *Direito tributário, linguagem e método* cit., p. 698-699.

363. Cf. CARRAZZA, Roque Antonio. *Imposto sobre a renda e proventos de qualquer natureza...* cit., p. 49.

364. Outro entendimento tem Julia de Menezes Nogueira. Cf. NOGUEIRA, Julia de Menezes. *Imposto sobre a renda na fonte* cit., p. 56-57.

A tributação exclusiva na fonte e a tributação definitiva, incidente sobre os ganhos de capital na alienação de bens e direitos das pessoas físicas e na alienação de bens do ativo não circulante da microempresa e da empresa de pequeno porte optantes pelo regime simplificado de arrecadação instituído pela Lei Complementar 123/2006 – Simples Nacional, diferem da antecipação na fonte, sobre a qual já comentamos.

Conforme anteriormente externado, a antecipação na fonte é uma mera antecipação do imposto sobre a renda devido ao fim do período de apuração, a ser com ele compensada, autorizada pelo constituinte originário. Sua finalidade é suprir o caixa do Tesouro com receitas a serem utilizadas pela União com as finalidades previstas na Constituição, enquanto a tributação exclusiva na fonte e a tributação incidente sobre os ganhos de capital na alienação de bens e direitos das pessoas físicas e na alienação de bens do ativo não circulante da microempresa e da empresa de pequeno porte optantes pelo regime simplificado de arrecadação instituído pela Lei Complementar 123/2006 – Simples Nacional são definitivas.

São tributados exclusivamente na fonte, entre outros rendimentos, o décimo terceiro salário pago a empregados[365] e os rendimentos auferidos por pessoas físicas, produzidos por aplicações financeiras em renda fixa[366]. São também tributados na mesma modalidade (exclusiva na fonte) os prêmios distribuídos sob a forma de bens e serviços, mediante concursos e sorteios de qualquer espécie, cujo beneficiário seja pessoa física ou jurídica[367] e os prêmios pagos aos proprietários e criadores de cavalos de corrida, pessoas jurídicas (exceto as tributadas pelo Lucro Real) e pessoas físicas[368].

---

365. Lei 8.134/90, art. 16.

366. Lei 8.981/95, art. 68, inciso III, 71 e 77, inciso I, Lei 11.033/2004, art. 1º.

367. Lei 8.981/95, art. 63.

368. Lei 7.713/88, art. 32, Lei 9.430/96, art. 2º, § 4º, inciso III.

Têm o mesmo tratamento os rendimentos auferidos no Brasil por pessoas físicas e jurídicas residentes ou domiciliadas no exterior, pagos ou creditados por pessoa física ou jurídica domiciliada no País, a exemplo dos juros sobre o capital próprio, *royalties* e pagamento de assistência técnica e os juros e comissões em geral.

São ainda tributados de forma definitiva os ganhos de capital, auferidos no Brasil por residentes ou domiciliados no exterior, na alienação de bens e direitos das pessoas físicas e na alienação de bens do ativo não circulante das pessoas jurídicas.

Para definir o critério material do imposto sobre a renda exclusivo na fonte e do imposto sobre a renda definitivo, incidente sobre os ganhos de capital na alienação de bens e direitos, levamos em conta que os textos das leis ordinárias que os disciplinam fazem alusão ao imposto sobre a "renda", remetendo à ideia de que o seu critério material é "auferir renda". Sendo assim, definimos "auferir renda" como critério material do imposto sobre a renda.

5.2.2 Critério espacial

O imposto sobre a renda é regido pelos princípios da progressividade, da generalidade e da universalidade, prescritos no § 2º do art. 153 da CF/88. Por força do princípio da generalidade, todos aqueles que auferem renda (e somente estes) devem ser tributados pelo imposto sobre a renda. Segundo o princípio da universalidade, toda a renda auferida deve ser globalmente tributada, de uma só vez e sem discriminação, para que fique garantida a progressividade.

Os princípios da generalidade e da universalidade refletem-se no critério espacial do imposto sobre a renda, na medida em que impõem duas condições: (i) para a lei brasileira atingir, igualmente, todos aqueles que auferem renda (princípio da generalidade), o imposto deve alcançar, indistintamente, residentes e não residentes, domiciliados e não domiciliados; estes, desde que aufiram renda no País; e (ii) a fim de atender ao princípio da universalidade, tendo em vista que toda a renda deve ser tributada global e indiscriminadamente, garantindo, assim, a progressividade, a lei não pode fazer distinção entre a renda auferida no Brasil e no exterior, ao tributar residentes e domiciliados no Brasil.

Sendo assim, no imposto sobre a renda, temos dois fatores condicionantes de espaço: o lugar da situação da pessoa que aufere a renda e o lugar da origem dos rendimentos. Visando respeitar os princípios informadores da generalidade e da universalidade, nosso ordenamento jurídico elegeu esses dois elementos de conexão para condicionar o critério espacial do imposto.

Até 1942, vigorava, no Brasil, para as pessoas físicas e jurídicas, apenas um critério de territorialidade (da renda). Somente a renda produzida dentro do território nacional era tributada pelo imposto sobre a renda.

Para as pessoas físicas, esse quadro mudou com o advento do Decreto-lei 4.178/42, que determinou que os rendimentos produzidos no exterior, qualquer que fosse a natureza do rendimento, também seriam tributáveis pelo imposto sobre a renda no Brasil. Além do critério da territorialidade da renda, até então vigente, criou-se uma conexão de ordem pessoal ou subjetiva, que passou a vincular a tributação da renda não com o local da sua produção, mas com o domicílio daquele que a aufere. A partir de então, todas as pessoas físicas com residência no Brasil passaram a ter como base tributável toda a sua renda, quer tivesse sido auferida dentro do território nacional ou fora dele.

Para as pessoas jurídicas, essa alteração veio mais tarde, com a Lei 9.249/95. A partir de 1996, a "tributação da renda mundial" (*worldwide income taxation*) foi adotada para as pessoas jurídicas e os lucros auferidos no exterior pelas pessoas jurídicas domiciliadas no País passaram a ser objeto de tributação pelo imposto sobre a renda brasileiro.

Diante disso, atualmente, tanto para as pessoas físicas quanto para as pessoas jurídicas, vigoram, para o imposto sobre a renda, os dois elementos de conexão: (i) objetivo, ou da territorialidade, que estipula que toda a renda auferida no País sujeita-se ao imposto sobre a renda, independentemente da nacionalidade, da sede, da residência ou do domicílio do sujeito que a auferiu, seja ele pessoa física ou jurídica; e (ii) subjetivo, que determina que toda pessoa física ou jurídica residente ou domiciliada no Brasil será tributada no Brasil pela renda auferida em qualquer lugar do mundo (tributação da renda mundial ou universalidade)[369].

A conjugação desses dois elementos de conexão está em perfeita consonância com os princípios da generalidade e da universalidade, informadores do imposto sobre a renda.

Em decorrência desse entendimento, temos que o critério espacial do imposto sobre a renda é "qualquer lugar dentro do território nacional", para os residentes e domiciliados em qualquer lugar do mundo; e "qualquer lugar do mundo", para os residentes e domiciliados no Brasil[370].

No imposto sobre a renda exclusivo na fonte, o critério espacial será, via de regra, "em qualquer lugar do território nacional", haja vista que lei brasileira não alcança as pessoas físicas e jurídicas com domicílio no exterior, para obrigá-las ao recolhimento do imposto, nessa modalidade, no Brasil, sobre rendimentos pagos a qualquer beneficiário, mesmo que este seja residente ou domiciliado no País.

---

369. Sobre esse assunto, cf. CARRAZZA, Roque Antonio. *Imposto sobre a renda:* perfil constitucional e temas específicos cit., p. 530 e ss.; CARVALHO, Paulo de Barros. *Direito tributário, linguagem e método* cit., p. 704 e ss.

370. Ressalvamos que, nos casos em que existe acordo ou tratado internacional para evitar a dupla tributação, celebrado na forma prevista no art. 84, inciso VIII, da CF/88 e aprovado pelo Congresso Nacional, nos termos do art. 49, inciso I, pode haver disposições em sentido diverso. Os acordos e tratados internacionais para evitar a dupla tributação não são objeto deste trabalho.

5.2.3 Critério temporal

O critério temporal não se confunde com o período de tempo eventualmente necessário para a apuração da base de cálculo do tributo. No nosso conceito de renda, destacamos a necessidade de um certo lapso de tempo para a sua determinação.

A renda será, assim, o saldo positivo apurado, ao cabo de um período de apuração, a partir de rendimentos, ganhos ou receitas, como ingressos ou elementos positivos, e dos dispêndios necessários para a sua produção e manutenção, como saídas ou elementos negativos. Esse lapso de tempo é definido na lei ordinária e corresponde, em geral, a um ano, para que seja possível determinar se houve ou não acréscimo patrimonial caracterizador da existência de renda tributável.

Entretanto, é um equívoco considerar o período de tempo necessário à apuração da renda como critério temporal do imposto. O período de tempo é somente uma decorrência lógica do conceito de renda: não é possível apurar se houve ou não renda a não ser que essa operação se protraia no tempo, uma vez que exige o confronto do patrimônio em dois momentos distintos. Já o critério temporal é o instante em que se reputa ocorrido o fato "auferiu renda", ou seja, o momento em que a apuração se conclui e constata-se saldo positivo, isto é, a existência de riqueza nova. E este é o último instante do período de apuração[371].

Assim entende Paulo Ayres Barreto, que, a propósito, refuta, de plano, a possibilidade de se entender que o fato se consolidaria no dia 1º de janeiro, uma vez que isso levaria à conclusão que "as alterações na legislação, verificadas dias antes, teriam atendido ao disposto no art. 150, III, da CF/88 em vigor"[372].

371. Vide item 4.3.5.

372. Cf. BARRETO, Paulo Ayres. *Imposto sobre a renda e preços de transferência* cit., p. 80-81.

Nesse exato sentido também se manifesta Roque Antonio Carrazza, para quem a ideia de o fato imponível ocorrer no primeiro instante do período seguinte àquele em que os rendimentos foram auferidos briga com os princípios da anterioridade e da irretroatividade das leis, eis que possibilitaria a aplicação de lei majoradora do tributo editada até mesmo após o início do período em que começaram a ser obtidas as riquezas novas a serem levadas à tributação[373].

O período de apuração do imposto sobre a renda é o período de tempo necessário para que se complete o ciclo, findo o qual, apura-se ou não o resultado "renda", a partir dos ingressos e saídas patrimoniais. Dá-se no plano da realidade social. O resultado apurado, se positivo, representa a disponibilidade econômica de renda. "Auferir renda" se torna um fato jurídico se e quando o resultado positivo apurado ao fim do período de apuração for inserido no sistema do direito positivo, no antecedente de uma norma jurídica individual e concreta.

No imposto sobre a renda anual das pessoas físicas, em que a lei prevê que o período de apuração coincide com o ano civil, o critério temporal é o último dia do ano civil no qual a renda é apurada, ou seja, 31 de dezembro.

Para as pessoas jurídicas, pode ser essa mesma data, 31 de dezembro do ano civil no qual a renda tenha sido apurada, que é aplicável ao lucro real anual. Caso tenha havido opção pelo lucro real trimestral ou pelo lucro presumido, ou nas hipóteses de arbitramento do lucro, em que a lei prevê período de apuração trimestral, o critério temporal será o último dia do trimestre de apuração: 31 de março, 30 de junho, 30 de setembro e 31 de dezembro.

Sendo assim, tanto no imposto sobre a renda anual das pessoas físicas quanto no imposto sobre a renda das pessoas jurídicas, o critério temporal é o último dia do período de apuração.

---

373. Cf. CARRAZZA, Roque Antonio. *Imposto sobre a renda:* perfil constitucional e temas específicos... cit., p. 133.

Todavia, no imposto sobre a renda exclusivo na fonte e na tributação definitiva dos ganhos de capital na alienação de bens e direitos, o critério temporal é diferente. Considera-se ocorrido o fato tributário na data da percepção do rendimento ou ganho pelo beneficiário, conforme definida em lei.

Verifica-se, assim, que, tanto no imposto sobre a renda exclusivo na fonte quanto no imposto definitivo incidente sobre os ganhos de capital na alienação de bens e direitos, o critério material previsto na lei ordinária, qual seja, "auferir renda", efetivamente se implementa no instante em que se realiza o pagamento do rendimento ou ganho, qualquer que seja essa data, independentemente da data final do período de apuração do imposto sobre a renda.

As consequências dessa distinção no critério temporal refletem-se na contagem dos prazos decadenciais. Por exemplo, no imposto sobre a renda de pessoa física anual, sujeito a antecipação na fonte, o prazo para o fisco promover o lançamento do imposto (desde que não haja comprovação de dolo ou fraude e a antecipação tenha sido efetivada, no todo ou em parte) é de 5 anos contados a partir do último dia do período de apuração, isto é, 31 de dezembro do ano civil. Já nas hipóteses de retenção e recolhimento exclusivo na fonte, essa contagem inicia-se na data prevista em lei para a ocorrência do fato, que pode ser qualquer data.

O Conselho Administrativo de Recursos Fiscais – CARF tratou do tema no Acórdão 2201-002.215, de 14.08.2013[374], diferenciando os critérios temporais do imposto sobre a renda da pessoa física anual e do imposto retido e recolhido exclusivamente na fonte sobre rendimentos. Transcrevemos, a seguir, a ementa:

> DECADÊNCIA. INOCORRÊNCIA.
>
> O fato gerador do IRPF sobre os rendimentos sujeitos ao ajuste anual somente se aperfeiçoa no momento em que se completa

374. Disponível em: <https://carf.fazenda.gov.br/sincon/public/pages/ConsultarJurisprudencia/consultarJurisprudenciaCarf.jsf>. Acesso em: 27 ago. 2019.

> o período de apuração dos rendimentos, em 31 de dezembro de cada ano calendário, ou no momento do imposto de renda na fonte sujeito a tributação exclusiva e definitiva.

Recentemente, o mesmo Conselho tratou da decadência do "direito" de lançar o imposto sobre ganhos de capital na alienação de bens e direitos da pessoa física, deixando claro que não se confundem o critério temporal deste imposto e o critério temporal do imposto anual. A decisão foi proferida por meio do Acórdão 2301-005.105, de 09.08.2017[375], cuja ementa a seguir transcrevemos em parte:

> IRPF. DECADÊNCIA. GANHO DE CAPITAL NA ALIENAÇÃO DE DIREITOS COM PAGAMENTO DIFERIDO. TERMO INICIAL DO PRAZO DECADENCIAL.
>
> 1. O art. 62-A do Ricarf obriga a utilização da regra do REsp 973.733-SC, decidido na sistemática do art. 543-C do Código de Processo Civil, o que faz com a ordem do art. 150, § 4º, do CTN, só deva ser adotada nos casos em que o sujeito passivo antecipar o pagamento e não for comprovada a existência de dolo, fraude ou simulação, prevalecendo os ditames do art. 173, nas demais situações
>
> 2. Em regra, no ganho de capital, não há falar em ocorrência de pagamento antecipado, pois sua tributação se dá em separado, não integrando o ajuste anual, sendo que os pagamentos que podem ser computados no ajuste anual não se aproveitam para fazer incidir a regra decadencial prevista no art. 150, § 4º, do CTN
>
> 3. No caso concreto, houve pagamento parcial do imposto referente ao ganho de capital apurado sob litígio. Assim, aplicável a regra do art. 150, § 4º, do CTN, iniciando-se a contagem do prazo decadencial na data do fato gerador
>
> 4. Em se tratando de pessoas físicas, caso em que se aplica o regime de caixa, antes do efetivo recebimento dos valores decorrentes de alienação com pagamento diferido (a prazo), não há falar em acréscimo patrimonial a justificar a apuração do ganho de capital. O imposto de renda das pessoas físicas será devido, mensalmente, à medida em que (*sic*) os rendimentos e ganhos de

375. Disponível em: <https://carf.fazenda.gov.br/sincon/public/pages/ConsultarJurisprudencia/listaJurisprudenciaCarf.jsf>. Acesso em: 27 ago. 2019.

> capital forem percebidos, sendo esse recebimento o marco para a contagem do prazo decadencial
>
> 5. Dessa forma, 1º.12.2006 é o termo inicial do prazo decadencial para o lançamento do ganho de capital ocorrido nessa data e 30.11.2012 o seu termo final. Tendo a ciência do lançamento ocorrido em 14.12.2012, já havia ocorrido o poder-dever de constituir o crédito tributário [...]

Temos, assim, dois critérios temporais: o primeiro, definido como o último dia do período de apuração, aplica-se ao imposto sobre a renda das pessoas físicas e jurídicas apurado ao fim de um período de apuração; o segundo, que se aplica ao imposto sobre a renda exclusivo na fonte e ao imposto definitivo sobre os ganhos de capital na alienação de bens e direitos, é o dia do recebimento do rendimento ou ganho, pelo beneficiário, qualquer que seja esse dia.

5.2.4 Critério pessoal

5.2.4.1 Sujeito ativo

Definimos que o sujeito ativo da obrigação tributária é o titular do direito subjetivo de exigir, do sujeito passivo, a prestação pecuniária na qual se consubstancia o tributo. Sendo assim, é o sujeito ativo o titular da "capacidade tributária ativa", entendida como a possibilidade jurídica que uma pessoa tem para figurar no polo ativo da obrigação tributária[376].

No caso do imposto sobre a renda, esse sujeito é a União.

Todavia, surge uma questão de relevo a partir dos arts. 157 e 158 da CF/88. Esses dispositivos prescrevem que pertence aos Estados, ao Distrito Federal e aos Municípios o produto da arrecadação do imposto da União sobre renda e proventos de qualquer natureza, incidente na fonte, sobre rendimentos pagos, a qualquer título, por eles, suas autarquias e pelas fundações que instituírem e mantiverem. Estamos falando da

---

376. Cf. CARRAZZA, Roque Antonio. *Reflexões sobre a obrigação tributária* cit., p. 156.

antecipação do imposto sobre a renda na fonte, retida pelos Estados, Distrito Federal e Municípios, suas autarquias e fundações, das pessoas físicas e jurídicas beneficiárias de rendimentos pagos por esses entes.

A questão a ser debatida é se aquela determinação constitucional é suficiente para caracterizar os Estados, o Distrito Federal e os Municípios, assim como suas autarquias e fundações, em sujeitos ativos do imposto sobre a renda. Adiantamos nosso entendimento que não.

Não obstante a Carta de 1988 tenha destinado aos Estados, ao Distrito Federal e aos Municípios, o produto da arrecadação da antecipação do imposto sobre a renda na fonte sobre os rendimentos pagos por eles e pelas autarquias e fundações por eles instituídas ou mantidas, não detêm esses entes políticos as demais atribuições inerentes à sujeição ativa.

Os Estados, o Distrito Federal e os Municípios, assim como suas autarquias e fundações, retêm os valores correspondentes à antecipação do imposto sobre a renda, que pertencem às respectivas pessoas políticas por designação constitucional. Todavia, não se pode perder de vista que a antecipação na fonte nada mais é do que uma antecipação do imposto sobre a renda devido ao final do período de apuração. Nem os Estados, nem o Distrito Federal, nem os Municípios podem promover ação de cobrança de imposto sobre a renda devido ao final do período de apuração, e, também não têm competência para fiscalizar e executar as leis reguladoras do referido gravame.

A norma constitucional que estabelece a destinação do produto da arrecadação da antecipação do imposto sobre a renda para esses entes políticos, suas autarquias e fundações não estabelece uma relação jurídica entre sujeito ativo e sujeito passivo da obrigação tributária. Trata-se de uma norma de direito financeiro, que tem como sujeito ativo a União e como sujeito passivo o ente federado, sua autarquia ou fundação que tenha retido antecipação do imposto sobre a renda (de seus funcionários ou prestadores de serviços, pessoas físicas ou jurídicas). Seu modal deôntico é o "proibido" (V), ou seja, se houver retenção de antecipação de imposto sobre a renda, pelos entes federados, suas autarquias e fundações, então "deve ser" que a União está proibida de, deles, cobrar o valor correspondente à antecipação.

Por essas razões, andou bem o Superior Tribunal de Justiça ao proferir a decisão assim ementada:

> TRIBUTÁRIO. IMPOSTO DE RENDA NA FONTE. RENDIMENTOS DE TITULOS DA DIVIDA PÚBLICA MUNICIPAL. 1. RELAÇÃO JURIDICA TRIBUTÁRIA. O Imposto de renda constitui tributo federal, cujo sujeito ativo é exclusivamente a união (*sic*). 2. DESTINAÇÃO DO TRIBUTO. A norma constitucional que reserva aos municípios a receita do imposto de Renda que eles retêm na fonte só incide depois de adimplida a regra de tributação; essa destinação resulta de norma de direito financeiro, que estabelece relação jurídica entre pessoas de direito público, nada significando para o contribuinte. 3. FALTA DE RETENÇÃO NA FONTE. O que o Município deixou de reter na fonte a título de imposto de renda só pode ser cobrado pela União. Recurso especial do réu provido; prejudicado o do autor. (STJ, Segunda Turma, REsp 9.417/SP, de 04.12.1995. *DJ* de 26.02.1996)[377]

Nas hipóteses em que o ente federado, sua autarquia ou fundação não tenha feito a retenção da antecipação do imposto, da pessoa física ou jurídica, é a União, sujeito ativo da obrigação tributária, quem deve cobrar o imposto do contribuinte (caso haja), após ter sido feito o ajuste, ao cabo do período de apuração.

A questão da sujeição ativa do imposto sobre a renda voltou à baila em tempo mais recente, no âmbito administrativo. Questionou-se a sujeição ativa da União, que cobrava, dos membros da Magistratura e do Ministério Público do Estado da Bahia, imposto sobre a renda (antecipação) que não fora

377. Disponível em: <https://ww2.stj.jus.br/processo/ita/listarAcordaos?classe=&num_processo=&num_registro=199100055107&dt_publicacao=26/02/1996>. Acesso em: 27 ago. 2019.

retido na fonte por aquele ente federado, sobre valores pagos a esses servidores a título de diferenças apuradas quando da conversão de Cruzeiro Real para Unidade Real de Valor – URV, em 1994, que a Lei Complementar do Estado da Bahia 20 e da Lei do Estado da Bahia 8.730, ambas de 2003, haviam classificado como "verbas indenizatórias".

Alegava-se que, uma vez que o Estado da Bahia, por meio das referidas leis, abrira mão da arrecadação do imposto sobre a renda que lhe caberia, a União seria parte ilegítima para exigir o tributo incidente sobre essas diferenças. O CARF refutou a ideia, sob o argumento que a "repartição da receita tributária pertencente à União em nada afeta a competência tributária para instituir, arrecadar e fiscalizar o Imposto sobre a Renda. Portanto, não implica a transferência da condição de sujeito ativo"[378].

Entendemos acertada a decisão do Colegiado, que reputou descabida a discussão quanto à sujeição ativa da antecipação do imposto sobre a renda retido pelos Estados, Distrito Federal e Municípios. A capacidade tributária ativa do imposto sobre a renda apurado ao final de um período de apuração não foi delegada pela União a essas pessoas políticas, por meio de lei federal. Por isso, esses entes não têm todas as atribuições inerentes à arrecadação, fiscalização e cobrança dos valores correspondentes ao imposto sobre a renda, não há que se falar em capacidade tributária ativa. O sujeito ativo do imposto sobre a renda, em qualquer de suas modalidades, é a União.

5.2.4.2 Sujeito passivo

Via de regra, o sujeito passivo do imposto sobre a renda é aquele que pratica o fato jurídico tributário, ou seja, é aquele que aufere a renda, seja ele pessoa física ou pessoa jurídica.

Temos, como sujeito passivo do imposto sobre a renda das pessoas jurídicas, apurado ao fim do período de apuração, aquele que aufere lucro real, presumido ou arbitrado. São as

378. Cf. Acórdãos CARF 2402-005.560, de 18.01.2017; 2801-003.841, de 02.12.2014, entre outros com igual teor. Disponível em: <https://www.carf.fazenda.gov.br>.

pessoas jurídicas ou as entidades a elas equiparadas. São as pessoas jurídicas de direito privado domiciliadas no país, as filiais, sucursais, agências ou representações no país de pessoas jurídicas com sede no exterior, os comitentes domiciliados no exterior, quanto aos resultados das operações realizadas por seus mandatários ou comissários no país. Equiparam-se às pessoas jurídicas, entre outras, as sociedades em conta de participação, as empresas individuais e as pessoas físicas que promovem incorporação imobiliária.

A equiparação às pessoas jurídicas visa preservar a isonomia tributária, uma vez que, caso não houvesse a equiparação às pessoas jurídicas, as entidades equiparadas não sofreriam tributação a título de imposto sobre a renda.

Todas aquelas pessoas físicas que auferem renda tributável nessa modalidade são sujeitos passivos do imposto sobre a renda anual.

São sujeitos passivos do imposto sobre a renda definitivo, incidente sobre os ganhos de capital na alienação de bens e direitos as pessoas físicas que os obtêm. São sujeitos passivos do imposto definitivo, incidente sobre os ganhos de capital na alienação de bens do ativo não circulante, as microempresas e as empresas de pequeno porte optantes pelo regime simplificado de arrecadação de tributos Simples Nacional, instituído pela Lei Complementar 123/2006.

Tanto as pessoas físicas quanto as pessoas jurídicas estão sujeitas ao imposto sobre a renda na fonte, que, conforme apontamos anteriormente, é autorizado pela legislação em vigor nas formas de: (i) antecipação do imposto devido ao final do período de apuração; e (ii) tributação exclusiva, sem que o valor pago possa ser compensado com o imposto apurado ao final do período de apuração.

Nos casos em que a lei prevê a antecipação do imposto pela fonte pagadora dos rendimentos, entendemos que a fonte pagadora dos rendimentos tributáveis, que retém e recolhe a antecipação, não é sujeito passivo da obrigação tributária.

Ao discorrermos sobre a regra-matriz de incidência[379], afirmamos que, no caso da antecipação na fonte, tanto para as pessoas físicas como para as pessoas jurídicas, a regra-matriz de incidência não se realiza, não há incidência do imposto. Nesse caso, das antecipações feitas por pessoa jurídica pagadora dos rendimentos, incidem duas normas jurídicas em sentido amplo: a primeira obriga a fonte pagadora dos rendimentos tributáveis a entregar aos cofres públicos, a título de antecipação do imposto sobre a renda, uma parte do valor do rendimento pago ao beneficiário (pessoa física ou jurídica); a segunda norma jurídica em sentido amplo permite que a fonte pagadora retenha o valor correspondente à antecipação, do rendimento pago ao beneficiário.

Portanto, a norma que dispõe sobre o recolhimento antecipado determina que um sujeito de direitos, no caso, a fonte pagadora dos rendimentos, proceda ao dever instrumental de entregar à União recursos de terceiros (daquele que auferiu os rendimentos) a título outro que não a realização do critério material do imposto sobre a renda, eis que a regra-matriz do imposto não incidiu.

No imposto retido na fonte por antecipação, o sujeito que promove a retenção e a antecipação do imposto é sujeito passivo de uma norma jurídica de antecipação (norma jurídica em sentido amplo), cujo antecedente é "pagar rendimento sujeito a antecipação na fonte" e cujo consequente é "recolher aos cofres públicos" a importância correspondente à antecipação.

Por essa razão, o sujeito que paga rendimentos é sujeito passivo não de uma obrigação tributária, mas *sujeito passivo de um dever instrumental* consubstanciado na entrega à União de recursos daquele que auferiu rendimentos[380], visando a suprir o Tesouro com recursos para fazer frente

379. Item 5.2.

380. Nesse sentido, cf. BARRETO, Paulo Ayres. *Imposto sobre a renda e preços de transferência* cit., p. 88.

aos gastos necessários ao cumprimento de suas atribuições constitucionais.

Tendo em vista que a ocorrência (ou não) do fato "auferiu renda" só será verificada ao final do período de apuração, é do contribuinte, pessoa física ou jurídica (sujeito passivo da obrigação tributária), que o sujeito ativo, a União, poderá exigir, no momento do ajuste, o valor correspondente, porventura não antecipado. Caso a antecipação retida não seja recolhida pela fonte pagadora, não cabe qualquer sanção ao beneficiário do rendimento sujeito a antecipação, eis que não é dele o dever de antecipar o montante previsto em lei.

Durante o período de apuração (sendo beneficiária uma pessoa física, esse período se estende até a data prevista para a entrega da declaração de ajuste anual), no qual vigora a norma de antecipação, o fisco pode exigir da fonte pagadora, sujeito passivo do dever instrumental, que recolha o valor da antecipação. Caso isso não tenha sido feito, findo o período de apuração, no caso de beneficiário pessoa jurídica, ou findo o prazo previsto para a entrega da declaração de ajuste, no caso de beneficiário pessoa física, não há mais que se falar em antecipação. Cabe a aplicação da sanção prevista no art. 44, inciso II, da Lei 9.430/96, de multa isolada, à pessoa jurídica que deixou de cumprir o dever de promover o recolhimento da antecipação, além de outras sanções previstas em lei, se for o caso. O imposto, se houver, será devido pela pessoa física ou jurídica, beneficiária do rendimento.

Surge, porém, uma questão importante quando tratamos do imposto sobre a renda exclusivo na fonte. Neste caso, temos uma hipótese de substituição tributária.

O art. 45 do CTN prevê a responsabilidade no imposto sobre a renda nos seguintes termos:

> Art. 45. Contribuinte do imposto é o titular da disponibilidade a que se refere o art. 43, sem prejuízo de atribuir a lei essa condição ao possuidor, a qualquer título, dos bens produtores de renda ou dos proventos tributáveis.

> Parágrafo único. A lei pode atribuir à fonte pagadora da renda ou dos proventos tributáveis a condição de responsável pelo imposto cuja retenção e recolhimento lhe caibam.

Com base do art. 45 do CTN, acima transcrito, o legislador ordinário definiu quem é o sujeito que deve figurar no polo passivo da relação jurídica tributária cujo objeto é o imposto sobre a renda exclusivo na fonte, deixando de fora dessa relação o beneficiário dos rendimentos tributados. O sujeito passivo da relação jurídica tributária cujo objeto é a tributação exclusiva na fonte é a pessoa física ou jurídica pagadora dos rendimentos sujeitos a essa tributação.

Tendo em vista que o imposto sobre a renda exclusivo na fonte é definitivo, e a definição do seu sujeito passivo foi feita em momento pré-jurídico, podemos concluir que a responsabilidade à qual alude o CTN é uma hipótese de substituição tributária. É a pessoa pagadora dos rendimentos aquela que se encontra no polo passivo da relação jurídica tributária do imposto sobre a renda exclusivo na fonte, é aquele de quem o fisco pode exigir o recolhimento do tributo.

Trata-se de substituição tributária convencional, haja vista que ocorre assim que realizado o fato jurídico, sem antecipação ou diferimento do fato. Também se trata de substituição tributária "pura", uma vez que não existe solidariedade com o sujeito que tenha praticado o fato, o que significa dizer que o praticante do fato nunca terá sido sujeito passivo da relação jurídica tributária, ou seja, dela jamais fez parte[381].

Ao apreciar o tema da sujeição passiva na tributação exclusiva na fonte sobre o décimo terceiro salário, o CARF esposou o entendimento acima manifestado, declarando ser unicamente da fonte pagadora dos rendimentos a responsabilidade pela retenção e recolhimento do tributo, excluindo da relação jurídica tributária o sujeito que auferiu o rendimento.

---

381. Sobre este tema, vide 5.1.2. Critérios do consequente: pessoal e quantitativo.

Vejamos o Acórdão 2401-004.901, de 08.06.2017[382], a seguir transcrito em parte:

> RENDIMENTOS DO DÉCIMO TERCEIRO SALÁRIO. TRIBUTAÇÃO EXCLUSIVA NA FONTE. RESPONSABILIDADE.
>
> Os rendimentos recebidos a título de décimo terceiro salário são tributados exclusivamente na fonte, cabendo a responsabilidade pela retenção e recolhimento do imposto à fonte pagadora. A responsabilidade exclusiva da fonte pagadora subsiste ainda que ela não tenha retido o imposto.

O voto vencedor, condutor do Acórdão acima indicado, assim justificou a decisão por maioria, na qual ficou vencido o relator:

> *Nas hipóteses legais de imposto de renda incidente exclusivamente na fonte, a responsabilidade pela retenção e recolhimento do imposto é da fonte pagadora. A fonte pagadora substitui o contribuinte na relação jurídica desde o momento o surgimento da obrigação tributária, persistindo a responsabilidade exclusiva da fonte pagadora mesmo que tenha deixado de reter o imposto.*
>
> No regime de retenção exclusiva na fonte, a falta da retenção não transfere a responsabilidade pelo recolhimento do imposto para o contribuinte, que continua desobrigado de submeter a parcela ao ajuste anual na declaração da pessoa física.
>
> É importante deixar claro que *a situação analisada é diversa da ausência de retenção do imposto que tenha a natureza de antecipação*. Nessa hipótese, de antecipação, a responsabilidade inicial atribuída à fonte pagadora não afasta a obrigação do contribuinte pessoa física de oferecer os rendimentos à tributação na sua declaração de ajuste.
>
> Dessa feita, *cabe excluir da base de cálculo do imposto os valores referentes ao décimo terceiro salário* [...]. (grifamos)

Tendo em vista que a eleição do sujeito passivo da obrigação tributária é infraconstitucional, e diante do disposto no art. 45 do CTN, que autoriza a lei a atribuir à fonte pagadora

---

382. Disponível em: <https://carf.fazenda.gov.br/sincon/public/pages/ConsultarJurisprudencia/listaJurisprudenciaCarf.jsf>. Acesso em: 27 ago. 2019.

da renda ou dos proventos tributáveis a condição de "responsável" pelo imposto cuja retenção e recolhimento lhe caibam, não vemos inconstitucionalidade nas normas da lei ordinária que indicam, como sujeito passivo da relação jurídica tributária, aquele que promove o pagamento do ganho ou rendimento, desde que a própria lei institua mecanismos de reembolso ao substituto, que não deve suportar o encargo tributário, porque não tem capacidade contributiva.

No caso da tributação exclusiva na fonte, em que há substituição tributária, o único sujeito a ser porventura responsabilizado por eventual inadimplemento ou recolhimento a menor é o responsável pelo recolhimento do tributo – a fonte pagadora dos rendimentos, de forma exclusiva[383].

No entanto, se, por um lado, o Código Tributário Nacional autoriza a substituição tributária no imposto sobre a renda, sua utilização não pode ter outros fins que não os constitucionais. A substituição tributária no imposto sobre a renda só pode ser utilizada pelo legislador ordinário, com fulcro no art. 45 do CTN, para preservar os valores garantidos pela Constituição, por meio de princípios tais como os da isonomia tributária, da capacidade contributiva, da generalidade, da universalidade e da progressividade, nunca em favor da conveniência da arrecadação tributária, em detrimento desses princípios.

No imposto sobre a renda, temos que a Constituição deixa implícito que aquele que deve suportar o ônus do tributo é aquele que realiza o fato "auferir renda", por força do princípio da capacidade contributiva. Só que, no imposto sobre a renda exclusivo na fonte, o sujeito que realiza o fato não é posto no polo passivo da relação jurídica tributária. Para figurar

383. Nos casos em que há o denominado "imposto sobre a renda exclusivo na fonte", o sujeito que praticou o fato tributário e cujo patrimônio foi onerado, tem, na condição de substituído, legitimidade *ad causam* para pleitear a restituição de valores eventualmente retidos e recolhidos a maior pelo responsável, por força do art. 166 do CTN e dos princípios da legalidade, tipicidade e capacidade contributiva. Nesse sentido, cf. FERRAGUT, Maria Rita. *Responsabilidade tributária e o Código Civil de 2002* cit., p. 77-79.

como sujeito passivo da relação jurídica tributária, a lei ordinária designa um outro, um substituto, que é aquele que paga o rendimento, para recolher aos cofres públicos o valor correspondente ao imposto, permitindo que ele retenha, dos rendimentos pagos ao beneficiário, o valor correspondente.

Sendo assim, na regra-matriz do imposto sobre a renda exclusivo na fonte, o critério pessoal tem como sujeito ativo a União, mas o sujeito passivo não é o sujeito que auferiu renda, nem mesmo aquele que auferiu o ganho ou rendimento. O sujeito passivo da relação jurídica tributária que, por implicação normativa, decorre da realização dos fatos previstos em lei, neste caso, é um substituto, eleito pelo legislador ordinário. Trata-se daquele que pagou os ganhos ou rendimentos ao beneficiário. Por não ser sujeito passivo nessa relação, o sujeito que aufere os ganhos, receitas ou rendimentos, não pode ser instado a responder pelo crédito tributário porventura não recolhido.

5.2.5 Critério quantitativo

5.2.5.1 Base de cálculo

No imposto sobre a renda, a base de cálculo é um valor em moeda, que deve representar a renda tributável, única grandeza possível para mensurar o fato jurídico tributário descrito no antecedente da regra-matriz do imposto sobre a renda, por força do princípio da capacidade contributiva.

Para termos, efetivamente, imposto sobre a renda, portanto, a sua base de cálculo deve refletir a renda tributável que, conforme traçamos anteriormente, expressa riqueza nova, o acréscimo patrimonial obtido pelo beneficiário, durante um período considerado, a partir do confronto entre certas entradas e certas saídas patrimoniais. Nesse cômputo, temos uma equação complexa, na qual as entradas são as receitas, rendimentos ou ganhos; as saídas são os dispêndios necessários para a sua produção.

Para que seja observado o princípio da universalidade, a renda não pode ser fragmentada, a fim de ser submetida a critérios distintos de tributação, em razão da sua origem ou natureza. A renda, como base de cálculo do imposto sobre a renda, deve representar uma importância única a ser submetida a uma tributação segundo alíquotas progressivas.

Existe uma relação necessária entre o critério material da regra-matriz do tributo e a sua base de cálculo. Na sua função comparativa, a base de cálculo confirma, infirma ou afirma o verdadeiro critério material descrito no antecedente da regra-matriz de incidência tributária. A renda, como base de cálculo do imposto de mesmo nome, cujo critério material é "auferir renda", é o que caracteriza esse tributo como "imposto sobre a renda". Se a sua base de cálculo não for "renda", teremos um tributo diferente.

Isso já nos ensinara Alfredo Augusto Becker. Seus elucidativos exemplos espelham bem a harmonia necessária que deve obrigatoriamente existir entre a base de cálculo do imposto e o critério material da sua regra-matriz:

> [...] o imposto cuja alíquota é calculada sobre o valor da venda é imposto cuja hipótese de incidência tem como núcleo (base de cálculo) o negócio jurídico específico da compra e venda e, em consequência, o *gênero* jurídico do imposto é o de imposto de vendas. Se a alíquota for calculada sobre o valor da promessa de compra e venda, tratar-se-á, então, de outro imposto, pois sua hipótese de incidência tem como núcleo (base de cálculo) o negócio jurídico da *promessa* de compra e venda, de modo que o gênero jurídico do imposto é o do imposto de promessas bilaterais [...][384].

Embora entendamos ser o legislador ordinário competente para, a partir do conceito constitucional de renda e da definição do Código Tributário Nacional, delimitar a base de cálculo do imposto sobre a renda, temos por certo que o legislador não pode classificar como renda aquilo que não é renda, porque o conceito e a definição de renda não estão à sua disposição.

---

384. BECKER, Alfredo Augusto. *Teoria geral do direito tributário* cit., p. 329-330.

Nesse sentido, Roque Antonio Carrazza já destacara que, se entendermos, como querem o fisco e a doutrina mais tradicional, que "renda" é tudo aquilo que o legislador infraconstitucional assim considera, a União, desde que tivesse o cuidado de utilizar, na lei, o rótulo adequado – *"imposto sobre a renda"*, poderia tributar o que bem lhe aprouvesse: indenizações, valores de qualquer espécie, reembolsos, retornos de investimento, e assim por diante[385].

É bem isso que se tem observado. A base de cálculo do imposto sobre a renda tem sido objeto de constantes modificações e inserções na legislação ordinária, todas com o objetivo de ampliá-la. Ao definir a base de cálculo do imposto sobre a renda, nosso legislador ordinário tem demonstrado ser bastante criativo.

Mas a sua criatividade precisa observar limites constitucionais: somente aquilo que se caracteriza como renda, assim entendida como o acréscimo patrimonial verificado ao cabo de um período de tempo, considerado o fluxo de riquezas consubstanciado em certos ingressos e certas saídas, pode representar a base de cálculo do imposto sobre a renda. Ao extrapolar, o legislador ordinário vai além da sua competência tributária.

O legislador ordinário, ao definir a base de cálculo do imposto sobre a renda, está adstrito ao seu conceito constitucional, tal como definido no Código Tributário Nacional.

Não obstante, releva observar que o Código Tributário Nacional autoriza, em seu art. 44, que a base de cálculo do imposto sobre a renda pode ser "o montante, real, arbitrado ou presumido, da renda ou dos proventos tributáveis".

Já definimos[386] que "renda e proventos de qualquer natureza" se caracterizam como o resultado positivo obtido a partir do confronto entre os ingressos auferidos com um fato

385. Cf. CARRAZZA, Roque Antonio. *Imposto sobre a renda:* perfil constitucional e temas específicos... cit., p. 253.

386. Vide item 4.3. O imposto sobre a renda no Código Tributário Nacional. Comentários ao art. 43. A definição do conceito constitucional de "renda".

ou atividade produtora de riqueza e os dispêndios necessários para a sua produção, tendo em conta que o resultado positivo que caracteriza a renda é o valor excedente nessa equação, na qual são computados os elementos positivos (entradas ou ingressos) e os negativos (saídas).

Temos por certo que a aplicação dessa equação deve ser a regra geral para o cômputo da base de cálculo do imposto; o resultado é o montante "real". Contudo, com fulcro no art. 44 do CTN, o legislador ordinário pode prever uma das outras duas formas de apuração da base de cálculo: o montante presumido e o montante arbitrado da renda ou dos proventos tributáveis.

Essas formulações só são aplicáveis nas seguintes circunstâncias: (i) opção conferida ao contribuinte, ou (ii) única alternativa para que o Estado possa promover a justa tributação. No primeiro caso, estamos falando do montante presumido; no segundo, do montante arbitrado.

Nessa segunda possibilidade, ou seja, do montante arbitrado, incluem-se as situações nas quais o contribuinte (ii.a) impossibilita que a base de cálculo seja conhecida, por ter deixado de cumprir os deveres instrumentais a que estava obrigado, ou (ii.b) é residente ou domiciliado no exterior, ou (ii.c) não é identificado ou identificável.

Nos tópicos seguintes, a análise da base de cálculo do imposto sobre a renda será feita tomando a seguinte classificação: (i) imposto sobre a renda apurado ao cabo de um período de apuração, para as pessoas físicas e jurídicas; (ii) imposto sobre a renda exclusivo na fonte, e (iii) tributação definitiva do ganho de capital na alienação de bens e direitos.

5.2.5.2 Imposto sobre a renda apurado ao fim de um período de apuração

5.2.5.2.1 *Imposto sobre a renda das pessoas físicas*

O imposto sobre a renda das pessoas físicas apurado anualmente tributa a renda do trabalho, assalariado ou não, inclusive atividade rural, a renda decorrente de aluguéis, de pensão alimentícia e de outros rendimentos, tais como os lucros e dividendos distribuídos por pessoa jurídica domiciliada no exterior e a parcela dos lucros distribuídos a titular, sócio ou acionista de pessoa jurídica, no valor que exceder ao apurado na escrituração comercial da pessoa jurídica.

Não obstante integrem a declaração de ajuste anual, os rendimentos tributáveis exclusivamente na fonte, a exemplo dos ganhos auferidos a partir de aplicações financeiras em renda fixa, são apenas declarados; não entram no cômputo da base de cálculo do imposto apurado ao cabo do período de apuração. Também não compõem a base de cálculo anual do imposto sobre a renda das pessoas físicas os ganhos de capital na alienação de bens e direitos.

Em respeito ao princípio da universalidade, na construção do critério quantitativo do imposto sobre a renda anual das pessoas físicas, a base de cálculo deve expressar o total da renda auferida no período considerado, caracterizada pelo acréscimo patrimonial do seu titular. No entanto, vemos que, na composição dos ingressos, no cômputo da renda anual, não há a inclusão de todos os ganhos e rendimentos. A consequência é que a renda apurada, ao fim do período, é somente uma parcela da renda total auferida.

Os demais rendimentos ou ganhos da pessoa física estão sujeitos à tributação definitiva, seja na forma de tributação exclusiva na fonte, seja na forma de tributação definitiva incidente sobre o ganho de capital na alienação de bens e direitos, que serão abordadas em itens subsequentes.

Além dos rendimentos, receitas e ganhos, que representam os ingressos ou elementos positivos, ainda há que se considerar, na apuração da base de cálculo do imposto sobre a renda das pessoas físicas, os dispêndios necessários à manutenção da fonte produtora, no mesmo período.

O dispêndio mínimo a ser considerado para a manutenção da fonte produtora da renda da pessoa física é o valor correspondente ao "mínimo existencial" [387]. Este, por representar o valor equivalente ao mínimo necessário para a sobrevivência digna da pessoa e de sua família, não pode ser classificado como renda tributável, uma vez que não se caracteriza como um excedente de riqueza.

A fim de assegurar a sobrevivência digna, a Constituição garante, ao trabalhador, o salário mínimo, "capaz de atender a suas necessidades vitais básicas e às de sua família com moradia, alimentação, educação, saúde, lazer, vestuário, higiene, transporte e previdência social" (art. 7º, inciso IV).

Mas não só isso. A Constituição garante ainda direitos sociais que extrapolam a mera sobrevivência, representada pela aquisição da cesta básica. Segundo a Carta de 1988, são direitos sociais: a educação, a saúde, a alimentação, o trabalho, a moradia, o transporte, o lazer, a segurança, a previdência social, a proteção à maternidade e à infância e a assistência aos desamparados (art. 6º, com a redação dada pela EC 90/2015).

Como se trata de direitos sociais, o rendimento auferido pela pessoa física, que seja destinado aos dispêndios feitos a esse título, não representam renda. Não são renda, portanto, os rendimentos destinados a: moradia (aluguel residencial e prestação da casa própria), educação da própria pessoa física e de seus dependentes (mensalidades escolares, livros), saúde (despesas com médicos, dentistas, fisioterapeutas, psicólogos, medicamentos, lentes corretivas, próteses), entre outras despesas necessárias, além dos gastos incorridos com alimentação básica e lazer.

A lei ordinária pode fixar limites para que determinadas despesas sejam dedutíveis. No entanto, não pode ignorar os direitos sociais previstos na Constituição.

Limitar ou deixar de prever, na lei ordinária, a dedução das despesas correspondentes aos direitos sociais, aumenta a base de cálculo do imposto sobre a renda anual, acarretando a tributação, como se renda fossem, de importâncias que correspondem,

---

387. Vide itens 4.2 e 4.3.2.

a rigor, a despesas necessárias da pessoa física, em violação ao conceito constitucional de renda e aos direitos sociais garantidos na Constituição. O resultado da apuração da renda sujeita ao imposto anual é, portanto, um valor distorcido de renda.

Também a falta de correção da Tabela Progressiva pelos índices de inflação faz com que não só, mas principalmente as pessoas físicas que auferem as menores rendas sejam as mais penalizadas. A omissão na produção de leis que atualizem, periodicamente, as tabelas progressivas do imposto sobre a renda das pessoas físicas, viola o princípio da legalidade, eis que permite o aumento efetivo da tributação sobre a renda sem que haja lei aprovada pelo Congresso Nacional.

Desse modo, confrontando a base de cálculo do imposto sobre a renda das pessoas físicas apurado após um período de apuração com o conceito constitucional de renda, concluímos que estão presentes alguns elementos positivos, que são representados pelos rendimentos previstos em lei (alguns ganhos e rendimentos não estão incluídos, eis que sujeitos à tributação exclusiva ou definitiva), e alguns elementos negativos.

A base de cálculo do imposto sobre a renda anual das pessoas físicas desafia, assim, os princípios da generalidade e da universalidade. Viola o princípio da generalidade porque, ao segregar a renda a ser tributada anualmente, não alcança todos aqueles que auferem renda; só alcança os que auferem rendas de determinadas naturezas. Viola o princípio da universalidade porque segrega a renda a ser tributada anualmente, deixando de fora dessa tributação rendas outras que não aquelas definidas em lei ordinária para serem objeto da tributação anual. Como consequência, viola o princípio da progressividade, eis que a base de cálculo sujeita a essa tributação é uma base de cálculo parcial.

De outra banda, as deduções da base de cálculo, autorizadas pela legislação reguladora, não representam adequadamente os dispêndios necessários à aquisição dos rendimentos, e isso faz com que a base tributável seja maior que a renda (mesmo parcial).

Por esses motivos, entendemos que, na determinação da base de cálculo do imposto sobre a renda anual das pessoas físicas, existe afronta aos princípios da legalidade, da capacidade contributiva, da vedação à utilização de tributo com efeito de confisco, da generalidade, da universalidade e da progressividade.

Por não representar a renda da pessoa física, a base de cálculo anual do imposto sobre a renda das pessoas físicas, na sua função comparativa, infirma o critério material de sua regra-matriz de incidência, definido como "auferir renda".

5.2.5.2.2 *Imposto sobre a renda das pessoas jurídicas*

A base de cálculo do imposto sobre a renda das pessoas jurídicas apurada ao fim do período de apuração é representada pelo lucro real, presumido ou arbitrado[388].

As pessoas jurídicas também estão sujeitas à tributação exclusiva na fonte, embora em escala muito menor que as pessoas físicas. Para as pessoas jurídicas, estão sujeitos à tributação exclusiva na fonte rendimentos tais como: prêmios em bens e serviços e em sorteios em geral e prêmios a proprietários e criadores de cavalos de corrida (exceto para as pessoas jurídicas tributadas pelo lucro real), entre poucos outros. Na maioria dos casos, a denominada tributação na fonte, para a pessoa jurídica, é na forma de antecipação.

Sujeitam-se à tributação definitiva dos ganhos de capital na alienação de bens do ativo não circulante apenas as microempresas e empresas de pequeno porte optantes pelo regime simplificado de arrecadação de tributos, previsto na Lei

388. As microempresas e as empresas de pequeno porte podem optar pelo regime simplificado de arrecadação de tributos – Simples Nacional, instituído pela Lei Complementar 123/2006, no qual se inclui o imposto sobre a renda, e cuja base de cálculo é a receita bruta mensal. Essas pessoas jurídicas se submetem a uma apuração própria, mais benéfica, que abrange tributos federais, estaduais, municipais e distritais. Por fugirem ao objetivo do presente trabalho, que é somente o imposto sobre a renda, não abordaremos, especificamente, esse regime.

Complementar 123/2006, Simples Nacional, que não apuram o lucro real, presumido ou arbitrado.

5.2.5.2.2.1 *Lucro real*

O lucro real da pessoa jurídica é a base de cálculo que melhor representa o acréscimo patrimonial realizado no período, e é apurado a partir do lucro ou prejuízo contábil[389], sofrendo ajustes denominados "adições", "exclusões" e "compensações" (Decreto-lei 1.598/77, art. 6º). Pode ser utilizado por qualquer pessoa jurídica, sem restrição.

Na apuração do lucro real, as adições, obrigatórias, aumentam a base de cálculo. Correspondem aos rendimentos, receitas ou resultados tributáveis porventura não incluídos no cômputo do lucro ou prejuízo contábil. São também adições os valores que tenham sido deduzidos na apuração do resultado contábil, mas cuja dedução do lucro real não seja autorizada pela legislação do imposto sobre a renda.

Já as exclusões diminuem a base de cálculo. São permitidas, e correspondem às importâncias cuja dedução seja autorizada pela legislação tributária, mas, por alguma razão, não foram consideradas no cômputo do resultado contábil. São ainda exclusões os resultados, receitas ou rendimentos que tenham sido incluídos no cômputo do resultado contábil, mas que não são tributáveis pelo imposto sobre a renda.

As denominadas "compensações" são exclusões específicas, e dizem respeito somente à permissão para abater, do lucro tributável, prejuízos fiscais de períodos de apuração anteriores.

As adições, exclusões e compensações ("ajustes") ao lucro líquido do período de apuração, tal como definidas na lei ordinária,

---

389. "Art. 6º Lucro real é o lucro líquido do exercício ajustado pelas adições, exclusões ou compensações prescritas ou autorizadas pela legislação tributária.
§ 1º O lucro líquido do exercício é a soma algébrica de lucro operacional (art. 11), dos resultados não operacionais, do saldo da conta de correção monetária (art. 51) e das participações, e deverá ser determinado com observância dos preceitos da lei comercial" (Decreto-lei 1.598/77).

nem sempre garantem estrita observância ao conceito constitucional de renda, definido pelo Código Tributário Nacional.

Sem pretender esgotar o assunto, trazemos algumas situações que ilustram nosso entendimento, sendo elas suficientes para demonstrá-lo.

No tocante às adições, digna de nota é a obrigatoriedade de adicionar, ao lucro líquido do período de apuração, na composição do lucro real, o valor da contribuição social sobre o lucro líquido, registrado como custo ou despesa operacional (Lei 9.316/96, art. 1°, *caput* e parágrafo único). O dispêndio efetuado com tributos não caracteriza renda, e sim despesa obrigatória, necessária à manutenção da fonte produtora da renda. Por esse motivo, não deve ser tributado pelo imposto sobre a renda.

Não obstante o Supremo Tribunal Federal, em decisão proferida segundo o regime de repercussão geral, no RE 582.525 RG/SP, de 09.05.2013 (*DJe* 07.02.2014), cujo Relator foi o Ministro Joaquim Barbosa[390], tenha se manifestado pela constitucionalidade do dispositivo legal que determina a inclusão da despesa na base de cálculo do imposto, como se fosse um rendimento ou uma receita, entendemos que esse dispêndio não pode ser assim classificado, por se caracterizar como uma despesa necessária à produção da renda.

390. "CONSTITUCIONAL. TRIBUTÁRIO. IMPOSTO SOBRE A RENDA E PROVENTOS DE QUALQUER NATUREZA DEVIDO PELA PESSOA JURÍDICA (IRPJ). APURAÇÃO PELO REGIME DE LUCRO REAL. DEDUÇÃO DO VALOR PAGO A TÍTULO DE CONTRIBUIÇÃO SOCIAL SOBRE O LUCRO LÍQUIDO. PROIBIÇÃO. ALEGADAS VIOLAÇÕES DO CONCEITO CONSTITUCIONAL DE RENDA (ART. 153, III), DA RESERVA DE LEI COMPLEMENTAR DE NORMAS GERAIS (ART. 146, III, A), DO PRINCÍPIO DA CAPACIDADE CONTRIBUTIVA (ART. 145, § 1°) E DA ANTERIORIDADE (ARTS. 150, III, A E 195, § 7°). 1. O valor pago a título de contribuição social sobre o lucro líquido – CSLL não perde a característica de corresponder a parte dos lucros ou da renda do contribuinte pela circunstância de ser utilizado para solver obrigação tributária. 2. É constitucional o art. 1° e par. ún. da Lei 9.316/1996, que proíbe a dedução do valor da CSLL para fins de apuração do lucro real, base de cálculo do Imposto sobre a Renda das Pessoas Jurídicas – IRPJ. Recurso extraordinário conhecido, mas ao qual se nega provimento" (STF. RE 582.525 RG/SP, de 09.05.2013, *DJe* 07.02.2014, Rel. Min. Joaquim Barbosa).

Melhor encaminhamento do tema, no Supremo Tribunal Federal, havia sido dado pelo Ministro Oswaldo Trigueiro, em voto proferido no âmbito do RE 71.758-GB, de 14.06.1972[391], quando afirmou que:

> Quaisquer que sejam as nuances doutrinárias sobre o conceito de renda, parece-me acima de toda dúvida razoável que, legalmente, a renda pressupõe ganho, lucro, receita, crédito, acréscimo patrimonial, ou, como diz o preceito transcrito, aquisição de disponibilidade econômica ou jurídica. Concordo eu que a lei pode, casuisticamente, dizer o que é ou o que não é renda tributável. Mas não deve ir além dos limites semânticos, que são intransponíveis. Entendo, por isso, que ela não pode considerar renda, para efeito de taxação, o que é, de maneira incontestável, ônus, dispêndio, encargo ou diminuição patrimonial, resultante do pagamento de um débito.

Não andou bem, portanto, o STF, na decisão mais recente, ao considerar renda aquilo que é, efetivamente, uma despesa operacional. O dispêndio com tributos, no caso, com a contribuição social sobre o lucro líquido, não é mera liberalidade da pessoa jurídica, mas um gasto obrigatório, inevitável e necessário para a atividade da empresa e para a manutenção da respectiva fonte produtora. Por essa razão, determinar a sua adição ao resultado líquido contábil, na equação que determina a base de cálculo do imposto sobre a renda das pessoas jurídicas, acarreta um aumento inconstitucional da renda tributável.

Na legislação reguladora dos preços de transferência, Lei 9.430/96, também encontramos distorções.

Denominam-se preços de transferência aqueles preços pactuados artificialmente entre partes contratantes vinculadas (por exemplo, a sucursal, no Brasil, de pessoa jurídica domiciliada no exterior e a sua matriz, ou a pessoa jurídica domiciliada no exterior e a sua controladora no País), em transações internacionais envolvendo bens, serviços ou propriedade

391. Disponível em: <http://redir.stf.jus.br/paginadorpub/paginador.jsp?docTP=AC&docID=167555>. Acesso em: 27 ago. 2019.

intangível. As partes contratantes, em razão do seu vínculo, podem fixar arbitrariamente esses preços, manipulando-os, com o intuito de promover a transferência indireta de lucros. A legislação reguladora dos preços de transferência visa estabelecer parâmetros para a determinação dos preços que teriam sido pactuados, caso não houvesse o vínculo entre as partes contratantes, a fim de identificar eventual transferência indireta de lucros e promover a sua tributação[392].

A Lei 9.430/96 estipula três métodos para cálculo dos preços de transferência e, caso os preços praticados entre as partes contratantes (vinculadas) estejam em desacordo com os preços calculados segundo esses métodos, determina que seja feito um ajuste na base calculada do imposto sobre a renda, de modo a que o imposto incida sobre a parcela do lucro indiretamente transferida[393].

Ocorre que, como aponta Paulo Ayres Barreto, os critérios definidos na lei não levam à obtenção de um preço de mercado sem interferência, mas à de um outro valor, que pode ser maior ou menor que o de mercado, dando ensejo a ajustes que distorcem a base calculada do imposto sobre a renda. Além disso, fosse essa medida uma presunção relativa, ela poderia ser descaracterizada pela apresentação de provas pela pessoa jurídica, comprovando que os preços foram praticados em condições estritamente comutativas. Mas não parece ser esse o caso[394].

A lei tributária em comento[395], além de limitar os meios de prova admitidos para o caso de o contribuinte apurar margens de lucro diversas daquelas previstas pelos métodos estipulados, admite que essas provas podem ser desqualificadas por ato do Secretário da Receita Federal.

---

392. Cf. BARRETO, Paulo Ayres. *Imposto sobre a renda e preços de transferência* cit., p. 97-99.

393. Cf. Ibidem, p. 152.

394. Cf. Ibidem, p. 153-157.

395. Lei 9.430/96, art. 21.

Desse modo, o legislador ordinário, além de promover o cerceamento ao direito da ampla defesa garantido a todos, pela Constituição, também criou hipótese de incidência do tributo baseada em fato jurídico presumido, ou seja, considera renda aquilo que pode não ser renda, afrontando o princípio da capacidade contributiva e extrapolando de sua competência tributária. O legislador ordinário ampliou, inconstitucionalmente, a base de cálculo do imposto sobre a renda, que passa a incidir sobre renda não auferida[396].

Acarreta, ainda, o alargamento inconstitucional da base de cálculo do imposto sobre a renda das pessoas jurídicas tributadas pelo lucro real a limitação da compensação dos prejuízos fiscais a 30% do lucro tributável.

Essa restrição foi introduzida pela Lei 8.981/95. Nessa lei, não foi fixado um limite temporal para que a compensação dos prejuízos fiscais seja efetivada pela pessoa jurídica, mas o saldo de prejuízos fiscais apurados em períodos anteriores, passível de ser excluído do resultado líquido, ajustado pelas adições e exclusões, apurado no período, fica restrito a 30% desse lucro. Leva em conta que a pessoa jurídica continuará existindo e, eventualmente, todo o prejuízo será compensado.

Não considera, todavia, que, se, em determinado período ou em mais de um, ocorreu prejuízo fiscal, só é possível afirmar que haverá acréscimo patrimonial, nos períodos subsequentes, se houver, previamente, a compensação daqueles prejuízos. Até que sejam compensados todos os prejuízos fiscais acumulados de períodos anteriores, não se pode afirmar ter havido lucro tributável, mas única e exclusivamente recomposição do patrimônio da pessoa jurídica. E a recomposição patrimonial da pessoa jurídica não pode ser tributada pelo imposto sobre a renda por uma simples razão: não é renda.

396. Cf. BARRETO, Paulo Ayres. *Imposto sobre a renda e preços de transferência* cit., p. 157.

Esse entendimento já havia sido manifestado por Roque Antonio Carrazza, que, sobre o tema, reafirmou que a mera recomposição do patrimônio não é renda. "Não, pelo menos, para fins de tributação por meio do imposto específico"[397].

No entanto, a legislação do imposto sobre a renda das pessoas jurídicas não considera a recomposição patrimonial após a ocorrência de prejuízo fiscal. Já no primeiro período subsequente ao da apuração do prejuízo fiscal, o imposto sobre a renda pode incidir sobre 70% do resultado líquido ajustado pelas adições e exclusões, mesmo que ele não represente qualquer acréscimo patrimonial, mas uma simples recomposição do patrimônio da pessoa jurídica.

Por exemplo: no período "X" a empresa Alfa teve prejuízo de R$ 150.000,00. Caso no período "X+1", tenha lucro líquido ajustado de R$ 100.000,00, só poderá compensar R$ 30.000,00 a título de prejuízo fiscal (30% de R$ 100.000,00), devendo oferecer à tributação lucro tributável de R$ 70.000,00. Todavia, se compararmos o prejuízo de R$ 150.000,00, incorrido no período "X" com o lucro de R$ 100.000,00 obtido no período "X+1", observamos que a pessoa jurídica ainda opera com prejuízo de R$ 50.000,00.

Observa-se, assim, que, diante da limitação legal à compensação dos prejuízos fiscais, de períodos anteriores, a 30% do lucro líquido ajustado do período, poderá haver base tributável pelo imposto sobre a renda, independentemente de ter ou não havido efetivo acréscimo patrimonial. Essa limitação, determinada pelo legislador infraconstitucional, portanto, pode acarretar uma tributação que vai além da renda, pois estabelece uma presunção absoluta: determina a existência de um fato que pode ou não ocorrer, e não admite prova em contrário.

Tal disposição legal extrapola a competência tributária da União, viola o princípio da capacidade contributiva e vai contra o conceito constitucional de renda, uma vez que, a

397. Cf. CARRAZZA, Roque Antonio. *Imposto sobre a renda...* cit., p. 256.

título de imposto sobre a renda, admite, como base de cálculo, grandeza que não representa a renda, mas o próprio patrimônio da pessoa jurídica.

Não andou bem o Supremo Tribunal Federal ao apreciar, no Recurso Extraordinário 344.994/PR, de 25.03.2009[398], a constitucionalidade da limitação legal à compensação de prejuízos fiscais no cômputo da base de cálculo do imposto sobre a renda das pessoas jurídicas tributadas pelo lucro real. Decidiu o Tribunal Supremo que o "direito ao abatimento dos prejuízos fiscais acumulados em exercícios anteriores é expressivo de benefício fiscal em favor do contribuinte".

No entanto, de benefício fiscal, certamente, não se trata. A compensação de prejuízos fiscais e bases de cálculo negativas da CSLL é direito do contribuinte, assegurado pela limitação à competência tributária estabelecida na Constituição, com base no princípio da capacidade contributiva. Já no caso dos benefícios fiscais, não se tem a capacidade contributiva como critério para distribuição da carga fiscal, elegendo-se outro critério, no geral de forma a resultar em um caráter indutor de condutas relacionado com algum objetivo próprio da Ordem Econômica presente na Constituição Federal[399].

Trata-se, claramente, de duas situações distintas: ao conceder um benefício fiscal, o Estado não tem por finalidade a distribuição equânime da carga tributária; o benefício fiscal visa a incentivar o particular a adotar determinada conduta que, não

398. "RECURSO EXTRAORDINÁRIO. TRIBUTÁRIO. IMPOSTO DE RENDA. DEDUÇÃO DE PREJUÍZOS FISCAIS. LIMITAÇÕES. ARTS. 42 E 58 DA LEI 8.981/95. CONSTITUCIONALIDADE. AUSÊNCIA DE VIOLAÇÃO DO DISPOSTO NOS ARTS. 150, INCISO III, ALÍNEAS 'A' E 'B', E 5º, XXXVI, DA CONSTITUIÇÃO DO BRASIL. 1. O direito ao abatimento dos prejuízos fiscais acumulados em exercícios anteriores é expressivo de benefício fiscal em favor do contribuinte. Instrumento de política tributária que pode ser revista pelo Estado. Ausência de direito adquirido 2. A Lei 8.981/95 não incide sobre fatos geradores ocorridos antes do início de sua vigência. Prejuízos ocorridos em exercícios anteriores não afetam fato gerador nenhum. Recurso extraordinário a que se nega provimento" (RE 344.994, de 25.03.2009, *DJe* 28.08.2009, rel. Min. Marco Aurélio. Disponível em: <http://www.stf.jus.br>. Acesso em: 18 set. 2017).

399. Cf. DIAS, Karem Jureidini. Petição de 29.06.2016, apresentada ao Supremo Tribunal Federal, nos autos do Recurso Extraordinário 591.340/SP.

fosse pelo incentivo, ele talvez não adotasse. Ao admitir a compensação imediata e integral de prejuízos fiscais com o lucro real dos períodos subsequentes, o objetivo visado é o respeito aos princípios da isonomia, da capacidade contributiva, da vedação à utilização de tributo com efeito de confisco.

Recentemente, no RE 591.340/SP, o Supremo Tribunal Federal decidiu, em repercussão geral, que a denominada "trava dos 30%" é constitucional, fixando a seguinte tese: "É constitucional a limitação do direito de compensação de prejuízos fiscais do IRPJ e da base de cálculo negativa da CSLL".

As consequências da "trava dos 30%" são funestas. Quando ocorre a extinção da pessoa jurídica que tenha tido prejuízo fiscal ainda não compensado, a pessoa jurídica sucessora por incorporação, fusão ou cisão não pode compensar prejuízos fiscais da sucedida, por força do art. 33 do Decreto-lei 2.341/87.

Nesse caso, em que a pessoa jurídica se extingue, não há continuidade da pessoa jurídica, nem períodos futuros que possibilitem a compensação dos prejuízos existentes, o que faz cair por terra o argumento utilizado pelo Superior Tribunal de Justiça quanto à legalidade do diferimento da compensação para períodos futuros e a sua conformidade com os arts. 43 e 110 do CTN, expresso no REsp 183.155/SC, de 25.04.2000, que contou com a seguinte ementa:

> TRIBUTÁRIO – DEDUÇÃO DOS PREJUÍZOS: LIMITAÇÃO DA LEI 8.981/95 – LEGALIDADE. 1. A limitação estabelecida na Lei 8.981/95, para dedução de prejuízos das empresas, não alterou o conceito de lucro ou de renda, porque não se imiscuiu nos resultados da atividade empresarial. 2. *O art. 52 da Lei 8.981/95 diferiu a dedução para exercícios futuros, de forma escalonada, começando pelo percentual de 30% (trinta por cento), sem afronta aos arts. 43 e 110 do CTN*. 3. A legalidade do diferimento não atingiu direito adquirido, porque não havia direito adquirido a uma dedução de uma vez. O direito ostentado era quanto à dedução integral. 4. Recurso especial não conhecido. (REsp 183.155/SC, de 25.04.2000. *DJ* 26.06.2000. Rel. Min. Eliana Calmon – grifos nossos)

O raciocínio do Superior Tribunal de Justiça, quanto à conformidade, com o CTN, do diferimento da compensação dos prejuízos fiscais para períodos futuros, não pode ser aplicado para a pessoa jurídica que encerra suas atividades. Para esta, seja ela sucedida por outra ou não, deve ser autorizada a compensação imediata e integral dos prejuízos acumulados, no último período de apuração, porque não haverá período subsequente para a compensação do saldo.

Nesse sentido, entende Isabela Bonfá de Jesus[400] que o entendimento do STJ pressupõe a continuidade da empresa. No caso de encerramento das atividades, qualquer limitação ao aproveitamento do saldo de prejuízos fiscais apurado no seu derradeiro período de apuração representará, indubitavelmente, a perda do direito à compensação. E essa hipótese não é admitida no direito pátrio, eis que acarreta a tributação do patrimônio ou do capital, e não da renda.

Vai nessa linha também o entendimento de Sandra Lúcia Guilardi Ferreira[401], quando afirma que, ao final da atividade da pessoa jurídica, se a exigência de imposto sobre a renda não considerar a integral e plena compensação dos prejuízos fiscais apurados, a tributação levada a efeito será inconstitucional, seja por se tratar de empréstimo compulsório sem que a lei instituidora se conforme com o enunciado do art. 148 da CF/88, seja por constituir imposto sobre o patrimônio.

Por fim, tecemos alguns comentários acerca da tributação das coligadas e controladoras domiciliadas no Brasil, pelos lucros auferidos por suas coligadas e controladas no exterior[402]. A

---

400. Cf. BONFÁ DE JESUS, Isabela. Aproveitamento do saldo de prejuízo fiscal do imposto sobre a renda de pessoa jurídica/IRPJ incorporada. In: PARISI, Fernanda Drummond; TORRES, Heleno Taveira; MELLO, José Eduardo Soares de (coord.). *Estudos de direito tributário em homenagem ao Professor Roque Antonio Carrazza.* São Paulo: Malheiros, 2014. v. 2, p. 120-123.

401. Cf. FERREIRA, Sandra Lúcia Guilardi. Imposto sobre a renda e o princípio da continuidade da empresa. In: PARISI, Fernanda Drummond; TORRES, Heleno Taveira; MELLO, José Eduardo Soares de (coord.). *Estudos de direito tributário em homenagem ao Professor Roque Antonio Carrazza.* São Paulo: Malheiros, 2014. v. 2, p. 256.

402. Lei 6.404/76: "Art. 243 [...]
§ 1º São coligadas as sociedades nas quais a investidora tenha influência significativa. (redação dada pela Lei 11.941/2009)
§ 2º Considera-se controlada a sociedade na qual a controladora, diretamente ou

Lei 12.973/2014, que atualmente regula a matéria, revogou a legislação anterior que tratava do assunto, mais especificamente o art. 74 da Medida Provisória 2.158-35/2001, objeto da ADI 2.588/DF, que declarou inconstitucionais alguns de seus aspectos.

A "tributação da renda mundial" (*worldwide income taxation*) foi adotada para as pessoas jurídicas a partir da Lei 9.249/95 e, com essa medida, desde 1996, os lucros auferidos no exterior pelas pessoas jurídicas domiciliadas no País passaram a ser objeto de tributação pelo imposto sobre a renda brasileiro. Nesse diapasão, pode-se afirmar que é tributável pelo imposto sobre a renda o lucro obtido, pela pessoa jurídica aqui domiciliada, por intermédio das suas filiais e sucursais no exterior, porque se trata de uma única pessoa jurídica.

Essa é uma exigência afinada com a Constituição, em razão do princípio da isonomia tributária e, em particular, de acordo com os princípios da generalidade, da universalidade e da progressividade, que regem especificamente o imposto sobre a renda.

No entanto, coligadas e controladas no exterior são pessoas jurídicas distintas da coligada e controladora domiciliada no Brasil. Por essa razão, os lucros por elas auferidos não pertencem, automaticamente, à pessoa jurídica brasileira. Para serem tributados no Brasil, esses lucros precisam ser disponibilizados para a pessoa jurídica aqui domiciliada, tal como destacou José Artur Lima Gonçalves[403]:

> A questão, aqui, diz com a titularidade desses lucros ou resultados. Enquanto titulados pela pessoa independente e domiciliada no Exterior, não são alcançados pela lei brasileira, (i) seja na pessoa lá domiciliada, pelo simples fato de que a mesma não está sujeita à lei brasileira, e (ii) seja na pessoa aqui domiciliada, pela

através de outras controladas, é titular de direitos de sócio que lhe assegurem, de modo permanente, preponderância nas deliberações sociais e o poder de eleger a maioria dos administradores."

403. GONÇALVES, José Artur Lima. Imposto de renda sobre o lucro das coligadas e controladas estabelecidas no exterior. *Revista de direito tributário*. São Paulo: Malheiros, n. 87, p. 333.

> singela razão de que tal resultado ou lucro a ela não pertence, não foi por ela produzido nem percebido, e não é por ela titulado; não é, portanto, fato imponível de seu imposto sobre a renda. Mantido na titularidade da pessoa domiciliada no Exterior, até a eventual - não necessária - deliberação societária tendente à sua distribuição aos sócios, o resultado ou lucro de controlada ou coligada não é alcançável pela legislação brasileira.

Diante disso, os lucros auferidos por pessoas jurídicas coligadas ou controladas, domiciliadas no exterior, para terem capacidade de aumentar o patrimônio da pessoa jurídica domiciliada no País, precisam ser, primeiro, a esta distribuídos. Antes desse momento, os lucros integram o patrimônio da pessoa jurídica que os auferiu. É justamente nesse ponto que está o problema da legislação reguladora dessa matéria: a lei quer alcançar lucros, auferidos no exterior, por coligadas e controladas de pessoa jurídica aqui domiciliada, mas que não foram disponibilizados para a coligada ou controladora no Brasil.

A disponibilização do lucro auferido pela coligada ou controlada só se realiza, para a pessoa jurídica investidora, no instante em que for, para esta, distribuído. Promover a incidência do imposto sobre a renda pelos lucros de coligada ou controlada no exterior antes de sua distribuição para a coligada ou controladora no Brasil significa tributar, a título de imposto sobre a renda, um fato que não representa renda disponível.

É o que também afirma Ives Gandra da Silva Martins:

> A expressão "disponibilidade", no Código Tributário Nacional, significa, como o próprio vocábulo define, *estar à disposição de quem tem o direito sobre*. Pode ter livre uso, pode usar sem restrição, algo que não ocorre, em caso de empresa estrangeira que *não disponibiliza para livre uso de investidor brasileiro seu resultado*. (destaques do autor).[404]

404. MARTINS, Ives Gandra da Silva. Considerações sobre aspectos concernentes à Lei nº 12.973/2014. In: RODRIGUES, Daniele Souto; MARTINS, Natanael (coord.). *Tributação atual da renda*. Estudo da Lei n. 12.973/14: da harmonização jurídico contábil à tributação de lucros no exterior. São Paulo: Noeses, 2015. p. 173.

A Lei 12.973/2014, contudo, não mais alude à figura dos lucros disponibilizados, em decorrência de sua mera apuração em balanço, mas trata dos reflexos decorrentes dos lucros ou prejuízos auferidos pela controlada no exterior no valor dos investimentos da controladora no Brasil. Seu art. 76, *caput*, determina que a pessoa jurídica controladora, domiciliada no Brasil, ou a ela equiparada, deverá registrar, em subcontas da conta de investimentos em controlada direta no exterior, de forma individualizada, o resultado contábil na variação do valor do investimento equivalente aos lucros ou prejuízos auferidos pela própria controlada direta e suas controladas, direta ou indiretamente, no Brasil ou no exterior, relativo ao ano-calendário em que foram apurados em balanço, observada a proporção de sua participação em cada controlada, direta ou indireta[405].

O art. 77 da mesma lei determina que a "parcela do ajuste do valor do investimento em controlada, direta ou indireta, domiciliada no exterior equivalente aos lucros por ela auferidos, antes do imposto sobre a renda, excetuando a variação cambial, deverá ser computada na determinação do lucro real" da pessoa jurídica controladora domiciliada no Brasil.

Com isso, a Lei 12.973/2014 aplica o Método da Equivalência Patrimonial[406], previsto no art. 248 da Lei das Sociedades por Ações (Lei 6.404/76), só que, ao arrepio do princípio da isonomia tributária, atribui-lhe efeitos fiscais, estabelecendo, para as controladoras, no Brasil, de controladas no exterior, tratamento diferente do conferido às controladoras, no Brasil, de controladas no Brasil, para as quais a legislação estabelece a neutralidade dos efeitos fiscais do citado Método (art. 23 do Decreto-lei 1.598/77).

Essa sistemática, que vale para as controladas situadas em qualquer país, independentemente de ser paraíso fiscal ou

405. Cf. QUEIROZ, Luís Cesar Souza de. A tributação dos lucros auferidos no exterior por controladas e coligadas... cit., p. 234.

406. Cf. QUEIROZ, Luís Cesar Souza de. A tributação dos lucros auferidos no exterior por controladas e coligadas... cit., p. 249-250.

ter tributação favorecida[407], desrespeita o princípio da isonomia tributária. A lei confere tratamento diverso para pessoas em situação equivalente, qual seja, as bases de cálculo do imposto sobre a renda são apuradas diferentemente, em função de a controlada localizar-se em território nacional ou no exterior, critério que não justifica o tratamento diferenciado[408].

Luís Cesar Souza de Queiroz apontou esse e outros problemas na Lei 12.973/2014. Ressaltou que, no caso em que a coligada no exterior esteja situada em paraíso fiscal, ou em país com tributação favorecida, ou seja beneficiária de regime fiscal privilegiado (art. 81, *caput*), seus lucros informarão automaticamente e positivamente a apuração da base de cálculo do imposto sobre a renda da coligada no Brasil. No entanto, independentemente de cumprir ou não esses requisitos (art. 81, *caput*), o prejuízo por ela auferido não informará automática e negativamente a apuração da base de cálculo da coligada no País. O prejuízo só poderá ser compensado com lucros futuros da mesma pessoa jurídica no exterior que deu origem a tal prejuízo, e desde que os estoques de prejuízos sejam informados na forma e prazo estabelecidos pela Secretaria da Receita Federal do Brasil (art. 82, II)[409]. Com isso, a lei dificulta e limita a compensação de prejuízos fiscais da coligada, no Brasil, de pessoa jurídica no exterior, mesmo nos casos em que essa coligada cumpra os requisitos do *caput* do art. 81.

A consequência é o aumento indevido da base de cálculo do imposto sobre a renda da coligada no Brasil, nas hipóteses em que exista mais de uma coligada no exterior, algumas com lucro e outras com prejuízo.

---

407. Na decisão proferida na ADI 2.588/DF (disponível em: <http://www.stf.jus.br>), o STF manifestou-se quanto à constitucionalidade da apuração, nesses moldes, da base de cálculo do imposto sobre a renda das pessoas jurídicas controladoras de pessoas jurídicas domiciliadas em países com tributação favorecida, ou paraísos fiscais.

408. Cf. QUEIROZ, Luís Cesar Souza de. A tributação de lucros auferidos no exterior por controladas e coligadas... cit., p. 250.

409. Cf. Ibidem, p. 252-253.

Sendo assim, confrontando as determinações legais sobre a base de cálculo do imposto sobre a renda das pessoas jurídicas tributadas pelo lucro real com a nossa definição de renda, firmada a partir do seu conceito constitucional, concluímos que existem situações em que a base de cálculo é indevidamente ampliada, pela lei ordinária, seja por meio de limitações à dedução de despesas obrigatórias para a obtenção da renda ou a manutenção da sua fonte produtora, seja pela estipulação de restrições à compensação de prejuízos fiscais, ou ainda por meio da atribuição, à pessoa jurídica, de renda inexistente ou não disponível.

Por essas razões, a tributação da renda da pessoa jurídica, pelo lucro real, vai além da renda, atingindo seu patrimônio, em afronta ao princípio da universalidade. Também a fragmentação da base de cálculo, diante da previsão de tributação exclusiva na fonte, mesmo que em pequena escala, acarreta violação do mesmo princípio constitucional.

Temos, do exposto, que o lucro real, base de cálculo do imposto sobre a renda das pessoas jurídicas, na sua função comparativa, infirma o critério material de sua regra-matriz, definido como "auferir renda".

5.2.5.2.2.2 *Lucro presumido*

O lucro presumido é uma forma opcional de apuração da base de cálculo do imposto sobre a renda das pessoas jurídicas. Está disciplinado na Lei 9.718/98, e permite que determinadas pessoas jurídicas apurem o lucro tributável de forma simplificada.

Atualmente, podem optar pelo lucro presumido as pessoas jurídicas cuja receita total no ano anterior não tenha excedido a R$ 78.000.000,00 ou a R$ 6.500.000,00 multiplicado pelo número de meses de atividade do ano-calendário anterior, quando inferior a doze meses (Lei 9.718/98, art. 13, *caput*, com a redação dada pela Lei 12.814/2013), desde que não estejam obrigadas a apurar o lucro real.

O lucro presumido compõe-se de parcelas; uma delas é o lucro da atividade. O lucro da atividade é obtido com a aplicação de um percentual de presunção previsto em lei (Lei 9.249/95, art. 15), variável de acordo com a atividade desenvolvida pela pessoa jurídica e incide sobre a receita bruta da atividade, apurada de acordo com o art. 12 do Decreto-lei 1.598/77.

Além do lucro da atividade, integram o lucro presumido os ganhos de capital, os rendimentos e ganhos líquidos auferidos em aplicações financeiras, as demais receitas e os resultados positivos decorrentes de outras receitas que não se classificam como receita bruta da atividade. Estas parcelas entram integralmente na base de cálculo, sem se submeter ao percentual de presunção (aplicável somente à receita bruta da atividade).

O lucro presumido, base de cálculo do imposto sobre a renda apurado segundo essa sistemática, é a somatória dessas parcelas.

A presunção se aplica somente sobre uma parte da base de cálculo, ou seja, é presumido somente o lucro da atividade. A ele são adicionadas as demais parcelas, que não representam renda, mas outras receitas, rendimentos ou ganhos.

Tendo em vista que as parcelas representativas dos rendimentos e ganhos líquidos auferidos em aplicações financeiras, as demais receitas e os resultados positivos decorrentes de outras receitas que não se classificam como receita bruta da atividade não admitem qualquer redução, o lucro presumido não espelha a renda efetiva do sujeito passivo (lucro).

Também os ganhos de capital na alienação de bens do ativo não circulante, embora componham a base de cálculo do imposto apurada ao final do período de apuração, não podem ser compensados com as perdas da mesma natureza, o que pode acarretar tributação de patrimônio.

No entanto, trata-se de uma escolha. Caso entenda que ela não é vantajosa, a pessoa jurídica pode deixar de fazer a opção pelo lucro presumido e apurar o imposto sobre a renda pelo lucro real.

Vale lembrar, que, uma vez feita a opção, seja pela tributação pelo lucro real ou pelo lucro presumido, ela vale para todo o ano civil. Antes disso, a legislação não permite a troca da modalidade de apuração da base de cálculo, do lucro real para o presumido e vice-versa. O regime escolhido é, portanto, irretratável para todo esse período (Lei 9.430, art. 26, *caput*), ou seja, feita a opção, seja pelo lucro real ou presumido, ela vale para o ano todo, mesmo que, a partir de um certo momento, deixe de ser vantajosa para a pessoa jurídica.

Não há razão plausível para a obrigatoriedade de permanecer, até o fim do ano, sob um regime de apuração da base de cálculo que, embora tenha sido, já não é mais benéfico para a pessoa jurídica. Isso porque, no lucro presumido, os períodos de apuração são trimestrais e, no lucro real, os períodos de apuração também podem ser trimestrais (o período de apuração anual para o lucro real é escolha do sujeito passivo).

Assim como ocorre na apuração do lucro real, também na apuração pelo lucro presumido, a fragmentação da base de cálculo, diante da existência de previsão de tributação exclusiva na fonte, mesmo que em pequena escala, acarreta violação ao princípio da universalidade da renda. Por essa razão, também o lucro presumido, como base de cálculo do imposto sobre a renda, na sua função comparativa, infirma o critério material de sua regra-matriz ("auferir renda").

5.2.5.2.2.3 Lucro arbitrado

O lucro arbitrado, disciplinado no art. 47 da Lei 8.981/95, é uma terceira forma de apuração da base de cálculo do imposto sobre a renda das pessoas jurídicas, também prevista no art. 44 do CTN, com alcance limitado a determinadas hipóteses previstas em lei. O arbitramento do lucro da pessoa jurídica é cabível quando, por ação ou por omissão da própria pessoa jurídica, torna-se impossível a apuração do lucro real ou do lucro presumido.

O arbitramento do lucro da pessoa jurídica, portanto, nada mais é do que uma forma excepcional de apuração da base de cálculo do imposto sobre a renda que, caso não fosse prevista em lei, deixaria um vácuo: abriria grande vantagem para aquela pessoa jurídica que se recusasse a permitir que seu lucro real ou presumido fosse apurado, uma vez que, por impossibilidade de se conhecer a base de cálculo, não poderia haver a tributação pelo imposto sobre a renda. O arbitramento do lucro da pessoa jurídica assegura, assim, os princípios da isonomia e da capacidade contributiva, além da generalidade e da universalidade e, por consequência, da progressividade.

A forma de apuração do lucro arbitrado varia em função de ser ou não conhecida a receita bruta da pessoa jurídica.

Conhecida a receita bruta, o lucro arbitrado é calculado segundo um procedimento muito semelhante ao da apuração do lucro presumido. Mudam somente os percentuais aplicáveis à receita bruta, para o cálculo do lucro da atividade: no lucro arbitrado, os percentuais são, em geral, superiores em 20% aos aplicados para o cálculo do lucro presumido (Lei 9.249/95, art. 16, *caput* e parágrafo único).

Assim como é feito na apuração do lucro presumido, também integram a base de cálculo os ganhos de capital, os rendimentos e ganhos líquidos auferidos em aplicações financeiras, as demais receitas e os resultados positivos decorrentes de outras receitas que não se classificam como receita bruta da atividade.

Vale também para o lucro arbitrado a ressalva que os ganhos de capital na alienação de bens do ativo não circulante, embora componham a base de cálculo do imposto, apurada ao final do período de apuração, não podem ser compensados com as perdas da mesma natureza, o que pode acarretar o alargamento do conceito de renda e a tributação de patrimônio.

Não conhecida a receita bruta, o cálculo do lucro arbitrado é apurado somente em procedimento de fiscalização, mediante alternativas de cálculo previstas em lei (Lei 8.981/95, art. 51). São oito as alternativas de cálculo, que, dependendo da situação encontrada, podem ser utilizadas pela fiscalização.

O objetivo do arbitramento do lucro da pessoa jurídica é unicamente apurar a base de cálculo do imposto, que, de outra forma, não seria possível obter. Justifica-se, assim, excepcionalmente, nas hipóteses em que não existe escrituração comercial e fiscal na forma da lei ou, existindo, ela não é exibida à autoridade fiscal, mesmo mediante intimação regular, ou referida escrituração contém tantos erros e irregularidades, que fica impossível apurar o lucro real ou o lucro presumido, se este for opção da pessoa jurídica.

Havendo a apresentação da escrituração contábil e fiscal, só se justifica o arbitramento do lucro da pessoa jurídica quando as irregularidades nelas constatadas sejam de tal monta que impossibilitem a apuração do lucro real ou presumido. Meras incorreções pontuais devem ser sanadas e não servem para justificar o arbitramento do lucro[410].

O arbitramento do lucro não resulta, necessariamente, em uma base de cálculo mais gravosa que o lucro real; dependendo da lucratividade da pessoa jurídica, ele pode ser maior ou menor. É somente uma medida excepcional de apuração da base de cálculo do imposto sobre a renda, que, ao ser utilizada, deve ser plenamente fundamentada pela autoridade fiscal, que só está autorizada a aplicá-la nas situações estritamente previstas na lei.

Nesse sentido, assevera José Luiz Bulhões Pedreira que o arbitramento do lucro da pessoa jurídica "é medida de exceção, a que a autoridade somente pode recorrer nos casos expressamente autorizados pela lei, cabendo-lhe o ônus de provar a existência dos requisitos legais"[411].

---

410. Como lembra Alberto Xavier, "Não basta uma simples dificuldade ou maior onerosidade do exercício do dever de investigação, em decorrência de vícios isolados da escrita, para exonerar o Fisco do cumprimento do seu dever funcional, autorizando-o desde logo ao recurso ao instituto do arbitramento. Enquanto essa possibilidade subsiste, deve o Fisco prosseguir no cumprimento de seu dever, seja qual for a complexidade e o custo de tal investigação". XAVIER, Alberto. *Do lançamento no direito tributário brasileiro*. 3. ed. Rio de Janeiro: Forense, 2005. p. 152.

411. PEDREIRA, José Luiz Bulhões. *Imposto sobre a renda;* – pessoas jurídicas. Rio de Janeiro: Justec, 1979. v. II, p. 871.

O arbitramento do lucro da pessoa jurídica não deve, portanto, ser visto como uma penalidade, nem mesmo pela falta de cumprimento dos deveres instrumentais. Tal como já afirmara José Luiz Bulhões Pedreira[412], o arbitramento do lucro "é instrumento que a lei assegura à autoridade tributária para que, na falta das informações indispensáveis à determinação do lucro real ou presumido, possa fixar a base de cálculo do imposto". E tanto é assim, que, na fixação do lucro arbitrado, os critérios legais estipulados para seu cálculo devem ser aplicados com o objetivo de apurar, de forma aproximada, o montante que seria o lucro real ou presumido.

Temos por certo que, nos casos de inexistência ou imprestabilidade da escrituração comercial e fiscal, o arbitramento do lucro não tem caráter sancionatório. Mesmo considerando que o lucro seja arbitrado quando a pessoa jurídica descumpre o dever de manter em ordem e exibir sua documentação comercial e fiscal quando regularmente intimada, arbitra-se o lucro não como penalidade por esse descumprimento, mas ante a impossibilidade de se apurar o lucro real (ou presumido, se for o caso), como consequência desse descumprimento. É a impossibilidade de apurar o lucro real ou presumido que autoriza o arbitramento do lucro da pessoa jurídica, e não a falta de cumprimento do dever instrumental *per se*.

Por essa razão, não foi bem o legislador ordinário, ao prever que o lucro deve ser arbitrado no caso de opção indevida pelo lucro presumido, sem mencionar expressamente o dever da autoridade fiscal de, antes de aplicar o arbitramento, verificar se é possível apurar o lucro real. Como não existe previsão legal nesse sentido, é possível afirmar que o arbitramento do lucro da pessoa jurídica, nos casos em que tenha indevidamente optado pelo lucro presumido, mas seja possível apurar o lucro real, pode assumir ares de sanção, afrontando o art. 3º do CTN, nos casos em que a base de cálculo arbitrada resultar maior que o lucro real.

---

412. Ibidem, p. 873.

Nas hipóteses em que a pessoa jurídica optante pelo lucro presumido não mantenha escrituração comercial e fiscal ou livro caixa, ou quando essa escrituração seja imprestável, não se pode afirmar que o lucro arbitrado constitui sanção (porque substitui o lucro presumido, com 20% de acréscimo, em procedimento de ofício).

Com efeito, os percentuais aplicados sobre a receita bruta, para a apuração do lucro da atividade, são, no lucro arbitrado, 20% superiores aos aplicáveis à mesma receita bruta, quando da apuração do lucro presumido. Todavia, nesses casos, se a receita bruta for conhecida, a fiscalização não pode aplicar o arbitramento, por força do art. 24 da Lei 9.249/95, que determina que, havendo omissão de receita, a autoridade tributária deve determinar o valor do imposto e do adicional a serem lançados de acordo com o regime de tributação a que estiver submetida a pessoa jurídica no período-base a que corresponder a omissão. E, conhecida a receita bruta, é possível apurar o lucro da atividade utilizando os percentuais que são próprios ao cálculo do lucro presumido.

Sendo assim, para as pessoas jurídicas que tenham optado devidamente pelo lucro presumido, o lucro só pode ser arbitrado pela fiscalização se a receita bruta for desconhecida. Nesse caso, serão utilizadas as alternativas de cálculo previstas em lei, para o arbitramento do lucro.

Por fim, ressaltamos que a aplicação das alternativas de cálculo previstas na lei, cujo resultado pode ser diferente em função de cada critério adotado, não está à disposição da autoridade fiscal, para utilizá-las aleatoriamente. Pelo contrário, a autoridade lançadora deve escolher, dentre as opções que a lei oferece, aquela que for mais benéfica para a pessoa jurídica, dentro das possibilidades e limites que a situação da fiscalizada apresenta, em respeito aos princípios da capacidade contributiva e da vedação à utilização de tributo com efeito de confisco.

Em suma, o lucro arbitrado só pode ser utilizado, na forma prescrita em lei, quando não houver meio de apurar o lucro real ou presumido. É uma forma excepcional de apuração da base de cálculo do imposto sobre a renda das pessoas jurídicas, e, assim considerada, não viola nem o conceito constitucional de renda nem os princípios da capacidade contributiva e da vedação à utilização de tributo com efeito de confisco. Vem garantir a isonomia tributária, na medida em que possibilita a tributação que seria impossível, caso não houvesse essa previsão legal, assegurando a aplicação do princípio da generalidade do imposto sobre a renda.

Para o lucro arbitrado, conhecida a receita bruta, valem as observações feitas para o lucro presumido. Os ganhos de capital na alienação de bens do ativo não circulante, embora componham a base de cálculo do imposto apurada ao final do período de apuração, não podem ser compensados com as perdas da mesma natureza, o que pode acarretar tributação de patrimônio. No entanto, este argumento não é válido para embasar o entendimento pela sua inconstitucionalidade, haja vista que se trata de uma situação excepcional, em que não é possível a apuração da base de cálculo do imposto pelo lucro real ou presumido.

Todavia, a fragmentação da base de cálculo, diante da previsão de tributação exclusiva na fonte, mesmo que em muito menor escala do que na tributação da renda das pessoas físicas, acarreta violação ao princípio da universalidade da renda e, por conseguinte, a progressividade. Em razão da fragmentação ocasionada pela tributação exclusiva na fonte, o lucro arbitrado também não representa a renda da pessoa jurídica. Por esse motivo, a base de cálculo do imposto sobre a renda, na sua função comparativa, infirma o critério material de sua regra-matriz também no caso do lucro arbitrado.

5.2.5.2.2.4 Tributação exclusiva na fonte e tributação definitiva dos ganhos de capital na alienação de bens e direitos

O imposto sobre a renda apurado exclusivamente na fonte está previsto na legislação ordinária, de forma esparsa. Nessa modalidade de tributação, que se aplica tanto a pessoas físicas quanto, em alguns casos, a pessoas jurídicas, a base de cálculo do imposto sobre a renda é indicada pontualmente, nos inúmeros diplomas legais que a definem, e não integra a base de cálculo do imposto apurado ao fim do período de apuração.

Seu recolhimento cabe a uma pessoa indicada na lei, que figura na relação jurídica tributária como sujeito passivo, na condição de substituto tributário. A tributação exclusiva na fonte incide de forma definitiva, e tem como base de cálculo um valor não correspondente a um acréscimo patrimonial obtido ao fim de um período de apuração, assim entendido como aquele apurado a partir do produto do capital, do trabalho ou de qualquer outra fonte, deduzidos os dispêndios necessários para a sua produção.

A base de cálculo do imposto sobre a renda exclusivo na fonte é um valor definido em lei, corresponde a um rendimento determinado, que não integra a base de cálculo do imposto apurado ao final do período de apuração.

Destacamos, a seguir, as bases de cálculo, definidas na legislação ordinária, para algumas situações de tributação exclusiva na fonte.

O imposto incide exclusivamente na fonte sobre os rendimentos auferidos por pessoa física, em aplicações financeiras de renda fixa[413], decorrentes de alienação, liquidação total ou parcial, resgate, cessão ou repactuação do título ou aplicação, e também sobre os rendimentos periódicos produzidos por título ou aplicação, bem como qualquer remuneração adicional aos rendimentos prefixados, entre outros.

Nesse imposto, a base de cálculo varia para cada caso. Nas operações com títulos ou aplicação com rendimentos periódicos, é a parcela do rendimento produzido entre a data de aquisição ou a data do pagamento periódico anterior e a data de sua percepção. Nas demais operações, a base de cálculo é

413. Leis 8.981/95; 9.532/97; 9.249/95; 9.069/95; 7.766/89; 9.779/99; 9.430/96; 11.033/2004; 12.431/2011; 13.097/2015.

a diferença positiva entre o valor da alienação, líquida do IOF, e o valor da aplicação financeira.

Também estão sujeitos à incidência do imposto sobre a renda exclusivo na fonte os rendimentos auferidos por pessoas físicas, pelas microempresas e empresas de pequeno porte optantes pelo Simples Nacional, instituído pela Lei Complementar 123/2006, produzidos por aplicações em fundos de investimento e em fundos de investimento em quotas de fundos de investimento[414]. A base de cálculo é o valor do rendimento constituído pela diferença positiva entre o valor da alienação, líquido do IOF, e o valor da aplicação financeira.

Na tributação exclusiva na fonte dos rendimentos auferidos por pessoa física e pela microempresa ou empresa de pequeno porte optante pelo Simples Nacional, instituído pela Lei Complementar 123/2006, produzidos pelos fundos de investimento imobiliário[415], a base de cálculo consiste nos rendimentos auferidos pela carteira dos fundos, sobre os lucros distribuídos, semestralmente, e sobre os rendimentos auferidos pelo cotista no resgate de cotas (para as pessoas jurídicas tributadas pelo lucro real, presumido ou arbitrado, essa tributação na fonte caracteriza-se como antecipação).

São tributados exclusivamente na fonte os prêmios recebidos em dinheiro, bens ou serviços, obtidos por quaisquer pessoas, físicas ou jurídicas, em concursos e sorteios, de qualquer espécie.

No caso da tributação exclusiva na fonte dos prêmios em dinheiro, distribuídos por loterias e *sweepstake*,[416] a base de cálculo do imposto é o valor do prêmio, com uma faixa de isenção: o valor da primeira faixa da tabela de incidência mensal

---

414. Leis 9.532/97; 8.981/95; 9.249/95; 10.892/2004; 12.431/2011; 13.043/2014; MP 2.189-49/2001; Decreto-lei 2.065/83.

415. Leis 9.779/99; 8.668/93; 9.532/97; 11.033/2004.

416. Leis 4.506/64; 8.383/91; 9.249/95; 4.154/62; 11.941/2009; 11.482/2007; 13.149/2015; Decretos-Leis 1.493/76; 204/67.

do imposto sobre a renda da pessoa física. Para os demais prêmios em dinheiro, não há faixa de isenção; a base de cálculo do imposto é o valor do prêmio recebido.

A base de cálculo do imposto sobre a renda exclusivo na fonte, no caso de prêmios obtidos em concursos e sorteios, na forma de bens ou serviços[417], é o valor de mercado do prêmio ou da realização do serviço, na data da distribuição.

É ainda tributado exclusivamente na fonte o décimo terceiro salário recebido pelas pessoas físicas residentes no Brasil, remuneradas em virtude de trabalhos ou serviços prestados no exercício de empregos, cargos e funções[418]. A base de cálculo é o valor do rendimento bruto, admitidas deduções com dependentes, com pensão alimentícia paga em cumprimento de decisão judicial ou acordo homologado judicialmente, com as contribuições pagas para a previdência social oficial e para previdência complementar.

São tributados exclusivamente na fonte os rendimentos do trabalho sem vínculo empregatício, auferidos por beneficiário não identificado[419]. A base de cálculo é o rendimento bruto, admitidas deduções com dependentes, com pensão alimentícia paga quando em cumprimento de decisão judicial ou acordo homologado judicialmente e as contribuições para a Previdência Social da União, dos Estados, do Distrito Federal e dos Municípios.

Sujeitam-se ainda à tributação exclusiva na fonte as importâncias pagas, remetidas, creditadas, empregadas ou entregues a pessoas físicas ou jurídicas residentes ou domiciliadas no exterior, por fonte localizada no Brasil, a título de: (i) pagamento de *royalties* para exploração de patentes de invenção, modelos, desenhos industriais, uso de marcas ou propagandas; (ii) remuneração de serviços técnicos, de assistência

---

417. Leis 8.981/95; 9.065/96; 11.196/2005.

418. Leis 7.713/88; 8.134/90; 9.532/97.

419. Leis 8.383/91; 8.981/95.

técnica, de assistência administrativa e semelhantes; (iii) direitos autorais, inclusive no caso de aquisição de programas de computador (software), para distribuição e comercialização no Brasil ou para uso próprio, sob a modalidade de cópia única, exceto películas cinematográficas[420]. A base de cálculo é o valor bruto dos rendimentos.

Tendo em vista que a base de cálculo do imposto sobre a renda exclusivo na fonte, representada por um rendimento ou ganho, é diferente de renda, tal como definida no Código Tributário Nacional, a partir do conceito constitucional, entendemos que essa modalidade de tributação só pode ser aplicada quando for opcional (base de cálculo presumida), ou então em casos excepcionais, em que não é possível apurar a base de cálculo ao fim do período de apuração, nem mesmo por arbitramento do lucro.

Os casos excepcionais em que admitimos que a base de cálculo seja segregada e arbitrada são aqueles em que a renda da pessoa física ou jurídica não é apurada ao fim do período de apuração. São eles: (a) contribuinte residente ou domiciliado no exterior, que não apura a renda no Brasil ao final do período de apuração; (b) contribuinte não identificado ou não identificável. Nos demais casos, a tributação de rendimento, como se renda fosse, além de violar o conceito constitucional de renda, afronta os princípios da isonomia, da universalidade, da generalidade e da progressividade.

Já a denominada tributação definitiva é aquela que incide sobre os ganhos de capital na alienação de bens e direitos da pessoa física e sobre os ganhos de capital na alienação de bens do ativo não circulante da pessoa jurídica domiciliada no exterior e da microempresa e empresa de pequeno porte optante pelo regime simplificado de arrecadação previsto na

420. Leis 9.249/95; 9.779/99; 3.470/58; 9.532/97; 10.168/2000; 10.332/2001; 11.196/2005; 12.350/2010; 7.713/88; Medida Provisória 2.159-70/2001; Decretos-Leis 5.844/43; 2.308/86.

Lei Complementar 123/2006, Simples Nacional[421]. Os ganhos de capital também não integram a base de cálculo do imposto apurado no final do período de apuração, e é a própria pessoa física ou jurídica quem promove o recolhimento antecipado e definitivo do imposto.

Para as pessoas físicas, tem como base de cálculo o valor da alienação do bem, menos o custo de aquisição, admitida a dedução do montante pago a título de corretagem pelo vendedor. Para as pessoas jurídicas domiciliadas no exterior e para as microempresas e empresas de pequeno porte optantes pelo Simples Nacional, a base de cálculo é a diferença positiva entre o valor da alienação e o valor contábil do bem ou direito.

Neste imposto, em regra, a base de cálculo é aferida por operação[422]. Neste caso, ocorrendo a alienação de mais de um bem ou direito, em um mesmo período de apuração, a perda na alienação de um não pode ser compensada com o ganho obtido na alienação de outro. Cada operação é apurada separadamente, ou seja: se, ocorrerem, para uma mesma pessoa, em um mesmo período, as operações "A" e "B", com ganho na operação "A" e perda na operação "B", o ganho não pode ser compensado com a perda. Sendo assim, se o ganho obtido na operação "A" for menor do que a perda na operação "B", mesmo assim incide imposto sobre a renda, em relação à operação "A", acarretando a tributação de valor que, no cômputo geral, não representa um acréscimo patrimonial.

A base de cálculo apurada desse modo só garante a capacidade contributiva quando for opcional ou quando for aplicada a pessoa física ou jurídica residente ou domiciliada no exterior, tendo em vista a impossibilidade de apurar a renda e mesmo o total dos ganhos dessa natureza, no Brasil, ao fim do período de apuração. Para os demais casos, a impossibilidade de computar as perdas viola o princípio da

---

421. Leis 7.713/88; 8.981/95; 7.766/89; 8.134/90; 9.249/95; 13.259/2016.

422. Na tributação da renda variável, a legislação admite a compensação de ganhos com perdas.

capacidade contributiva e acarreta tributação de patrimônio como se renda fosse.

Para as pessoas jurídicas tributadas pelo lucro real, presumido ou arbitrado, o ganho de capital na alienação de bens do ativo não circulante, diferentemente do que ocorre para as pessoas físicas e para as microempresas e empresas de pequeno porte optantes pelo Simples Nacional, integra o cômputo do lucro, ao fim do período de apuração.

Para as pessoas jurídicas optantes pelo lucro real, os prejuízos decorrentes da alienação de bens e direitos do ativo não circulante, classificados como imobilizado, investimento e intangível, podem ser compensados, nos períodos subsequentes, com os lucros de mesma natureza, observado o limite de 30% do lucro tributável[423].

No lucro presumido e arbitrado, os ganhos de capital na alienação de bens e direitos do ativo não circulante integram a base de cálculo do imposto, ao final do período de apuração, mas são apurados, em regra, individualmente, por operação, ou seja, os ganhos auferidos na alienação de determinado bem ou direito não podem ser deduzidos das perdas incorridas na alienação de outros bens e direitos.

5.2.5.2.2.5 *Síntese da base de cálculo do imposto sobre a renda, como definida na lei ordinária*

O imposto sobre a renda brasileiro incide sobre diversas bases de cálculo, separadamente: renda (parcial), rendimentos, ganhos. A legislação ordinária, ao definir suas regras-matrizes, segrega as bases de cálculo e tributa-as de forma diferenciada, de acordo com a sua origem ou natureza.

Ocorre que, ante o princípio da universalidade, estampado no art. 153, § 2º, da CF/88, a segregação da renda, com o objetivo de tributá-la de forma diferenciada, não é admitida no nosso ordenamento.

423. Lei 12.973/2014, art. 43.

A fim de garantir a generalidade, princípio previsto no mesmo dispositivo constitucional, e para assegurar a isonomia tributária e a capacidade contributiva, admitimos a constitucionalidade da tributação em separado de rendas de certas naturezas, unicamente nos casos em que essa tributação for opcional ou naqueles em que for utilizada para situações excepcionais, nas quais seja impossível identificar o sujeito que a auferiu ou naqueles em que não se puder apurar a base de cálculo do imposto, ao cabo do período de apuração, tal como ocorre com os residentes ou domiciliados no exterior, que auferem renda no Brasil.

Nos demais casos, a segregação da base de cálculo do imposto sobre a renda fere os princípios da generalidade, da universalidade e da progressividade e, por conseguinte, os princípios da isonomia, da capacidade contributiva e da violação à utilização de tributo com efeito de confisco.

Feitas essas observações, trazemos, a seguir, uma síntese das bases de cálculo do imposto sobre a renda das pessoas físicas e jurídicas.

No imposto sobre a renda das pessoas físicas, existe uma base de cálculo apurada anualmente, na qual computam-se alguns rendimentos auferidos, dos quais podem ser feitas algumas deduções, correspondentes a alguns dispêndios necessários à sua produção.

As deduções permitidas são limitadas, em natureza e em valor, pela lei ordinária. Despesas com direitos sociais, garantidos na Constituição, tais como moradia e transporte, por exemplo, essenciais à dignidade da pessoa humana e à própria obtenção das riquezas, não são necessariamente dedutíveis pela legislação do imposto sobre a renda das pessoas físicas.

Desse modo, o resultado da equação, a base de cálculo do imposto sobre a renda anual das pessoas físicas é maior do que a renda oriunda daqueles rendimentos. A base de cálculo anual do imposto sobre a renda das pessoas físicas é, portanto, parcial, segregada e distorcida: por um lado, não é integrada por todos os rendimentos e ganhos e, por outro, deixa de admitir deduções representativas de despesas necessárias à sobrevivência digna da pessoa física e de sua família, importâncias essas que não caracterizam renda.

A base de cálculo do imposto sobre a renda das pessoas jurídicas apurado ao fim de um período de apuração é o lucro real, presumido ou arbitrado.

O lucro real é calculado a partir do resultado líquido do período de apuração, consideradas as adições (obrigatórias), exclusões e compensações (permitidas), conforme previsto em lei. Na sua composição, considera a maioria dos rendimentos, receitas e ganhos (com exceção daqueles tributados exclusivamente na fonte), assim como amplia a base de cálculo por meio da atribuição, à pessoa jurídica, de renda inexistente ou não disponível, tal como ocorre no lucro das controladas no exterior. Estipula restrições às deduções, assim como estabelece limitações tais como a de 30% do lucro líquido ajustado do período, para a compensação dos prejuízos fiscais.

Integram o lucro presumido: o lucro da atividade, os ganhos de capital, os rendimentos e ganhos líquidos auferidos em aplicações financeiras, as demais receitas e os resultados positivos decorrentes de outras receitas que não se classificam como receita bruta da atividade.

Conhecida a receita bruta, integram o lucro arbitrado: o lucro da atividade, os ganhos de capital, os rendimentos e ganhos líquidos auferidos em aplicações financeiras, as demais receitas e os resultados positivos decorrentes de outras receitas que não se classificam como receita bruta da atividade. Não conhecida a receita bruta, o cálculo do lucro arbitrado é apurado somente em procedimento de fiscalização, mediante alternativas de cálculo previstas em lei.

Destacadamente, a legislação ordinária prevê que sejam contemplados, pela tributação, os demais rendimentos e ganhos auferidos, que não integram o cômputo das bases de cálculo apuradas ao cabo de um período de apuração. Têm-se aí as bases de cálculo do imposto exclusivo na fonte, para as pessoas físicas e jurídicas, e do imposto definitivo, este sobre os ganhos de capital na alienação de bens e direitos, para as pessoas físicas e para as microempresas e empresas de pequeno porte optantes pelo Simples Nacional. Essas bases de cálculo são apuradas isoladamente, de forma segregada, para cada tipo de rendimento ou ganho considerado, admitindo, cada qual, deduções específicas, ou nenhuma dedução.

A tributação exclusiva na fonte, embora aplicável tanto para as pessoas físicas quanto para as jurídicas, para estas últimas ocorre em uma proporção muito menor do que para as pessoas físicas.

A tributação definitiva sobre os ganhos de capital na alienação de bens e direitos aplica-se para todas as pessoas físicas, para as pessoas jurídicas domiciliadas no exterior e para as microempresas e empresas de pequeno porte optantes pelo Simples Nacional. A base de cálculo é o ganho auferido em cada operação, apurado de acordo com a lei tributária.

Para as pessoas físicas e jurídicas residentes ou domiciliadas no exterior, a tributação definitiva dos ganhos de capital não fere a Constituição, eis que se trata de uma situação excepcional, em que não existe apuração da renda ao fim do período de apuração. Trata-se de uma base de cálculo arbitrada, admitida pelo Código Tributário Nacional.

No tocante às pessoas jurídicas tributadas com base no lucro real, salientamos que se, por um lado, com poucas exceções, computam-se, na base de cálculo do imposto ao fim de um período de apuração, todos os rendimentos, receitas e ganhos, existem limitações legais previstas para as deduções. Além disso, fica limitada a 30% do lucro tributável a compensação de prejuízos fiscais de períodos anteriores. No caso da tributação do lucro auferido por controladas no exterior, a lei ordinária determina a inclusão, na base de cálculo, de renda não disponível para a controladora no Brasil, ao arrepio do que determina o Código Tributário Nacional. O lucro real, portanto, não representa efetivo aumento patrimonial da pessoa jurídica, em violação ao princípio da capacidade contributiva. Além disso, tendo em vista a existência de tributação exclusiva na fonte, representa base de cálculo parcial, ao arrepio do princípio da universalidade.

No que tange ao lucro presumido e ao lucro arbitrado, uma das parcelas da base de cálculo é composta pelos ganhos de capital e outras receitas. Dentro dessa rubrica, estão os ganhos de capital na alienação de bens e direitos do ativo não circulante – imobilizado, investimentos e intangível. Na apuração desses ganhos, não podem ser compensadas as perdas da mesma natureza, o que acarreta tributação daquilo que não se classifica como renda.

Sendo assim, no caso do lucro presumido e do lucro arbitrado, o legislador definiu como renda tributável aquilo que renda, sabidamente, não é. Todavia, o fato de se tratar de uma opção, no caso do lucro presumido, e de uma excepcionalidade, no caso do lucro arbitrado, não permite que esse argumento seja utilizado para sustentar uma inconstitucionalidade.

Cabe salientar ainda que, nos casos em que existe tributação na fonte sobre rendimentos de aplicações financeiras de renda fixa, ela é exclusiva na fonte para as pessoas físicas (e para as microempresas e empresas de pequeno porte optantes pelo Simples Nacional), mas não para as pessoas jurídicas tributadas pelo lucro real, presumido e arbitrado. Sendo assim, para todas as pessoas físicas, a base de cálculo, nesta hipótese, é apurada separadamente da base de cálculo anual, mas esse tratamento não é o mesmo conferido às pessoas jurídicas em geral, para as quais os rendimentos auferidos em aplicações financeiras integram base de cálculo apurada ao fim do período de apuração (a legislação prevê que o tributo deve ser antecipado e compensado com o devido ao fim do período de apuração).

Essa distinção, feita pela lei ordinária, que segrega, da base de cálculo do imposto sobre a renda das pessoas físicas em geral, e tributa, separadamente, os rendimentos auferidos em aplicações financeiras, mas integra esses mesmos rendimentos na base de cálculo do imposto das pessoas jurídicas, afronta a isonomia tributária, eis que trata diferentemente pessoas em situações jurídicas idênticas.

Também merece atenção a tributação que incide sobre os ganhos auferidos na alienação de bens e direitos. A base de cálculo do imposto, para as pessoas físicas, é a diferença positiva entre o valor da alienação e o custo de aquisição do bem, admitida a dedução do montante pago a título de corretagem pelo vendedor. Não existe previsão legal para outras deduções relacionadas com a operação, tais como despesas com publicidade (anúncios classificados) e o custo do registro de contratos e emolumentos, quando assumidos pelo vendedor[424] nem qualquer dedução que caracterize um dos direitos sociais previstos no art. 6º da CF/88.

Além disso, a Lei 9.249/95 (art. 17, inciso II) veda expressamente a aplicação dos índices de correção monetária ao valor da aquisição dos bens e direitos para o cálculo do ganho de capital apurado quando da sua alienação. Os fatores de redução (FR1 e FR2), previstos no art. 40 da Lei 11.196/2005, vieram, muitos anos depois, mitigar os efeitos da inflação no ganho de capital da pessoa física, na alienação de bens imóveis sem, contudo, neutralizá-los[425].

Enquanto a tributação do ganho de capital na alienação de bens e direitos das pessoas físicas é feita separadamente e de forma definitiva, o ganho de capital das pessoas jurídicas tributadas pelo lucro real, presumido e arbitrado entra no

---

424. Cf. MARTINS, Ricardo Lacaz. *Tributação da renda imobiliária*. São Paulo: Quartier Latin, 2011. p. 232-233.

425. Sobre o assunto, cf. MARTINS, Ricardo Lacaz. *Tributação da renda imobiliária* cit., p. 242-244.

cômputo da base de cálculo do imposto, apurada ao final do período de apuração.

A diferença de tratamento conferida às pessoas físicas e às pessoas jurídicas, que se encontram em uma mesma situação jurídica, viola o princípio da isonomia tributária.

Ante o exposto, concluímos que, no cômputo geral, integram a base de cálculo do imposto sobre a renda das pessoas físicas e jurídicas todas as entradas patrimoniais (elementos positivos), representativas de rendimentos, receitas e ganhos de qualquer espécie. As saídas, ou elementos negativos, que são as deduções da base de cálculo, são limitadas pela lei, em espécie e em valor, e aplicam-se, diferentemente, a partes da base de cálculo.

Como consequência, temos que a base de cálculo do imposto sobre a renda, considerada na sua totalidade, não corresponde ao excedente de riqueza, mas vai além. Inclui parcelas de patrimônio, em violação à capacidade contributiva e com potencial para menosprezar o princípio da vedação à utilização de tributo com efeito de confisco. Por outro lado, a fragmentação da base de cálculo, nas hipóteses em que não fica caracterizada uma situação de opção ou de excepcionalidade, é feita ao arrepio dos princípios da generalidade, da universalidade e da progressividade.

O legislador da União, ao determinar, a título de imposto sobre a renda, tributação sobre base de cálculo que vai além da renda, extrapola de sua competência tributária, tal como prevista na Constituição.

No esquema da regra-matriz de incidência do imposto sobre a renda, confrontamos o seu critério material, "auferir renda", com a sua base de cálculo, e constatamos que eles nem sempre se coadunam.

A não ser nas exceções já mencionadas, a renda deve ser considerada como um todo, isto é, não pode ser segregada, nem fragmentada, nem classificada em função de sua natureza, com o intuito de ser tributada de forma diferenciada, não importando se em maior ou menor intensidade, uma vez que essa medida fere a generalidade, a universalidade, a progressividade, a capacidade contributiva e a isonomia tributária.

A base de cálculo, na sua função comparativa, infirma o critério material do imposto sobre a renda, com exceção apenas dos casos em que a tributação em separado de partes da renda é opcional ou nas hipóteses em que a segregação da renda é o único meio de preservar a isonomia e a capacidade contributiva, como ocorre nas hipóteses de beneficiário não identificado ou de pessoa residente ou domiciliada no exterior, que aufere renda no Brasil.

5.2.5.3 Alíquotas

No imposto sobre a renda, a alíquota manifesta-se como um percentual que, por força do princípio da progressividade que rege o tributo, deve ser mais gravoso na medida em que aumenta a base de cálculo. Sendo assim, em homenagem ao princípio da progressividade, a lei que estipula as alíquotas a serem aplicadas na apuração do imposto sobre a renda devem determinar que elas sejam progressivas, quanto maior for a base de cálculo.

Todavia, nossa legislação ordinária não tem se mostrado fiel a essa determinação constitucional. A tabela progressiva, prevista em lei para aplicar-se à renda das pessoas físicas (e periodicamente ajustada em índice muito inferior ao que reflete o crescimento nominal dos rendimentos, decorrente da realidade inflacionária), aplica-se somente a uma parcela da base de cálculo.

Está em vigor a seguinte tabela progressiva anual:

Base de Cálculo (R$)	Alíquota (%)	Parcela a deduzir do IR (R$)
Até 22.846,76	-	-
De 22.847,77 até 33.919,80	7,5	1.713,58
De 33.919,81 até 45.012,60	15	4.257,57
De 45.012,61 até 55.976,16	22,5	7.633,51
Acima de 55.976,16	27,5	10.432,32

Fonte: Informações coletadas e reproduzidas pela autora com base na Lei 13.149/2015.

Em uma análise sumária da tabela acima, pode parecer que a progressividade se dá "aos saltos"; todavia, trata-se de uma tabela prática, na qual o mecanismo da parcela a deduzir garante uma progressividade gradual.

Considerando todos os fatores da tabela progressiva vigente, podemos construir uma tabela de alíquotas efetivas, considerando a parcela a deduzir[426]. Vejamos:

Renda anual (R$)	Alíquota (%)	Parcela a deduzir (R$)	IR Total (R$)	Alíquota efetiva (%)
10.000	0	0	0	0
20.000	0	0	0	0
30.000	7,5	1.713,58	536,42	1,79
40.000	15	4.257,57	1.742,43	4,36
50.000	22,5	7.633,51	3.616,49	7,23
100.000	27,5	10.432,32	17.067,68	17,07
200.000	27,5	10.432,32	44.567,68	22,28
500.000	27,5	10.432,32	127.067,68	25,41
1.000.000	27,5	10.432,32	264.567,68	26,46
5.000.000	27,5	10.432,32	1.364.567,70	27,29

Fonte: Informações coletadas e reproduzidas pela autora com base na Lei 13.149/2015.

426. Paulo Ayres Barreto promoveu estudo sobre as alíquotas efetivas do imposto sobre a renda e, nos moldes por ele definidos, elaboramos a tabela que consta deste item. Cf. BARRETO, Paulo Ayres. *Imposto sobre a renda e preços de transferência* cit., p. 95-96.

A parir da análise da tabela acima, constata-se que as alíquotas efetivas do imposto sobre a renda anual das pessoas físicas aumentam, gradativamente, na medida em que aumenta a base de cálculo.

Para melhor visualização da progressividade do imposto sobre a renda anual das pessoas físicas, elaboramos uma representação gráfica, na qual podemos visualizar sua aplicação, tendo no eixo vertical a alíquota efetiva aplicável a cada faixa de renda anual auferida, representada no eixo horizontal.

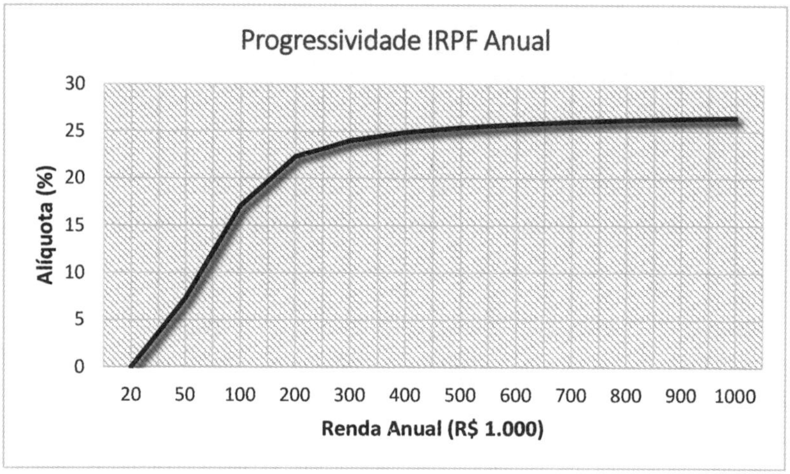

Fonte: Informações coletadas e reproduzidas pela autora com base na Lei 13.149/2015.

Observando o gráfico acima, constata-se que a progressividade está presente no imposto sobre a renda anual da pessoa física. Todavia, ela é muito mais acentuada em faixas de renda mais baixas, indicando que, nessas faixas, os intervalos de ascensão de alíquota são curtos, de tal modo que rapidamente se atingem as alíquotas mais altas. Essa medida tem evidente propósito de aumentar o resultado da arrecadação, com alíquotas que ascendem rapidamente, nas faixas de renda mais baixas.

A ideia de progressividade na tributação pressupõe um limite, a partir do qual as alíquotas não podem avançar, sob pena de se caracterizar tributação confiscatória. No entanto, a configuração da progressividade do imposto sobre a renda anual das pessoas físicas no Brasil vai de encontro ao próprio princípio da progressividade, na medida em que, a partir de um patamar de base de cálculo ainda relativamente baixo, as alíquotas se estabilizam e o imposto passa a ser proporcional, atingindo igualmente rendas mais altas, mas de diferentes magnitudes.

No imposto sobre a renda das pessoas físicas, temos mais de uma base de cálculo, caracterizada pela origem do rendimento: além da tributação anual, que grava parte da renda auferida, temos também a denominada tributação exclusiva na fonte que, entre outros, atinge rendimentos em aplicações financeiras e o 13º salário, e também a tributação dita definitiva, sobre os ganhos obtidos na alienação de bens e direitos.

Nossa legislação prevê uma tabela progressiva para a tributação da renda anual, mas (com poucas exceções) o mesmo não ocorre para as tributações exclusiva e definitiva, que têm alíquotas diversas, nem sempre progressivas.

Para as demais parcelas da base de cálculo, não incluídas na base de cálculo apurada anualmente, nas formas de tributação da renda denominadas exclusiva e definitiva, a regra é a proporcionalidade. Vejamos alguns exemplos.

1) Prêmios em dinheiro, distribuídos por loterias: alíquota de 30% (Lei 4.506, de 1964, art. 14 e Decreto-lei 1.493, de 1976, art. 10).

2) Rendimentos obtidos nas operações de renda fixa ou variável, relativamente às aplicações e operações realizadas a partir de 1º de janeiro de 2005 (Lei 11.033, de 2004, art. 1º). Nesse caso, as alíquotas são regressivas em função do período da aplicação financeira:

(i) 22,5% em aplicações com prazo de até 180 dias;

(ii) 20% em aplicações com prazo de 181 dias até 360 dias;

(iii) 17,5% em aplicações com prazo de 361 dias até 720 dias;

(iv) 15% em aplicações com prazo acima de 720 dias.

3) Ganho de capital decorrente da alienação de bens e direitos: alíquota de 15% sobre a base de cálculo que não ultrapassar R$ 5.000.000,00; 17,5% sobre a parcela dos ganhos que exceder R$ 5.000.000,00 e não ultrapassar R$ 10.000.000,00; 20% sobre a parcela dos ganhos que exceder R$ 10.000.000, e não ultrapassar R$ 30.000.000,00; e 22,5% sobre a parcela dos ganhos que ultrapassar R$ 30.000.000,00 (Lei 8.981/95, arts. 21 e 22; Lei 7.713/88, art. 18; Lei 13.259/2016, art. 1º).

Dos exemplos analisados, somente o exemplo (1) admite uma faixa de isenção; as demais faixas são tributadas a uma alíquota invariável, caracterizando tributação proporcional. No exemplo (2), tomado o mesmo período da aplicação financeira, a alíquota é invariável, para qualquer valor de base de cálculo (tributação proporcional). No exemplo (3), temos uma tabela de alíquotas progressivas, mas diferente daquela que se aplica à base de cálculo do imposto apurada ao fim do período de apuração.

Salientamos ainda que a tributação do 13° salário, que também é exclusiva na fonte, é apurada de acordo com a tabela progressiva. Neste caso, temos um exemplo de tributação exclusiva na fonte dotada de progressividade.

Apresentamos, a seguir, um gráfico comparativo, no qual se pode visualizar a curva de progressividade do imposto sobre a renda anual das pessoas físicas, frente às do imposto sobre a renda exclusivo na fonte incidente sobre os ganhos nas aplicações de renda fixa com prazo de até 180 dias e do imposto sobre os ganhos de capital na alienação de bens e direitos.

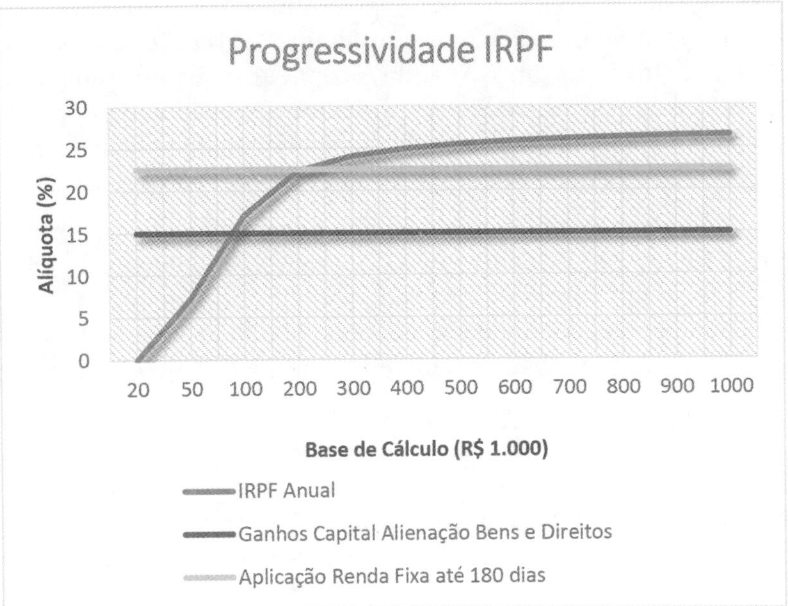

Fonte: Informações coletadas e reproduzidas pela autora com base nas Leis 13.149/2015, 13.259/2016 e 11.033/2004.

Da análise empreendida, podemos observar que a tributação exclusiva na fonte e a tributação do ganho de capital na alienação de bens e direitos, nos exemplos considerados, mantêm, via de regra, alíquotas proporcionais, independentemente da expressividade da base de cálculo (na tributação incidente sobre os ganhos de capital na alienação de bens e direitos da pessoa física, a progressividade se inicia com os ganhos superiores a R$ 5.000.000,00).

Nessas condições, a tributação exclusiva na fonte e a tributação dos ganhos de capital na alienação de bens e direitos ou não apresentam progressividade ou apresentam progressividade própria, diferente da aplicável à renda anual, ao arrepio do princípio da progressividade informado no art. 153, § 2º, inciso I, da CF/88.

De mais a mais, por força do princípio da universalidade, o direito brasileiro não admite que se segreguem partes da base de cálculo, para tributar cada parte de forma diferenciada, uma vez que somente se apurada a renda como um todo, garante-se a tributação progressiva, como determina a Constituição. Sendo assim, mesmo considerando que alguns segmentos da base de cálculo do imposto sobre a renda são sujeitos a tributação por alíquotas progressivas, podemos afirmar que esse imposto, por ter sua base de cálculo fragmentada, contrariamente ao que determina o princípio da universalidade, não garante a progressividade.

No imposto sobre a renda das pessoas jurídicas apurado ao fim de um período de apuração, existem apenas duas alíquotas, que se aplicam ao lucro real, presumido e arbitrado: 15%, aplicável à integralidade da base de cálculo, e 10%, aplicável à parcela da base de cálculo que exceder a R$ 20.000,00 por mês.

Ao aplicar as alíquotas previstas em lei a bases calculadas, o resultado é uma progressividade muito menor do que a verificada no imposto sobre a renda das pessoas físicas, quando aplicamos as alíquotas da tabela progressiva à base de cálculo apurada ao fim do período de apuração. Vejamos o exemplo dado por Paulo Ayres Barreto[427]:

Base de Cálculo	**Alíquota 15%**	**Adicional 10%**	**Total**	**Alíquota Efetiva**
1.000,00	150,00	-	150,00	15%
10.000,00	1.500,00	-	1.500,00	15%
50.000,00	7.500,00	3.000,00	10.500,00	21%
100.000,00	15.000,00	8.000,00	23.000,00	23%
1.000.000,00	150.000,00	98.000,00	248.000,00	24,8%
10.000.000,00	1.500.000,00	998.000,00	2.498.000,00	24,98%
100.000.000,00	15.000.000,00	9.998.000,00	24.998.000,00	24,99%

Fonte: *Imposto sobre a renda e preços de transferência* – Paulo Ayres Barreto.

A partir da construção da tabela acima, Paulo Ayres Barreto conclui pela inexistência de progressividade no imposto

427. BARRETO, Paulo Ayres. *Imposto sobre a renda e preços de transferência* cit., p. 96.

sobre a renda das pessoas jurídicas acima de certa faixa de renda, haja vista que, a partir da renda mensal de R$ 1.000.000,00, a diferença na alíquota é praticamente desprezível[428]. Podemos visualizar a tabela acima no seguinte gráfico de linha:

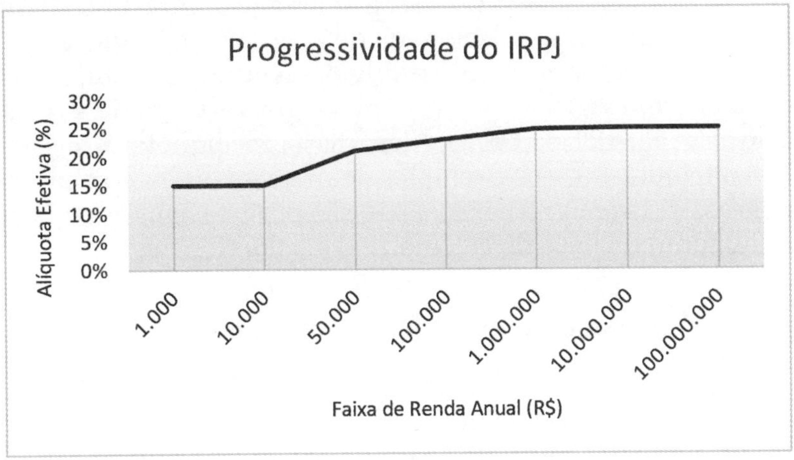

Fonte: Gráfico adaptado a partir dos dados da tabela construída por Paulo Ayres Barreto[429].

Contrariando o princípio da isonomia tributária, diferentemente do que ocorre com os ganhos de capital na alienação de bens e direitos da pessoa física, sujeitos a alíquotas definidas em uma tabela progressiva própria, no imposto sobre a renda das pessoas jurídicas tributadas pelo lucro real, presumido ou arbitrado, os ganhos de capital na alienação de bens do ativo não circulante integram o cômputo do lucro real, presumido ou arbitrado, submetendo-se, portanto, às alíquotas de 15% e adicional de 10%, se for o caso.

A tributação exclusiva na fonte para a pessoa jurídica está prevista em alguns casos, tais como nos prêmios em bens e serviços (Lei 8.981/95, art. 63, com a redação dada pela Lei 9.065/95), cuja alíquota é proporcional, de 20%, prêmios e

428. Cf. Idem.

429. Cf. Idem.

sorteios em geral, sendo que a alíquota é de 30% em qualquer caso, independentemente do valor da base de cálculo (Lei 4.506/64, art. 14; Decreto-lei 1.493/76, art. 10).

Da mesma forma que ocorre com as pessoas físicas, temos, para as pessoas jurídicas, a segregação injustificada de uma parte da renda, selecionada de acordo com a sua natureza, para submeter-se a uma tributação segundo alíquotas diferenciadas, em violação ao princípio da universalidade, previsto no art. 153, § 2º, da CF/88. Além disso, as alíquotas previstas para a tributação, nos exemplos acima, violam o princípio da progressividade, uma vez que não são progressivas em função do aumento da base de cálculo; são proporcionais.

5.2.6 Síntese das regras-matrizes do imposto sobre a renda

A partir da análise empreendida, podemos traçar mais de uma regra-matriz do imposto sobre a renda: as regras-matrizes do imposto apurado ao fim de um período de apuração, para as pessoas físicas e para as pessoas jurídicas, a regra-matriz do imposto sobre a renda exclusivo na fonte e a regra-matriz do imposto definitivo, incidente sobre os ganhos de capital na alienação de bens e direitos.

A antecipação do imposto pela fonte pagadora e as antecipações feitas pelo próprio sujeito passivo, seja ele pessoa física ou jurídica, não contam com regra-matriz autônoma. A antecipação do imposto sobre a renda é regida por normas jurídicas em sentido amplo, que instituem um dever de promover a antecipação, autorizando a retenção da importância correspondente, dos rendimentos pagos ou creditados ao beneficiário, se for o caso.

5.2.6.1 Imposto sobre a renda das pessoas físicas, apurado ao fim de um período de apuração (sujeito a antecipação)

Neste imposto, temos que a base de cálculo, por um lado, não contempla todos os rendimentos ou ganhos da pessoa física e, por outro, não admite todas as deduções constitucionais, tendo como resultado um valor parcial e distorcido de renda.

Esse valor não representa a renda da pessoa física, de acordo com o conceito constitucional, definido pelo Código Tributário Nacional. Por um lado, não contém todos os rendimentos e ganhos auferidos pela pessoa física no período considerado. Por outro, o fato de não admitir todas as deduções, ou de limitar o valor máximo dedutível de algumas delas, acarreta a tributação de importâncias correspondentes a despesas necessárias para a obtenção da renda, em ofensa ao princípio da capacidade contributiva, com potencial para violar o mínimo existencial e a dignidade da pessoa humana e promover a utilização de tributo com efeito de confisco.

Este imposto viola também o princípio da generalidade, uma vez que, ao mesmo tempo que não atinge pessoas que auferiram renda (de outras naturezas), atinge pessoas que não auferiram renda, assim entendida a renda definida pelo Código Tributário Nacional, a partir do seu conceito constitucional.

As alíquotas, estipuladas em uma tabela progressiva, não são suficientes para garantir a progressividade (mesmo que imperfeita), diante da existência de fragmentação e da segregação da base de cálculo. Por essa razão, a progressividade definida na lei ordinária para as pessoas físicas ofende o próprio princípio da progressividade e a capacidade contributiva.

Traçamos, a seguir, a regra-matriz do imposto sobre a renda anual das pessoas físicas:

Hipótese	
Critério Material	Auferir renda
Critério espacial	Qualquer lugar do mundo
Critério Temporal	Último dia do período de apuração
Consequente	
Critério Pessoal	Sujeito Ativo: União Sujeito Passivo: pessoa física
Critério Quantitativo	Base de cálculo: renda parcial aproximada Alíquotas: tabela progressiva

Este imposto pressupõe antecipação do valor do imposto a ser apurado ao fim do período, antecipação essa que não possui regra-matriz própria.

5.2.6.2 Imposto sobre a renda das pessoas jurídicas apurado ao fim de um período de apuração (sujeito a antecipação)

O imposto sobre a renda das pessoas jurídicas apurado ao cabo do período de apuração incide sobre o lucro real, presumido ou arbitrado, apurado pelas pessoas jurídicas e pelas entidades a elas equiparadas.

A base de cálculo apurada pelo lucro real, conforme definida na legislação ordinária, não contempla todas as receitas, rendimentos ou ganhos da pessoa jurídica (alguns são tributados exclusivamente na fonte – poucos, é verdade, mas a sua existência é suficiente acarretar violação ao princípio da universalidade) e pode ser ampliada em razão da inclusão de renda não disponível. Ampliam a base de cálculo outras limitações, como a imposta na compensação de prejuízos fiscais a 30% do lucro líquido ajustado do período de apuração e a inadmissão da dedução de todos os gastos necessários para que a pessoa jurídica aufira suas receitas e rendimentos. Isso acarreta, como resultado, um valor parcial e distorcido da renda, que não se compagina com o conceito constitucional, definido no Código Tributário Nacional.

O fato de a legislação não admitir determinadas deduções acarreta a tributação de importâncias correspondentes a gastos necessários para o auferimento da renda da pessoa jurídica, em ofensa ao princípio da capacidade contributiva, com potencial para violar o mínimo existencial da pessoa jurídica e promover a utilização de tributo com efeito de confisco. A impossibilidade de compensar a integralidade prejuízo fiscal de períodos de apuração anteriores acarreta a tributação de patrimônio.

Este imposto viola também o princípio da generalidade, uma vez que atinge pessoas jurídicas que não auferem renda, assim entendida a renda definida pelo Código Tributário Nacional, a partir do seu conceito constitucional.

No lucro presumido e no lucro arbitrado, sendo conhecida a receita bruta, uma das parcelas da base de cálculo é composta pelos ganhos de capital e outras receitas. Dentro dessa rubrica, como os ganhos de capital na alienação de bens e direitos do ativo não circulante – imobilizado, investimentos e intangível não podem ser compensadas as perdas da mesma natureza, pode ocorrer a tributação de patrimônio.

O fato de terem, ambos, lucro presumido e lucro arbitrado, períodos de apuração trimestrais, a nosso ver, não contraria a Constituição, tendo em vista que, no primeiro caso, trata-se de uma opção e, no segundo, uma imposição do princípio da isonomia. O fato de o período de apuração ser abreviado poder ser até mais benéfico para a pessoa jurídica, haja vista a possibilidade de apuração do lucro real ou presumido nos demais trimestres do ano civil.

Embora em grau muito menor do que para as pessoas físicas, a legislação ordinária que rege o imposto sobre a renda das pessoas jurídicas determina que parte da renda seja segregada e tributada separadamente, por meio da tributação exclusiva na fonte, em violação aos princípios da isonomia e da universalidade, tendo como consequência a afronta ao princípio da progressividade.

As alíquotas, de 15% sobre a integralidade da base de cálculo, e mais 20% sobre a parcela que exceder a R$ 20.000,00 mensais, resultam em uma progressividade pífia, comprometida ainda, em alguns casos, pela fragmentação da base de cálculo. Por essa razão, a progressividade definida na lei ordinária para as pessoas jurídicas ofende o próprio princípio da progressividade.

Traçamos, a seguir, a regra-matriz do imposto sobre a renda das pessoas jurídicas, apurado ao fim de um período de apuração:

Hipótese	
Critério Material	Auferir renda
Critério espacial	Qualquer lugar do mundo
Critério Temporal	Último dia do período de apuração
Consequente	
Critério Pessoal	Sujeito Ativo: União Sujeito Passivo: pessoa jurídica ou entidade a ela equiparada
Critério Quantitativo	Base de cálculo: lucro real, presumido ou arbitrado Alíquotas: 15% sobre a base de cálculo, mais 20% sobre a parcela da base de cálculo que exceder a R$ 20.000,00 mensais

Todas as pessoas jurídicas estão sujeitas a antecipação do imposto pela fonte pagadora das receitas ou dos rendimentos. As optantes pelo lucro real anual estão obrigadas a promover a antecipação, por estimativa, do valor do imposto apurado ao fim do período. Essas antecipações não possuem regras-matrizes autônomas.

5.2.6.3 Imposto sobre a renda exclusivo na fonte

O imposto sobre a renda exclusivo na fonte é um tributo diferente do imposto sobre a renda apurado no final do período de apuração e, por isso, possui regra-matriz própria, autônoma. Este imposto deve ser recolhido pela fonte pagadora das receitas, dos ganhos ou dos rendimentos, na condição de substituto tributário, e é definitivo.

Sua base de cálculo, via de regra, é a receita, o rendimento ou o ganho pontualmente considerado, auferido pelo substituído, pessoa física ou jurídica.

Este imposto não é, a nosso ver, inteiramente inconstitucional, como pode parecer à primeira vista. Ele pode ser admitido nos casos em que é opcional (a base de cálculo é renda presumida) ou então em algumas situações, nas quais se considera que a base de cálculo segregada, definida em lei, é uma base de cálculo arbitrada, com fulcro no art. 44 do CTN.

As situações excepcionais em que admitimos o imposto sobre a renda exclusivo na fonte são aquelas em que é impossível apurar a base de cálculo do imposto por outros meios, inclusive por meio do lucro arbitrado, em razão de o beneficiário da receita, rendimento ou ganho: (i) ser pessoa não identificada ou não identificável; (ii) ser pessoa física ou jurídica residente ou domiciliada no exterior, que não apura a renda no Brasil.

Nos casos em que se caracteriza como uma forma de tributação opcional, ou então nas hipóteses em que o beneficiário do rendimento, ganho ou receita não é identificado ou não é identificável, ou então é residente ou domiciliado no exterior, e não apura a renda no Brasil, na sua função comparativa, a base de cálculo do imposto exclusivo na fonte, tomada como renda arbitrada, confirma o critério material da regra-matriz do imposto sobre a renda. Tendo em vista a impossibilidade de apurar a totalidade da renda, a renda arbitrada, como base de cálculo do imposto exclusivo na fonte, tende a garantir os princípios da capacidade contributiva, da isonomia tributária, da generalidade, da universalidade e da progressividade. Nas demais hipóteses, não admitimos a constitucionalidade desse tributo, por violação a esses princípios.

Não se enquadrando a tributação exclusiva na fonte em uma das situações apontadas, tendo em vista que a base de cálculo do imposto exclusivo na fonte se constitui de um valor segregado, representativo rendimentos, receitas ou ganhos, ao confrontarmos a base de cálculo com o critério material "auferir renda", constatamos que a base de cálculo, na sua função comparativa, infirma o critério material de sua regra-matriz.

O imposto exclusivo na fonte é recolhido pela pessoa pagadora dos rendimentos, na condição de substituto tributário e aplica-se somente aos rendimentos pagos no território nacional.

No imposto sobre a renda exclusivo na fonte, o critério temporal ocorre no instante em que o rendimento ou ganho é pago ou creditado, qualquer que seja esse dia, que não é necessariamente o último dia do período de apuração.

Traçamos, a seguir, a regra-matriz do imposto sobre a renda exclusivo na fonte:

Hipótese	
Critério Material	Auferir renda
Critério Espacial	Qualquer lugar do território nacional.
Critério Temporal	Data do pagamento ou crédito, ou outra data, definida em lei.
Consequente	
Critério Pessoal	Sujeito Ativo: União Sujeito Passivo: substituto tributário
Critério Quantitativo	Base de cálculo: rendimento, receita ou ganho Alíquota: estipulada em lei, de acordo com a natureza do rendimento ou ganho

Via de regra, neste imposto, as alíquotas são proporcionais e específicas para cada natureza de receita, rendimento ou ganho auferido, conforme estipulado na lei ordinária. Nas hipóteses em que não é uma opção e naquelas em que não se verifica excepcionalidade que a justifique, este imposto afronta o princípio da isonomia e os princípios informadores do imposto sobre a renda.

5.2.6.4 Imposto sobre a renda definitivo incidente sobre os ganhos de capital na alienação de bens e direitos de qualquer natureza

Assim como o imposto exclusivo na fonte, o imposto sobre a renda incidente sobre os ganhos de capital na alienação de bens e direitos de qualquer natureza é um tributo diferente do imposto sobre a renda apurado no final do período de apuração. Possui, igualmente, regra-matriz própria.

Conforme vimos, ao tratar do conceito constitucional de renda e da sua definição, pelo Código Tributário Nacional, entendemos não existir vedação à tributação, como renda, daquela decorrente dos ganhos de capital na alienação de bens e direitos de qualquer natureza. Todavia, por força dos princípios da isonomia, da generalidade, da universalidade e da progressividade, esses ganhos devem integrar a base de cálculo do imposto, e esta deve ser a renda integral, assim entendida como o acréscimo patrimonial apurado ao cabo de um período de tempo, em uma equação que leva em conta um fluxo de certos ingressos e certas saídas.

Assim como o imposto sobre a renda exclusivo na fonte, o imposto definitivo, incidente sobre os ganhos de capital na alienação de bens e direitos não é, a nosso ver, inteiramente inconstitucional, como pode parecer à primeira vista. Ele pode ser admitido em algumas situações, nas quais considera-se que a base de cálculo definida em lei é presumida ou arbitrada, com fulcro no art. 44 do CTN.

Só admitimos esta forma de tributação definitiva da renda nas hipóteses em que é opcional (a base de cálculo é renda presumida) ou nas hipóteses em que é impossível apurar a totalidade da renda, ao cabo de um período de apuração, em razão de o beneficiário do ganho ser pessoa física ou jurídica residente ou domiciliada no exterior, que não apura a renda no Brasil. Nesta modalidade de tributação, nos casos em que o beneficiário não é identificado ou identificável, o sujeito passivo será um responsável, nos termos do Código Tributário Nacional.

Nas hipóteses em que o beneficiário é residente ou domiciliado no exterior, na sua função comparativa, a base de cálculo do imposto definitivo incidente sobre os ganhos de capital na alienação de bens e direitos, tomada como renda arbitrada, em valor igual ao ganho auferido na operação, confirma o critério material. Tendo em vista a impossibilidade de apurar a totalidade da renda, a renda arbitrada como base de cálculo do imposto definitivo tende a garantir os princípios da capacidade contributiva, da isonomia tributária, da generalidade e da universalidade e da justiça fiscal.

Pelas mesmas razões apontadas no item anterior, quando discorremos sobre a tributação exclusiva na fonte, não é possível a apuração da renda dessas pessoas, o que justifica o arbitramento da base de cálculo, com base no art. 44 do CTN. Por esse motivo, admitimos a tributação segregada dos ganhos de capital na alienação de bens e direitos nessas situações excepcionais.

Nas demais hipóteses, não admitimos a constitucionalidade desse tributo, em razão de violar os princípios informadores do imposto sobre a renda, a capacidade contributiva, a isonomia tributária e a vedação à utilização de tributo com efeito de confisco.

Todavia, mesmo nas situações em que a apuração da base de cálculo do imposto é possível, escolheu o nosso legislador ordinário tributar esses ganhos separadamente, para as pessoas físicas (e para as microempresas e empresas de pequeno porte, optantes pelo Simples Nacional), ao arrepio do princípio da universalidade, informador do imposto sobre a renda, e ignorando as deduções asseguradas na Constituição, que garantem o mínimo existencial.

Além disso, contrariando os princípios da capacidade contributiva e da vedação à utilização de tributo com efeito de confisco, o legislador ordinário estipulou que, para as pessoas físicas, os ganhos de capital na alienação de bens e direitos devem ser tributados individualmente, a cada operação. Com isso, havendo várias operações desse tipo, em um período, sendo que só uma delas gere ganho e as demais gerem perda, mesmo assim o tributo é devido sobre o ganho auferido.

Vale lembrar que, para as pessoas jurídicas tributadas pelo lucro real, os ganhos de capital, na alienação de bens do ativo não circulante, compõem a base de cálculo do imposto apurado ao fim do período de apuração, sendo que as perdas podem ser compensadas com os ganhos da mesma natureza, nos períodos de apuração subsequentes (mantida a "trava" de 30% do lucro real). Para as pessoas jurídicas tributadas pelo lucro presumido e pelo lucro arbitrado, os ganhos de capital na alienação de bens e direitos do ativo não circulante também compõem a base de cálculo apurada ao fim do período de apuração, mas são apurados individualmente, não podendo a perda na alienação de um bem ser compensada com o ganho obtido em outra operação de mesma natureza.

Como se constata, o tratamento não é isonômico. Para a pessoa jurídica tributada pelo lucro real, mesmo levando em conta a "trava" dos 30%", as perdas de capital na alienação de bens e direitos do ativo não circulante podem ser compensadas com ganhos da mesma natureza, o que não é concedido às pessoas físicas e às demais pessoas jurídicas.

Ao tratar do imposto definitivo, incidente sobre os ganhos de capital na alienação de bens e direitos, a lei ordinária a ele se refere como "imposto sobre a renda" e, por essa razão, definimos seu critério material como "auferir renda".

Todavia, apesar de a lei ordinária a ele aludir como "imposto sobre a renda", temos que a própria lei ordinária estipula, como base de cálculo, grandeza diversa da grandeza por nós definida como "renda", a partir do texto constitucional. Essa medida só é aceitável, como vimos, nas hipóteses em que se caracteriza como presunção ou arbitramento da base de cálculo, para as pessoas físicas e jurídicas, em situações excepcionais, nas quais é impossível apurar a totalidade da renda.

Não se enquadrando a tributação definitiva dos ganhos de capital na alienação de bens e direitos em uma das situações excepcionais apontadas, tendo em vista que a base de cálculo do imposto se constitui de "ganhos de capital", ao confrontarmos a base de cálculo definida em lei ordinária com o critério material "auferir renda", podemos constatar que a base de cálculo, em sua função comparativa, infirma o critério material.

O critério espacial do imposto definitivo sobre os ganhos de capital na alienação de bens e direitos é qualquer lugar do mundo, para as pessoas físicas residentes no País e para as microempresas ou empresas de pequeno porte optantes pelo Simples Nacional, eis que atinge operações dessa natureza realizadas por essas pessoas, dentro ou fora do território nacional. Para as pessoas físicas e jurídicas residentes ou domiciliadas no exterior, o critério espacial é qualquer lugar do território nacional.

O critério temporal é o instante em que o ganho é recebido pelo beneficiário, qualquer que seja esse dia, conforme definido em lei. Como consequência, a contagem do prazo decadencial deste imposto é igual à do imposto sobre a renda exclusivo na fonte, e difere daquela do imposto sobre a renda apurado ao fim de um período de apuração.

A base de cálculo é, em regra, o ganho auferido na operação individual, independentemente de haver perdas em outras operações. Nos casos em que não há a presunção ou o arbitramento da base de cálculo, nas hipóteses anteriormente apontadas, fica caracterizada a violação dos princípios informadores do imposto sobre a renda e dos princípios da capacidade contributiva e da vedação da utilização de tributo com efeito de confisco.

Neste imposto, as alíquotas seguem uma tabela progressiva própria, mas, para os ganhos de até R$ 5.000.000,00 por operação, a alíquota é proporcional, de 15%, em afronta à progressividade.

Traçamos, a seguir, a regra-matriz do imposto sobre a renda incidente sobre os ganhos de capital na alienação de bens e direitos:

Hipótese	
Critério Material	Auferir renda
Critério Espacial	Qualquer lugar do mundo para as pessoas físicas residentes no País e para as microempresas e empresas de pequeno porte optantes pelo Simples Nacional; território nacional, para as pessoas físicas e jurídicas residentes ou domiciliadas no exterior
Critério Temporal	Data do pagamento ou crédito, definida em lei
Consequente	
Critério Pessoal	Sujeito Ativo: União Sujeito Passivo: pessoa física, microempresa ou empresa de pequeno porte optante pelo Simples Nacional, pessoa jurídica domiciliada no exterior
Critério Quantitativo	Base de cálculo: valor do ganho Alíquota: tabela progressiva própria

Tendo em vista segregar parte da base de cálculo do imposto sobre a renda e gravá-la de forma diferenciada, nas hipóteses que não se caracterizam como excepcionais, restam violados os princípios informadores do imposto sobre a renda, da generalidade, universalidade e progressividade. Da generalidade, porque pessoas que não auferem renda podem ser tributadas pelo imposto sobre a renda. Da universalidade, porque fragmentada a base de cálculo. Da progressividade porque, devido à fragmentação da base de cálculo, fica impossível apurar a renda efetivamente auferida e aplicar a alíquota correspondente, conforme a faixa de renda tributável.

SÍNTESE CONCLUSIVA

1. Integram o sistema jurídico: o sistema do direito positivo e o sistema da Ciência do Direito. O direito positivo é um sistema normativo, em cujo interior as normas jurídicas se organizam de forma hierárquica. A porção superior é ocupada pela Constituição, um sistema normativo parcial no qual se encontram as normas de mais alto nível na escala normativa. É onde se encontram as normas que regulam a produção das demais normas jurídicas do ordenamento e também onde estão positivados os valores mais relevantes para a sociedade, que orientam a produção, a interpretação e a aplicação das normas de menor hierarquia. A Ciência do Direito é sistema descritivo, que descreve, criticamente, o direito positivo.

2. As normas constitucionais encontram-se no topo do sistema positivo. Todas as demais normas dela derivam tanto no seu aspecto formal quanto material. É inconstitucional a norma que estiver em desacordo com o procedimento previsto na Lei Maior para a sua produção, assim como será igualmente contrária à Constituição a norma cujo conteúdo semântico violar aqueles postos na Carta Magna.

3. As normas jurídicas são construções intelectuais do intérprete, juízos normativos obtidos com a interpretação dos enunciados postos pelo legislador. Os textos escritos constituem somente seu suporte físico: as normas jurídicas são produto do intelecto.

4. O sistema constitucional tributário brasileiro é rígido, extenso e complexo. Ao partilhar os impostos entre as pessoas políticas, a Constituição discriminou as competências de acordo com um critério material. Os entes políticos, ao atuar na criação de impostos, não podem extrapolar as materialidades estipuladas nem violar as demais garantias constitucionais. Na instituição de impostos, a utilização, pelo legislador ordinário, de materialidade outra que não aquela a ele estritamente destinada pela Carta da República, pressupõe ou a invasão de competência tributária destinada a outro ente político ou a tributação de materialidade não prevista na Constituição.

5. De acordo com o princípio da isonomia tributária, o imposto será isonômico quando todos aqueles que praticam o seu fato tributário contribuem para os gastos públicos, visando ao bem comum, de acordo com a grandeza da capacidade econômica que tal fato revela.

6. Para atender ao princípio da capacidade contributiva, o legislador ordinário deve escolher, em hipótese, ocorrências que revelem uma riqueza passível de mensuração, e essa mensuração deve ser efetivamente representada pela base de cálculo escolhida. O sujeito eleito para suportar o ônus do tributo deve ser aquele que pratica o fato previsto, em hipótese, na lei, fato esse que não pode ser presumido nem pode ser um fato futuro.

7. O princípio da vedação à utilização de tributo com efeito de confisco indica que a tributação não pode ultrapassar a capacidade contributiva. Resvala para o confisco um imposto que grava valores que extrapolam a base de cálculo representativa da materialidade a ele destinada pela Constituição.

8. O constituinte de 1988 positivou os critérios da generalidade, da universalidade e da progressividade como princípios informadores do imposto sobre a renda, que a União, deve respeitar ao produzir a lei que instituir ou majorar o imposto sobre a renda. Estes princípios, implicando-se mutuamente, visam a garantir a isonomia tributária, a capacidade contributiva e a vedação à utilização de tributo com efeito de confisco, voltando-se, por fim, ao cumprimento da justiça fiscal.

9. Determinando que todas as pessoas que auferem renda estão sujeitas ao imposto sobre a renda, a generalidade tem por objetivo assegurar que todos aqueles que se encontram em situação equivalente devem receber o mesmo tratamento tributário. Garante também que aqueles que não auferem renda, por se encontrarem em situação jurídica diversa, não devem ser tributados pelo imposto sobre a renda.

10. Segundo o princípio da universalidade, o imposto deve incidir isonomicamente sobre todas as espécies de renda, qualquer que seja a sua origem ou natureza, segundo os mesmos critérios. Esse princípio veda a segregação da base de cálculo e a submissão de rendas de diferentes naturezas a tributação aplicada mediante critérios distintos.

11. A progressividade é a característica que um tributo tem de incidir, com maior alíquota, à medida que a sua base de cálculo aumenta. O princípio da progressividade relaciona-se com o princípio da universalidade na medida em que, para a progressividade ser efetiva, a alíquota deve ser determinada frente à totalidade da base de cálculo.

12. O art. 153, inciso III, da Constituição, ao estabelecer a materialidade para o imposto de competência da União, já permite que se entenda existente um conceito constitucional de "renda e proventos de qualquer natureza". A lei instituidora do imposto deve circunscrever seu alcance àquele que a Constituição estabelece.

13. Renda é resultado positivo, obtido a partir de uma equação complexa, na qual deve ser computado um fluxo de riquezas, em que alguns ingressos devem ser acrescentados ao patrimônio e alguns dispêndios devem ser dele subtraídos, considerado um período de tempo. A expressão "proventos de qualquer natureza" quer dizer que estes, assim como a "renda", têm caráter dinâmico, significando que deve ser feito, em um período de tempo, o confronto de certos ingressos patrimoniais com certos dispêndios. Os dispêndios mínimos são os destinados à sobrevivência digna da pessoa física e de sua família e os destinados ao regular funcionamento e à reposição do capital da pessoa jurídica.

14. O Código Tributário Nacional, no art. 43, define renda e proventos de qualquer natureza. Renda é riqueza nova obtida a partir do capital, do trabalho ou da combinação de capital e de trabalho. Proventos de qualquer natureza têm a mesma índole da renda, e constituem riqueza nova obtida a partir de outros meios que não sejam o capital, o trabalho e a sua combinação. Renda é riqueza nova produzida pelo trabalho, pelo capital, ou pela sua combinação. Proventos de qualquer natureza constituem riqueza nova produzida por outra fonte, regular ou eventual.

15. Rendimentos, receitas e ganhos, bem como elementos com outras designações, mas com a mesma índole, não são renda; apenas representam as importâncias que devem ser consideradas como entradas, para o cômputo da renda e dos proventos de qualquer natureza. São os ingressos patrimoniais que têm vocação para integrar a renda e os proventos de qualquer natureza e, portanto, aptos a integrar o polo positivo da equação que, ao fim de um período, apurará a existência ou não de renda e proventos tributáveis.

16. Renda e proventos tributáveis constituem o excedente apurado ao final de um período de tempo, em que, em um patrimônio, consideram-se os ingressos, representados por rendimentos, ganhos e receitas, e as saídas, que são os recursos necessários, empregados para a produção e a manutenção da renda.

17. Para a apuração da renda tributável, das pessoas físicas e jurídicas, as despesas mínimas obrigatórias a serem previstas em lei para serem deduzidas dos ingressos devem corresponder ao denominado "mínimo existencial".

18. A renda tributável é apurada ao final de um período de tempo, instante no qual se verifica se existe ou não renda disponível e, por consequência, se existe capacidade contributiva para o imposto sobre a renda. Não há disponibilidade de renda antes do fim do período de apuração.

19. Uma vez acontecido o evento "saldo positivo", no final do período de apuração, ocorre a disponibilidade econômica

da renda. Essa disponibilidade só se tornará jurídica no momento em que, reportando-se ao evento, o resultado positivo apurado for inserido, como um fato jurídico, relatado no antecedente de uma norma individual e concreta decorrente da regra-matriz de incidência do imposto sobre a renda.

20. O período para o cômputo da renda, tanto no imposto sobre a renda das pessoas físicas quanto no imposto sobre a renda das pessoas jurídicas, deve ser de um ano, por ser mais justo para o contribuinte e adequado para a organização financeira do Estado, mas um prazo maior ou menor pode ser fixado pelo legislador ordinário federal sem que haja automática violação à Carta Constitucional. Caso o legislador ordinário pretenda instituir prazo inferior a um ano, deve fazê-lo sempre em consonância com os princípios constitucionais.

21. Para estudo da norma instituidora do imposto sobre a renda, adotamos o esquema normativo da regra-matriz de incidência tributária, que se compõe de: uma hipótese e um consequente, ligados por um vínculo implicacional, um "dever ser" neutro, significando que, uma vez ocorrida a hipótese, "deve ser" o consequente. Preenchida com os conteúdos semânticos obtidos a partir da interpretação dos textos normativos, a regra-matriz de incidência tributária prescreve a incidência de um tributo, configurando uma norma tributária em sentido estrito.

22. É nas disposições da lei ordinária, produzida pelo Poder Legislativo federal, que encontramos os enunciados definidores dos critérios da regra-matriz de incidência do imposto sobre a renda.

23. Por meio dos critérios material, espacial e temporal, a hipótese descreve, abstratamente, um fato de possível ocorrência. Por meio dos critérios pessoal e quantitativo, o consequente estipula os efeitos jurídicos que devem se implementar, uma vez ocorrido o fato descrito na hipótese.

24. O critério material, composto de "verbo + complemento", é o núcleo da hipótese tributária, condicionado pelos

critérios espacial e temporal. Serve o critério espacial para determinar as condições de lugar onde poderá acontecer o evento que, uma vez ocorrido, resultará na imposição tributária. O critério espacial indica o local em que o fato deve ocorrer.

25. Normativamente vinculado à hipótese, o consequente da regra-matriz de incidência tributária, com função de prescritor, prescreve uma relação jurídica, entre um sujeito ativo e um sujeito passivo, em torno de um objeto, que é a prestação tributária. Os sujeitos ativo e passivo são aqueles que se acham atrelados em função do objeto da relação jurídica tributária, que é a prestação pecuniária. O sujeito ativo é o titular do direito subjetivo de exigir do sujeito passivo a prestação pecuniária na qual se consubstancia o tributo; sujeito passivo é o sujeito obrigado a cumprir a obrigação tributária perante o sujeito ativo. O critério quantitativo congrega os elementos definidores da quantia devida, a título de tributo: base de cálculo e alíquota. Base de cálculo é a medida do fato tributário descrito na hipótese, sobre a qual incide a alíquota. A alíquota representa a fração da base de cálculo que deve ser entregue aos cofres públicos, a título de tributo.

26. Na função comparativa, a base de cálculo confirma, infirma ou afirma o verdadeiro critério material descrito no antecedente da regra-matriz de incidência tributária. Evidenciado um descompasso entre o critério material da regra-matriz e a base de cálculo eleita pelo legislador, podemos estar frente a uma inconstitucionalidade.

27. Na estrutura do imposto sobre a renda das pessoas físicas e jurídicas, temos: (i) imposto apurado ao fim do período de apuração, (ii) tributação exclusiva na fonte e (iii) tributação definitiva dos ganhos de capital auferidos na alienação de bens e direitos. O imposto apurado ao fim do período de apuração (i) está sujeito a antecipações, que são feitas pela fonte pagadora dos rendimentos (que retém, dos rendimentos pagos ao beneficiário, o valor da antecipação e promove o seu recolhimento aos cofres públicos), pela própria pessoa física ("carnê-leão") e também pela própria pessoa jurídica

(recolhimento antecipado por estimativa, para as pessoas jurídicas optantes pelo lucro real anual).

28. A antecipação do imposto sobre a renda, denominada "tributação do imposto sobre a renda na fonte", prevista pelo constituinte originário, só é admitida: (i) tendo em vista o interesse público, para o cumprimento de fins constitucionais; (ii) na forma de antecipação do imposto devido apurado ao final do período de apuração; e (iii) com a garantia de compensação do valor antecipado com o do tributo apurado no final do período de apuração, ou a restituição da importância antecipada, caso tenha sido feita em valor superior ao do imposto devido.

29. Na antecipação do imposto na fonte, tanto para as pessoas físicas como para as pessoas jurídicas, existem duas normas jurídicas em sentido amplo. A primeira determina que a fonte pagadora do rendimento fica obrigada a recolher aos cofres públicos uma parte do valor do rendimento pago ou creditado ao beneficiário. Seu antecedente é "pagar rendimento sujeito a antecipação na fonte"; seu consequente é "recolher aos cofres públicos" a importância correspondente à antecipação. A segunda norma em sentido amplo permite a retenção da importância correspondente do beneficiário do rendimento. Tem como hipótese "pagar rendimento sujeito a antecipação na fonte" e, como consequência, a permissão para reter, do beneficiário do rendimento, o montante que cabe, à fonte pagadora, recolher aos cofres públicos, a título de antecipação.

30. A antecipação na forma de "carnê leão" é aquela na qual a pessoa física promove o recolhimento antecipado, nos casos em que aufere rendimentos de outras pessoas físicas ou de fontes situadas no exterior e confere tratamento isonômico a pessoas em situação equivalente: tanto aquelas que auferem rendimento do trabalho assalariado e da prestação de serviços, pagos por pessoas jurídicas, como as que auferem rendimentos da mesma natureza, pagos por pessoa física ou por fonte situada no exterior, devem antecipar o imposto sobre a renda. Neste caso, há somente uma norma de antecipação, que tem, como antecedente, "auferir rendimentos de pessoa

física ou de fonte situada no exterior" e, como consequente, "antecipar o imposto sobre a renda".

31. Para as pessoas jurídicas optantes pelo lucro real anual, o dever de antecipar, mensalmente, o imposto sobre a renda decorre de uma norma jurídica em sentido amplo, que tem, como antecedente: "auferir receita bruta mensal" ou "auferir lucro ajustado apurado em balanço ou balancete de redução", e, como consequente, "antecipar o imposto sobre a renda",

32. No imposto na fonte representativo de antecipação e na antecipação feita pela própria pessoa física ou jurídica, o sujeito que promove o recolhimento da antecipação do imposto é sujeito passivo de uma norma jurídica em sentido amplo. É sujeito passivo de um dever instrumental, e não de uma obrigação tributária.

33. As antecipações devidas pelas pessoas físicas e jurídicas, tanto por meio de retenção na fonte, quanto por meio das antecipações pela própria pessoa física ou jurídica, não possuem regras-matrizes autônomas.

34. O critério material da regra-matriz do imposto sobre a renda, apurado ao fim de um período de apuração, é "auferir renda". Seu critério espacial é qualquer lugar do mundo. O critério temporal é o último dia do período de apuração. O sujeito ativo é a União, titular do direito subjetivo de exigir do sujeito passivo a prestação pecuniária na qual se consubstancia o tributo. O sujeito passivo do imposto sobre a renda das pessoas físicas, apurado ao final do período de apuração, é a pessoa física titular da renda, tal como definida na lei ordinária. O sujeito passivo do imposto sobre a renda das pessoas jurídicas, apurado ao fim do período de apuração, é a pessoa jurídica ou entidade a ela equiparada. A base de cálculo é a renda apurada ao fim do período de apuração, segundo a lei ordinária, que representa parte (distorcida) da renda total; as alíquotas estão previstas em tabelas progressivas. O imposto sobre a renda das pessoas físicas e o imposto sobre a renda das pessoas jurídicas, apurados ao final de um período de

apuração, possuem características próprias, razão pela qual traçamos uma regra-matriz para o imposto sobre a renda anual das pessoas físicas e uma regra-matriz para o imposto sobre a renda das pessoas jurídicas tributadas pelo lucro real, presumido ou arbitrado.

35. O imposto sobre a renda exclusivo na fonte e o imposto sobre a renda definitivo incidente sobre os ganhos de capital auferidos na alienação de bens e direitos possuem regras-matrizes próprias, autônomas.

36. Na regra-matriz de incidência do imposto sobre a renda exclusivo na fonte temos, como critério material, "auferir renda". Seu critério espacial é o território nacional. Seu critério temporal é a data do pagamento ou crédito do rendimento. O sujeito ativo é a União e o sujeito passivo, um substituto tributário, definido em lei ordinária, como aquele que paga ou credita o rendimento ou ganho. A base de cálculo, que é segregada e não integra a base de cálculo do imposto apurado ao fim do período de apuração, consiste no valor do rendimento ou ganho, com algumas ou nenhuma dedução. As alíquotas, determinadas em lei ordinária, podem ser progressivas ou proporcionais. A tributação exclusiva na fonte incide de forma definitiva, sem possibilidade de o valor ser compensado com o imposto apurado ao fim do período de apuração.

37. Na regra-matriz de incidência do imposto definitivo sobre os ganhos de capital na alienação de bens e direitos, temos como critério material "auferir renda". Seu critério espacial é qualquer lugar do mundo, para os residentes e domiciliados no País, e qualquer lugar do território nacional, para os residentes e domiciliados no exterior. Seu critério temporal é a data do recebimento ou crédito do ganho. O sujeito ativo é a União, o sujeito passivo, as pessoas físicas, as microempresas e empresas de pequeno porte optantes pelo Simples Nacional, instituído pela Lei Complementar 123/2006, e as pessoas jurídicas domiciliadas no exterior. É a própria pessoa física ou jurídica quem promove o recolhimento antecipado e definitivo do imposto.

38. A tributação exclusiva na fonte e a tributação definitiva dos ganhos de capital na alienação de bens e direitos preveem base de cálculo que não é representativa de renda. São bases de cálculo próprias, específicas, segregadas.

39. Com fulcro no art. 44 do CTN, o legislador ordinário pode prever que a base de cálculo seja o montante real, presumido ou arbitrado da renda ou dos proventos tributáveis. Para que a base de cálculo segregada não viole o princípio da isonomia tributária e os princípios informadores do imposto sobre a renda, ela só pode ser aplicada quando for presumida ou arbitrada.

40. Caracteriza-se a base de cálculo presumida quando for uma opção e arbitrada quando for medida excepcional. Por ser medida excepcional, o arbitramento da base de cálculo só pode ser aplicado nas seguintes circunstâncias: (i) consiste na única alternativa para que o Estado possa promover a tributação, nos casos em que o contribuinte (i.a) impossibilita que a base de cálculo seja conhecida, por ter deixado de cumprir os deveres instrumentais a que estava obrigado, ou (i.b) é residente ou domiciliado no exterior e não apura a renda no Brasil, ao cabo do período de apuração, ou (i.c) não é identificado ou não é identificável.

41. Em decorrência dos princípios informadores do imposto sobre a renda, a não ser por opção do sujeito passivo ou nas situações excepcionais em que é impossível apurar a renda ao fim de um período de apuração, a renda deve ser considerada como um todo; não pode ser segregada, nem fragmentada, nem classificada em função de sua natureza, com o intuito de ser tributada de forma diferenciada, não importando se em maior ou menor intensidade, uma vez que essa medida fere a isonomia tributária.

42. A substituição tributária, no imposto sobre a renda, autorizada pelo Código Tributário Nacional, se não for opcional, deve-se limitar a situações excepcionais, nas quais o beneficiário econômico da renda não é identificado ou não é identificável, ou é pessoa física ou jurídica residente ou domiciliada no exterior, que não apura a renda no Brasil ao cabo de um período de apuração.

43. A renda, como base de cálculo do imposto de mesmo nome, cujo critério material é "auferir renda", é o que caracteriza esse tributo como "imposto sobre a renda". Para termos, efetivamente, imposto sobre a renda, sua base de cálculo deve refletir a renda tributável que expressa riqueza nova, acréscimo patrimonial obtido pelo titular, durante um período considerado, a partir do confronto entre certas entradas patrimoniais, que são os rendimentos, ganhos e receitas, e certas saídas, que são os dispêndios necessários para a sua produção.

44. Na base de cálculo do imposto sobre a renda anual das pessoas físicas, computam-se alguns rendimentos auferidos, dos quais podem ser feitas algumas deduções, correspondentes a alguns dispêndios necessários à sua produção. O resultado da equação, a base de cálculo do imposto anual, é maior do que a renda oriunda dos rendimentos que a compõem. É parcial, segregada e distorcida: por um lado, não é integrada por todos os rendimentos, receitas e ganhos e, por outro, deixa de admitir deduções representativas de despesas necessárias à sobrevivência digna da pessoa física e de sua família, importâncias essas que não caracterizam renda. Desafia o princípio da generalidade porque, ao segregar a renda a ser tributada anualmente, só alcança aqueles que auferem rendas de determinadas naturezas. Viola o princípio da universalidade porque segrega a renda a ser tributada anualmente, deixando de fora dessa tributação outras rendas, que são tributadas de forma diversa. Como consequência, viola o princípio da progressividade, eis que a base de cálculo sujeita a essa tributação é uma base de cálculo parcial.

45. A denominada "tabela progressiva" não é devidamente atualizada, de modo a refletir toda a perda de valor da moeda representada pela inflação. A omissão na atualização dos valores das tabelas progressivas acarreta aumento do tributo sem respaldo em lei, em afronta ao princípio da legalidade e a sua atualização, por índices menores que os devidos, faz com que a tributação alcance rendas cada vez mais baixas, ao arrepio dos princípios da capacidade contributiva e da vedação à utilização de tributo com efeito de confisco.

46. No lucro real da pessoa jurídica computam-se, com poucas exceções, todos os rendimentos, receitas e ganhos. Existe fragmentação da renda representada pela segregação de alguns rendimentos, tributados exclusivamente na fonte; alargamento do conceito constitucional de renda, em razão da possibilidade de inclusão de renda indisponível e das limitações legais previstas para as deduções e para a compensação de prejuízos fiscais de períodos anteriores, entre outras.

47. O lucro presumido, forma opcional de apuração da base de cálculo do imposto sobre a renda das pessoas jurídicas, consistente na somatória: (i) do lucro da atividade; (ii) dos ganhos de capital, rendimentos e ganhos líquidos auferidos em aplicações financeiras; e (iii) das demais receitas e os resultados positivos decorrentes de outras receitas que não se classificam como receita bruta da atividade.

48. O lucro arbitrado é uma terceira forma, excepcional, de apuração da base de cálculo do imposto sobre a renda das pessoas jurídicas, com alcance limitado, cabível quando, por ação ou por omissão da própria pessoa jurídica, torna-se impossível apurar o lucro real ou o lucro presumido.

49. Conhecida a receita bruta, o lucro arbitrado é a somatória das parcelas: (i) lucro da atividade; (ii) ganhos de capital, rendimentos e ganhos líquidos auferidos em aplicações financeiras; e (iii) demais receitas e os resultados positivos decorrentes de outras receitas que não se classificam como receita bruta da atividade. Desconhecida a receita bruta, apura-se o lucro arbitrado segundo alternativas de cálculo previstas na lei ordinária.

50. O lucro arbitrado, considerado como única alternativa para apurar a base de cálculo do imposto sobre a renda, considerada como uma forma excepcional de apuração, não viola, por si só, nem o conceito constitucional de renda nem os princípios da capacidade contributiva e da vedação à utilização de tributo com efeito de confisco. Garante a isonomia tributária, na medida em que possibilita a tributação que seria

impossível, caso não houvesse essa previsão legal, assegurando a aplicação do princípio da generalidade do imposto sobre a renda.

51. A existência de tributação exclusiva na fonte torna, tanto o lucro presumido como o lucro arbitrado, bases de cálculo parciais do imposto sobre a renda das pessoas jurídicas, em afronta aos princípios informadores do imposto sobre a renda.

52. No esquema da regra-matriz de incidência do imposto sobre a renda, apurado ao cabo de um período de apuração, pelas pessoas físicas e pelas pessoas jurídicas, confrontamos o seu critério material, "auferir renda", com a sua base de cálculo, e constatamos que eles não se coadunam. A base de cálculo do imposto sobre a renda apurada ao fim de um período de apuração é renda parcial, segregada e distorcida, e, na sua função comparativa, infirma o seu critério material.

53. A fim de garantir os princípios da generalidade, da universalidade e da progressividade, e para assegurar a isonomia tributária e a capacidade contributiva, admitimos a constitucionalidade da tributação em separado de rendas de certas naturezas, unicamente nos casos em que essa tributação for opcional ou nas hipóteses em que for utilizada para situações excepcionais, nas quais seja impossível apurar a renda global, base de cálculo do imposto.

54. O imposto sobre a renda no Brasil afronta o princípio da isonomia tributária, na medida em que: (i) a tributação na fonte sobre rendimentos de aplicações financeiras é exclusiva na fonte para as pessoas físicas, mas não para as pessoas jurídicas tributadas pelo lucro real, presumido e arbitrado, para as quais os mesmos rendimentos integram base de cálculo apurada ao fim do período de apuração; (ii) para as pessoas jurídicas tributadas pelo lucro real, presumido ou arbitrado, o ganho de capital na alienação de bens do ativo não circulante integra o cômputo da base de cálculo, ao fim do período de apuração. Para a pessoa física que apura a renda anual, os ganhos auferidos na alienação de bens e direitos são tributados

separadamente, submetendo-se tributação segundo a alíquotas distintas; (iii) para as pessoas jurídicas optantes pelo lucro real, os prejuízos decorrentes da alienação de bens e direitos do ativo não circulante podem ser compensados, nos períodos subsequentes, com os lucros de mesma natureza, observado o limite de 30% do lucro tributável. No lucro presumido e arbitrado, os ganhos de capital na alienação de bens e direitos do ativo não circulante integram a base de cálculo do imposto, ao final do período de apuração, mas são apurados, em regra, individualmente, por operação. As perdas de capital na alienação de bens e direitos das pessoas físicas e das pessoas jurídicas tributadas com base no lucro presumido e arbitrado, em geral, não podem ser compensadas nem mesmo com os ganhos em operações da mesma natureza.

55. Existem alíquotas progressivas no imposto sobre a renda anual da pessoa física e no imposto sobre a renda das pessoas jurídicas tributadas pelo lucro real, presumido e arbitrado. Para as pessoas físicas, a progressividade é mais acentuada em faixas de renda mais baixas; nas faixas de renda muito alta, o imposto sobre a renda anual praticamente não é progressivo. Para o imposto sobre a renda das pessoas jurídicas apurado ao fim de um período de apuração, existem apenas duas alíquotas, que resultam em uma progressividade insignificante. O fato de haver tributação segmentada da renda compromete a progressividade existente para o imposto anual das pessoas físicas e das pessoas jurídicas tributadas pelo lucro real, presumido ou arbitrado e acarreta violação aos seus demais princípios informadores.

56. Os rendimentos sujeitos à tributação exclusiva na fonte se submetem, em regra, a alíquotas proporcionais, desafiando o princípio da progressividade. Os ganhos de capital na alienação de bens e direitos, sujeitos à tributação definitiva, submetem-se a alíquotas especificadas em uma tabela progressiva própria. O imposto sobre a renda, por ter sua base de cálculo fragmentada, ao arrepio do princípio da universalidade, desafia a progressividade e a generalidade.

57. Para garantir a capacidade contributiva e a isonomia tributária, admitimos a tributação exclusiva na fonte e a tributação definitiva dos ganhos de capital na alienação de bens e direitos do contribuinte, pessoa física ou jurídica residente ou domiciliada no exterior, ou que não é identificada ou identificável.

58. Atende aos critérios constitucionais o imposto sobre a renda exclusivo na fonte, nos casos em que constitui uma opção ou quando é aplicado a receita ou rendimento pago ou creditado a beneficiário não identificado, não identificável, ou residente ou domiciliado no exterior, casos em que é impossível apurar a sua renda global. Nos demais casos, por ter base de cálculo parcial, segregada e distorcida, que não representa a renda, a tributação exclusiva na fonte afronta os princípios da generalidade, da universalidade e da progressividade, da isonomia tributária, da capacidade contributiva, da vedação à utilização de tributo com efeito de confisco.

59. Atende aos critérios constitucionais o imposto definitivo sobre os ganhos de capital na alienação de bens e direitos, quando é aplicado às pessoas físicas e jurídicas residentes ou domiciliadas no exterior, eis que não apuram renda no Brasil, ao final do período de apuração. Para as pessoas físicas domiciliadas no Brasil, essa forma de tributação afronta os princípios da capacidade contributiva e da vedação à utilização de tributo com efeito de confisco e os princípios informadores do imposto sobre a renda.

60. O imposto sobre a renda apurado ao fim de um período de apuração, tanto para as pessoas físicas quanto para as pessoas jurídicas, por ter base de cálculo parcial, segregada e distorcida, que não representa a renda, viola os princípios da generalidade, da universalidade e da progressividade, da isonomia tributária, da capacidade contributiva e da vedação à utilização de tributo com efeito de confisco.

REFERÊNCIAS

A BRIEF HISTORY OF INCOME TAX. The National Archives. <http://webarchive.nationalarchives.gov.uk/+/http:/www.hmrc.gov.uk/history/taxhis1.htm>. Acesso em: 22 maio 2017.

ABBAGNANO, Nicola. *Dicionário de filosofia*. São Paulo: Martins Fontes, 2007.

AMARO, Luciano da Silva. *Direito tributário brasileiro*. 17. ed. São Paulo: Saraiva, 2011.

______. Imposto de renda, base de cálculo. X Congresso Brasileiro de Direito Tributário. Mesa de Debates (E). *Revista de Direito Tributário*, n. 69, p. 156-166.

______. Periodicidade do imposto de renda I. VII Congresso Brasileiro de Direito Tributário. Mesa de debates. *Revista de Direito Tributário*, n. 63, p. 25-32.

APOCALIPSE, Sidney Saraiva. Imposto de renda. Período-base. Deve ser anual? *Revista de Direito Tributário*, São Paulo: Malheiros, n. 60, p. 106-108.

ATALIBA, Geraldo. *Hipótese de incidência tributária*. 6. ed. São Paulo: Malheiros, 2001.

_____. Periodicidade do imposto de renda I. VII Congresso Brasileiro de Direito Tributário, Mesa de Debates. *Revista de Direito Tributário,* São Paulo: Malheiros, 1994, n. 63, p. 19-25.

_____. *República e Constituição.* 2. ed. São Paulo: Malheiros, 2004.

_____. *Sistema constitucional tributário brasileiro.* São Paulo: RT, 1968.

_____; GIARDINO, Cléber. Imposto de renda – capacidade contributiva – aparência de riqueza – riqueza fictícia – "renda" escritural – intributabilidade de correções monetárias. *Revista de Direito Tributário,* São Paulo: Revista dos Tribunais, 1986, n. 38, p. 140-163.

ÁVILA, Humberto. A hipótese de incidência do imposto sobre a renda construída a partir da Constituição. *Revista de Direito Tributário,* São Paulo: Malheiros, n. 77, p. 103-119.

BAHIA. Lei Complementar 20, de 8 de setembro de 2003. Dispõe sobre os vencimentos dos Membros do Ministério Público do Estado da Bahia e dá outras providências. Disponível em: <http://www.legislabahia.ba.gov.br/documentos/lei-complementar-no-20-de-08-de-setembro-de-2003>. Acesso em: 25 ago. 2019.

_____. Lei 8.730, de 8 de setembro de 2003. Reajusta os vencimentos dos Magistrados da Bahia e dá outras providências. Disponível em: <http://www.legislabahia.ba.gov.br/documentos/lei-no-8730-de-08-de-setembro-de-2003>. Acesso em: 25 ago. 2019.

BALEEIRO, Aliomar. *Imposto sobre a renda.* Prática, doutrina e legislação. S.l.: Livraria Editora Baiânia Chignone, 1938.

BANDEIRA DE MELLO, Celso Antônio. *Conteúdo jurídico do princípio da igualdade.* 3. ed. São Paulo: Malheiros, 2005.

______. *Curso de direito administrativo*. 32. ed. rev. e atual. até a Emenda Constitucional 84, de 2.12.2014. São Paulo: Malheiros, 2015.

BARRETO, Aires Fernandino. Vedação ao efeito de confisco. VIII Congresso Brasileiro de Direito Tributário. Conferência Magna. *Revista de Direito Tributário*, São Paulo: Malheiros, 1994, n. 64, p. 96-106.

BARRETO, Paulo Ayres. Imposto sobre a renda: pessoa física, pessoa jurídica e regime de fonte. In: BARRETO, Aires Fernandino; BOTTALLO, Eduardo Domingos (coord.). *Curso de iniciação em direito tributário*. São Paulo: Dialética, 2004.

______. Imposto sobre a renda – pessoa jurídica. In: SANTI, Eurico Marcos Diniz de (coord.). *Curso de especialização em direito tributário*: estudos analíticos em homenagem a Paulo de Barros Carvalho. Rio de Janeiro: Forense, 2006. p. 769-796.

______. *Imposto sobre a renda e preços de transferência*. São Paulo: Dialética, 2001.

______. Ordenamento e sistema jurídicos. In: CARVALHO, Paulo de Barros (coord.); CARVALHO, Aurora Tomazini de (org.). *Constructivismo lógico-semântico*. São Paulo: Noeses, 2014. v. I, p. 249-269.

BECHO, Renato Lopes. *Lições de direito tributário:* teoria geral e constitucional. São Paulo: Saraiva, 2011.

BECKER, Alfredo Augusto. *Teoria geral do direito tributário*. 3. ed. São Paulo: Lejus, 1998.

BELSUNCE, Horacio A. García. El principio de legalidad. *Revista de Direito Tributário*, São Paulo: Revista dos Tribunais, 1986, n. 38, p. 18-58.

BOBBIO, Norberto. *A era dos direitos*. Tradução Carlos Nelson Coutinho. Rio de Janeiro: Elsevier, 2004.

BONFÁ DE JESUS, Isabela. Aproveitamento do saldo de prejuízo fiscal do imposto sobre a renda de pessoa jurídica/IRPJ incorporada. In: PARISI, Fernanda Drummond; TORRES, Heleno Taveira; MELLO, José Eduardo Soares de (coord.). *Estudos de direito tributário em homenagem ao Professor Roque Antonio Carrazza*. São Paulo: Malheiros, 2014. v. 2, p. 105-124.

BORGES, José Souto Maior. A isonomia tributária na Constituição Federal de 1988. Conferência Magna proferida no VIII Congresso Brasileiro de Direito Tributário. *Revista de Direito Tributário,* São Paulo: Malheiros, 1994, n. 64, p. 8-17.

BRASIL. Constituição da República dos Estados Unidos do Brasil (de 16 de julho de 1934). Disponível em: <http://www.planalto.gov.br/ccivil_03/constituição/constituicao34.htm>. Acesso em: 21 ago. 2019.

_____. Constituição dos Estados Unidos do Brasil (de 18 de setembro de 1946). Disponível em: <http://www.planalto.gov.br/ccivil_03/constituição/constituicao46.htm>. Acesso em: 21 ago. 2019.

_____. Constituição da República Federativa do Brasil de 1967. Disponível em: <http://www.planalto.gov.br/ccivil_03/constituição/constituicao67.htm>. Acesso em: 21 ago. 2019.

_____. Constituição da República Federativa do Brasil de 1988. Disponível em: <http://www.planalto.gov.br/ccivil_03/constituição/constituicao.htm>. Acesso em: 21 ago. 2019.

_____. Decreto-lei 4.178, de 13 de março de 1942. Dispõe sobre a cobrança e fiscalização do imposto de renda. Disponível em: <http://legis.senado.leg.br/norma/529264/publicacao/15618501>. Acesso em: 21 ago. 2019.

______. Decreto-lei 5.844, de 23 de setembro de 1943. Dispõe sobre a cobrança e fiscalização do imposto de renda. Disponível em: <http://www.planalto.gov.br/ccivil_03/Decreto-Lei/Del5844.htm>. Acesso em: 21 ago. 2019.

______. Decreto-lei 204, de 27 de fevereiro de 1967. Dispõe sobre a exploração de loterias e dá outras providências. Disponível em: <http://www. planalto.gov.br/ccivil_03/Decreto-Lei/1965-1988/Del0204.htm>. Acesso em: 21 ago. 2019.

______. Decreto-lei 1.494, de 7 de dezembro de 1976. Regula a retenção do imposto de renda na fonte incidente sobre rendimentos obtidos em aplicações financeiras e dá outras providências. Disponível em: <http://www.planalto.gov.br/ccivil_03/Decreto-Lei/Del1494-76.htm>. Acesso em: 21 ago. 2019.

______. Decreto-lei 1.598, de 26 de dezembro de 1977. Altera a legislação do imposto sobre a renda. Disponível em: <http://www.planalto.gov.br/ccivil_03/Decreto-Lei/Del1598.htm>. Acesso em: 21 ago. 2019.

______. Decreto-lei 2.065, de 26 de outubro de 1983. Altera a Legislação do Imposto sobre a Renda, dispõe sobre o Reajustamento dos aluguéis residenciais, sobre as prestações dos empréstimos do Sistema Financeiro da Habitação, sobre a Revisão do Valor dos Salários, e dá outras Providências. Disponível em: <http://www.planalto.gov.br/ccivil_03/Decreto-Lei/Del2065.htm>. Acesso em: 21 ago. 2019.

______. Decreto-lei 2.308, de 19 de dezembro de 1986. Altera a legislação do imposto de renda. Disponível em: <http://www.planalto.gov.br/ccivil_03/Decreto-Lei/1965-1988/Del2308.htm>. Acesso em: 21 ago. 2019.

______. Decreto-lei 2.341, de 29 de junho de 1987. Dispõe sobre a correção monetária das demonstrações financeiras, para efeitos de determinar o lucro real, e dá outras providências.

Disponível em: <http://www.planalto.gov.br/ccivil_03/Decreto-Lei/Del2341.htm>. Acesso em: 21 ago. 2019.

_____. Decreto 9.580, de 22 de novembro de 2018. Regulamenta a tributação, a fiscalização, a arrecadação e a administração do Imposto sobre a Renda e Proventos de Qualquer Natureza. Disponível em: <http://www.planalto.gov.br/ccivil_03/_ato2015-2018/2018/decreto/D9580.htm>. Acesso em: 21 ago. 2019.

_____. Emenda Constitucional 1, de 17 de outubro de 1969. Edita o novo texto da Constituição Federal de 24 de janeiro de 1967. Disponível em: <http://www. planalto.gov.br/ccivil_03/constituicao/Emendas/Emc_anterior1988/emc01-69.htm>. Acesso em: 21 ago. 2019.

_____. Instituto Brasileiro de Direito Financeiro (Filiado à I.F.A.). Publicação n. 4. *Codificação do Direito Tributário* (Contribuição do I.B.D.F. ao estudo do projeto de Código Tributário Nacional). Rio de Janeiro, 1955.

_____. Lei Complementar 123, de 14 de dezembro de 2006. Institui o Estatuto Nacional da Microempresa e da Empresa de Pequeno Porte; altera dispositivos das Leis 8.212 e 8.213, ambas de 24 de julho de 1991, da Consolidação das Leis do Trabalho – CLT, aprovada pelo Decreto-lei 5.452, de 1º de maio de 1943, da Lei 10.189, de 14 de fevereiro de 2001, da Lei Complementar 63, de 11 de janeiro de 1990; e revoga as Leis 9.317, de 5 de dezembro de 1996, e 9.841, de 5 de outubro de 1999. Disponível em: <http://www.planalto.gov.br/ccivil_03/lcp123.htm>. Acesso em: 21 ago. 2019.

_____. Lei 154, de 25 de novembro de 1947. Altera dispositivos da legislação do Imposto de Renda. Disponível em: <http://www.planalto.gov.br/ccivil_03/leis/L0154.htm>. Acesso em: 21 ago. 2019.

______. Lei 2.321, de 30 de dezembro de 1910. Orça a receita geral da República dos Estados Unidos do Brasil para o exercício de 1911 e dá outras providências. Disponível em: <http://www2.camara.leg.br/legin/indef/lei/1910-1919/lei-2321-30-dezembro-1910-586767-publicacaooriginal-110408-pl.html>. Acesso em: 21 ago. 2019.

______. Lei 4.625, de 31 de dezembro de 1922. Orça a Receita Geral da República dos Estados Unidos do Brasil para o exercício de 1923. Disponível em: <http://www.planalto.gov.br/ccivil_03/LEIS/1901-1929/L4625.htm>. Acesso em: 21 ago. 2019.

______. Lei 4.984, de 31 de dezembro de 1925. Orça a Receita Geral da Republica dos Estados Unidos do Brasil para o exercício de 1926. Disponível em: <http://www2.camara.leg.br/legin/fed/lei/1920-1929/lei-4984-31-dezembro-1925-563475-republicacao-87967-pl.html>. Acesso em: 21 ago. 2019.

______. Lei 3.470, de 28 de novembro de 1958. Altera a legislação do Imposto de Renda e dá outras providências. Disponível em: <http://www.planalto.gov.br/ccivil_03/leis/L3470.htm>. Acesso em: 22 ago. 2019.

______. Lei 4.154, de 28 de novembro de 1962. Dispõe sobre a legislação de rendas e proventos de qualquer natureza. Disponível em: <http://www.planalto.gov.br/ccivil_03/LEIS/1950-1969/L4154.htm>. Acesso em: 22 ago. 2019.

______. Lei 4.506, de 30 de novembro de 1964. Dispõe sobre o imposto que recai sobre as rendas e proventos de qualquer natureza. Disponível em: <http://www.planalto.gov.br/ccivil_03/leis/L4506.htm>. Acesso em: 22 ago. 2019.

______. Lei 5.172, de 25 de outubro de 1966. Dispõe sobre o Sistema Tributário Nacional e institui normas gerais de direito tributário aplicáveis à União, Estados e Municípios. Disponível em: <http://www.planalto.gov.br/ccivil_03/leis/l5172.htm>. Acesso em: 22 ago. 2019.

_____. Lei 6.404, de 15 de dezembro de 1976. Dispõe sobre as Sociedades por Ações. Disponível em: <http://www.planalto.gov.br/ccivil_03/leis/l6404consol.htm>. Acesso em: 22 ago. 2019.

_____. Lei 7.713, de 22 de dezembro de 1988. Altera a legislação do imposto de renda e dá outras providências. Disponível em: <http://www.planalto.gov.br/ccivil_03/leis/L7713.htm>. Acesso em: 22 ago. 2019.

_____. Lei 7.766, de 11 de maio de 1989. Dispõe sobre o ouro, ativo financeiro, e sobre seu tratamento tributário. Disponível em: <http://www.planalto.gov.br/ccivil_03/LEIS/L7766.htm>. Acesso em: 22 ago. 2019.

_____. Lei 8.134, de 27 de dezembro de 1990. Altera a legislação do Imposto de Renda e dá outras providências. Disponível em: <http://www.planalto.gov.br/ccivil_03/leis/L8134.htm>. Acesso em: 22 ago. 2019.

_____. Lei 8.383, de 30 de dezembro de 1991. Institui a Unidade Fiscal de Referência, altera a legislação do imposto de renda e dá outras providências. Disponível em: <http://www.planalto.gov.br/ccivil_03/LEIS/L8383.htm>. Acesso em: 22 ago. 2019.

_____. Lei 8.668, de 25 de junho de 1993. Dispõe sobre a constituição e o regime tributário dos Fundos de Investimento Imobiliário e dá outras providências. Disponível em: <http://www.planalto.gov.br/ccivil_03/leis/L8668.htm>. Acesso em: 22 ago. 2019.

_____. Lei 8.981, de 20 de janeiro de 1995. Altera a legislação tributária Federal e dá outras providências. Disponível em: <http://www.planalto.gov.br/ccivil_03/LEIS/L8981.htm>. Acesso em: 22 ago. 2019.

______. Lei 9.069, de 29 de junho de 1995. Dispõe sobre o Plano Real, o Sistema Monetário Nacional, estabelece as regras e condições de emissão do Real e os critérios para conversão das obrigações para o Real, e dá outras providências. Disponível em: <http://www.planalto.gov.br/ccivil_03/LEIS/L9069.htm>. Acesso em: 22 ago. 2019.

______. Lei 9.249, de 26 de dezembro de 1995. Altera a legislação do imposto de renda das pessoas jurídicas, bem como da contribuição social sobre o lucro líquido, e dá outras providências. Disponível em: <http://www.planalto.gov.br/ccivil_03/leis/L9249.htm>. Acesso em: 22 ago. 2019.

______. Lei 9.250, de 26 de dezembro de 1995. Altera a legislação do imposto de renda das pessoas físicas e dá outras providências. Disponível em: <http://www.planalto.gov.br/ccivil_03/LEIS/L9250.htm>. Acesso em: 22 ago. 2019.

______. Lei 9.316, de 22 de novembro de 1996. Altera a legislação do imposto de renda e da contribuição social sobre o lucro líquido. Disponível em: <http://www.planalto.gov.br/ccivil_03/Leis/L9316.htm>. Acesso em: 22 ago. 2019.

______. Lei 9.430, de 27 de dezembro de 1996. Dispõe sobre a legislação tributária federal, as contribuições para a seguridade social, o processo administrativo de consulta e dá outras providências. Disponível em: <http://www.planalto.gov.br/ccivil_03/leis/l9430.htm>. Acesso em: 22 ago. 2019.

______. Lei 9.532, de 10 de dezembro de 1997. Altera a legislação tributária federal e dá outras providências. Disponível em: <http://www.planalto.gov.br/ccivil_03/leis/L9532.htm>. Acesso em: 22 ago. 2019.

______. Lei 9.718, de 27 de novembro de 1998. Altera a Legislação Tributária Federal. Disponível em: <http://www.planalto.gov.br/ccivil_03/LEIS/L9718.htm>. Acesso em: 22 ago. 2019.

_____. Lei 9.779, de 19 de janeiro de 1999. Altera a legislação do Imposto sobre a Renda, relativamente à tributação dos Fundos de Investimento Imobiliário e dos rendimentos auferidos em aplicação ou operação financeira de renda fixa ou variável, ao Sistema Integrado de Pagamento de Impostos e Contribuições das Microempresas e das Empresas de Pequeno Porte – SIMPLES, à incidência sobre rendimentos de beneficiários no exterior, bem assim a legislação do Imposto sobre Produtos Industrializados – IPI, relativamente ao aproveitamento de créditos e à equiparação de atacadista a estabelecimento industrial, do Imposto sobre Operações de Crédito, Câmbio e Seguros ou Relativas a Títulos e Valores Mobiliários – IOF, relativamente às operações de mútuo, e da Contribuição Social sobre o Lucro Líquido, relativamente às despesas financeiras, e dá outras providências. Disponível em: <http://www.planalto.gov.br/ccivil_03/leis/L9779.htm>. Acesso em: 22 ago. 2019.

_____. Lei 10.168, de 29 de dezembro de 2000. Institui contribuição de intervenção de domínio econômico destinada a financiar o Programa de Estímulo à Interação Universidade-Empresa para o Apoio à Inovação e dá outras providências. Disponível em: <http://www.planalto.gov.br/ccivil_03/LEIS/L10168.htm>. Acesso em: 22 ago. 2019.

_____. Lei 10.332, de 19 de dezembro de 2001. Institui mecanismo de financiamento para o Programa de Ciência e Tecnologia para o Agronegócio, para o Programa de Fomento à Pesquisa em Saúde, para o Programa Biotecnologia e Recursos Genéticos – Genoma, para o Programa de Ciência e Tecnologia para o Setor Aeronáutico e para o Programa de Inovação para Competitividade, e dá outras providências. Disponível em: <http://www.planalto.gov.br/ccivil_03/LEIS/LEIS_2001/L10332.htm>. Acesso em: 22 ago. 2019.

_____. Lei 10.892, de 13 de julho de 2004. Altera os arts. 8º e 16 da Lei 9.311, de 24 de outubro de 1996, que institui a Contribuição Provisória sobre Movimentação ou Transmissão de Valores e de Créditos e Direitos de Natureza Financeira – CPMF, e dá outras providências. Disponível em: <http://www.planalto.gov.br/ccivil_03/_Ato2004-2006/2004/Lei/L10.892.htm>. Acesso em: 22 ago. 2019.

______. Lei 11.033, de 21 de dezembro de 2004. Altera a tributação do mercado financeiro e de capitais; institui o Regime Tributário para Incentivo à Modernização e à Ampliação da Estrutura Portuária – REPORTO; altera as Leis 10.865, de 30 de abril de 2004, 8.850, de 28 de janeiro de 1994, 8.383, de 30 de dezembro de 1991, 10.522, de 19 de julho de 2002, 9.430, de 27 de dezembro de 1996, e 10.925, de 23 de julho de 2004; e dá outras providências. Disponível em: <http://www.planalto.gov.br/ccivil_03/_Ato2004-2006/2004/Lei/L11033.htm>. Acesso em: 22 ago. 2019.

______. Lei 11.196, de 21 de novembro de 2005. Institui o Regime Especial de Tributação para a Plataforma de Exportação de Serviços de Tecnologia da Informação – REPES, o Regime Especial de Aquisição de Bens de Capital para Empresas Exportadoras – RECAP e o Programa de Inclusão Digital; dispõe sobre incentivos fiscais para a inovação tecnológica; altera o Decreto-lei 288, de 28 de fevereiro de 1967, o Decreto 70.235, de 6 de março de 1972, o Decreto-lei 2.287, de 23 de julho de 1986, as Leis 4.502, de 30 de novembro de 1964, 8.212, de 24 de julho de 1991, 8.245, de 18 de outubro de 1991, 8.387, de 30 de dezembro de 1991, 8.666, de 21 de junho de 1993, 8.981, de 20 de janeiro de 1995, 8.987, de 13 de fevereiro de 1995, 8.989, de 24 de fevereiro de 1995, 9.249, de 26 de dezembro de 1995, 9.250, de 26 de dezembro de 1995, 9.311, de 24 de outubro de 1996, 9.317, de 5 de dezembro de 1996, 9.430, de 27 de dezembro de 1996, 9.718, de 27 de novembro de 1998, 10.336, de 19 de dezembro de 2001, 10.438, de 26 de abril de 2002, 10.485, de 3 de julho de 2002, 10.637, de 30 de dezembro de 2002, 10.755, de 3 de novembro de 2003, 10.833, de 29 de dezembro de 2003, 10.865, de 30 de abril de 2004, 10.925, de 23 de julho de 2004,

10.931, de 2 de agosto de 2004, 11.033, de 21 de dezembro de 2004, 11.051, de 29 de dezembro de 2004, 11.053, de 29 de dezembro de 2004, 11.101, de 9 de fevereiro de 2005, 11.128, de 28 de junho de 2005, e a Medida Provisória 2.199-14, de 24 de agosto de 2001; revoga a Lei 8.661, de 2 de junho de 1993, e dispositivos das Leis 8.668, de 25 de junho de 1993, 8.981, de 20 de janeiro de 1995, 10.637, de 30 de dezembro de 2002, 10.755, de 3 de novembro de 2003, 10.865, de 30 de abril de 2004, 10.931, de 2 de agosto de 2004, e da Medida Provisória 2.158-35, de 24 de agosto de 2001; e dá outras providências. Disponível em: <http://www.planalto.gov.br/ccivil_03/_Ato2004-2006/2005/Lei/L11196.htm>. Acesso em: 22 ago. 2019.

______. Lei 11.482, de 31 de maio de 2007. Efetua alterações na tabela do imposto de renda da pessoa física; dispõe sobre a redução a 0 (zero) da alíquota da CPMF nas hipóteses que menciona; altera as Leis 7.713, de 22 de dezembro de 1988, 9.250, de 26 de dezembro de 1995, 11.128, de 28 de junho de 2005, 9.311, de 24 de outubro de 1996, 10.260, de 12 de julho de 2001, 6.194, de 19 de dezembro de 1974, 8.387, de 30 de dezembro de 1991, 9.432, de 8 de janeiro de 1997, 5.917, de 10 de setembro de 1973, 8.402, de 8 de janeiro de 1992, 6.094, de 30 de agosto de 1974, 8.884, de 11 de junho de 1994, 10.865, de 30 de abril de 2004, 8.706, de 14 de setembro de 1993; revoga dispositivos das Leis 11.119, de 25 de maio de 2005, 11.311, de 13 de junho de 2006, 11.196, de 21 de novembro de 2005, e do Decreto-lei 2.433, de 19 de maio de 1988; e dá outras providências. Disponível em: <http://www.planalto.gov.br/ccivil_03/_Ato2007-2010/2007/Lei/L11482.htm>. Acesso em: 22 ago. 2019.

______. Lei 11.941, de 27 de maio de 2009. Altera a legislação tributária federal relativa ao parcelamento ordinário de débitos tributários; concede remissão nos casos em que especifica; institui regime tributário de transição, alterando o Decreto 70.235, de 6 de março de 1972, as Leis 8.212, de 24 de julho de 1991, 8.213, de 24 de julho de 1991, 8.218, de 29 de agosto de 1991,

9.249, de 26 de dezembro de 1995, 9.430, de 27 de dezembro de 1996, 9.469, de 10 de julho de 1997, 9.532, de 10 de dezembro de 1997, 10.426, de 24 de abril de 2002, 10.480, de 2 de julho de 2002, 10.522, de 19 de julho de 2002, 10.887, de 18 de junho de 2004, e 6.404, de 15 de dezembro de 1976, o Decreto-lei 1.598, de 26 de dezembro de 1977, e as Leis 8.981, de 20 de janeiro de 1995, 10.925, de 23 de julho de 2004, 10.637, de 30 de dezembro de 2002, 10.833, de 29 de dezembro de 2003, 11.116, de 18 de maio de 2005, 11.732, de 30 de junho de 2008, 10.260, de 12 de julho de 2001, 9.873, de 23 de novembro de 1999, 11.171, de 2 de setembro de 2005, 11.345, de 14 de setembro de 2006; prorroga a vigência da Lei 8.989, de 24 de fevereiro de 1995; revoga dispositivos das Leis 8.383, de 30 de dezembro de 1991, e 8.620, de 5 de janeiro de 1993, do Decreto-lei 73, de 21 de novembro de 1966, das Leis 10.190, de 14 de fevereiro de 2001, 9.718, de 27 de novembro de 1998, e 6.938, de 31 de agosto de 1981, 9.964, de 10 de abril de 2000, e, a partir da instalação do Conselho Administrativo de Recursos Fiscais, os Decretos 83.304, de 28 de março de 1979, e 89.892, de 2 de julho de 1984, e o art. 112 da Lei 11.196, de 21 de novembro de 2005; e dá outras providências. Disponível em: <http://www.planalto.gov.br/ccivil_03/_Ato2007-2010/2009/Lei/L11941.htm>. Acesso em: 22 ago. 2019.

_____. Lei 12.350, de 20 de dezembro de 2010. Dispõe sobre medidas tributárias referentes à realização, no Brasil, da Copa das Confederações Fifa 2013 e da Copa do Mundo Fifa 2014; promove desoneração tributária de subvenções governamentais destinadas ao fomento das atividades de pesquisa tecnológica e desenvolvimento de inovação tecnológica nas empresas; altera as Leis 11.774, de 17 de setembro de 2008, 10.182, de 12 de fevereiro de 2001, 9.430, de 27 de dezembro de 1996, 7.713, de 22 de dezembro de 1988, 9.959, de 27 de janeiro de 2000, 10.887, de 18 de junho de 2004, 12.058, de 13 de outubro de 2009, 10.865, de 30 de abril de 2004, 10.931, de 2 de agosto de 2004, 12.024, de 27 de agosto de 2009, 9.504, de 30 de setembro de 1997, 10.996, de 15 de dezembro de 2004, 11.977, de 7 de julho de 2009, e 12.249, de 11 de junho de 2010, os Decretos-leis 37, de 18 de novembro de 1966, e 1.455, de 7 de abril de 1976; revoga dispositivos das Leis 11.196, de 21 de novembro de 2005, 8.630, de 25 de fevereiro de 1993, 9.718, de 27 de novembro de 1998, e 10.833, de 29 de dezembro de 2003; e dá outras providências. Disponível em: <http://www.planalto.gov.br/ccivil_03/_Ato2007-2010/2010/Lei/L12350.htm>. Acesso em: 22 ago. 2019.

_____. Lei 12.431, de 24 de junho de 2011. Dispõe sobre a incidência do imposto sobre a renda nas operações que especifica; altera as Leis 11.478, de 29 de maio de 2007, 6.404, de 15 de dezembro de 1976, 9.430, de 27 de dezembro de 1996, 12.350, de 20 de dezembro de 2010, 11.196, de 21 de novembro de 2005, 8.248, de 23 de outubro de 1991, 9.648, de 27 de maio de 1998, 11.943, de 28 de maio de 2009, 9.808, de 20 de julho de 1999, 10.260, de 12 de julho de 2001, 11.096, de 13 de janeiro de 2005, 11.180, de 23 de setembro de 2005, 11.128, de 28 de junho de 2005, 11.909, de 4 de março de 2009, 11.371, de 28 de novembro de 2006, 12.249, de 11 de junho de 2010, 10.150, de 21 de dezembro de 2000, 10.312, de 27 de novembro de 2001, e 12.058, de 13 de outubro de 2009, e o Decreto-lei 288, de 28 de fevereiro de 1967; institui o Regime Especial de Incentivos para o Desenvolvimento de Usinas Nucleares (Renuclear); dispõe sobre medidas tributárias relacionadas ao Plano Nacional de Banda Larga; altera a legislação relativa à isenção do Adicional ao Frete para Renovação da Marinha Mercante (AFRMM); dispõe sobre a extinção do Fundo Nacional de Desenvolvimento; e dá outras providências. Disponível em: <http://www.planalto.gov.br/ccivil_03/_Ato2011-2014/2011/Lei/L12431.htm>. Acesso em: 22 ago. 2019.

_____. Lei 12.814, de 16 de maio de 2013. Altera a Lei 12.096, de 24 de novembro de 2009, quanto à autorização para concessão de subvenção econômica em operações de financiamento destinadas a aquisição e produção de bens de capital e a inovação tecnológica e em projetos de infraestrutura logística direcionados a obras de rodovias e ferrovias objeto de concessão pelo Governo federal; altera a Lei 11.529, de 22 de outubro de 2007, quanto à concessão de subvenção econômica em operações destinadas a financiamentos a diferentes setores da economia; altera a Lei 12.409, de 25 de maio de 2011, quanto à concessão de subvenção econômica em financiamentos destinados a beneficiários localizados em Municípios atingidos por desastres naturais; altera as Leis 12.487, de 15 de setembro de 2011, 9.718, de 27 de novembro de 1998, e 11.491, de 20 de julho de 2007; prorroga os prazos previstos nas Leis 12.249, de 11 de junho de 2010, e 11.941, de 27 de maio de 2009. Disponível em: <http://www.planalto.gov.br/ccivil_03/_Ato2011-2014/2013/Lei/L12814.htm>. Acesso em: 22 ago. 2019.

_____. Lei 12.973, de 13 de maio de 2014. Altera a legislação tributária federal relativa ao Imposto sobre a Renda das Pessoas Jurídicas - IRPJ, à Contribuição Social sobre o Lucro Líquido - CSLL, à Contribuição para o PIS/Pasep e à Contribuição para o Financiamento da Seguridade Social - Cofins; revoga o Regime Tributário de Transição - RTT, instituído pela Lei 11.941, de 27 de maio de 2009; dispõe sobre a tributação da pessoa jurídica domiciliada no Brasil, com relação ao acréscimo patrimonial decorrente de participação em lucros auferidos no exterior por controladas e coligadas; altera o Decreto-lei 1.598, de 26 de dezembro de 1977 e as Leis 9.430, de 27 de dezembro de 1996, 9.249, de 26 de dezembro de 1995, 8.981, de 20 de janeiro de 1995, 4.506, de 30 de novembro de 1964, 7.689, de 15 de dezembro de 1988, 9.718, de 27 de novembro de 1998, 10.865, de 30 de abril de 2004, 10.637, de 30 de dezembro de 2002, 10.833, de 29 de dezembro de 2003, 12.865, de 9 de outubro de 2013, 9.532, de 10 de dezembro de 1997, 9.656, de 3 de junho de 1998, 9.826, de 23 de agosto de 1999, 10.485, de 3 de julho de 2002, 10.893, de 13 de julho de 2004, 11.312, de 27 de junho de 2006, 11.941, de 27 de maio de 2009, 12.249, de 11 de junho de 2010, 12.431, de 24 de junho de 2011, 12.716, de 21 de setembro de 2012, e 12.844, de 19 de julho de 2013; e dá outras providências. Disponível em: <http://www.planalto.gov.br/ccivil_03/_Ato2011-2014/2014/Lei/L12973.htm>. Acesso em: 22 ago. 2019.

______. Lei 13.043, de 13 de novembro de 2014. Dispõe sobre os fundos de índice de renda fixa, sobre a responsabilidade tributária na integralização de cotas de fundos ou clubes de investimento por meio da entrega de ativos financeiros, sobre a tributação das operações de empréstimos de ativos financeiros e sobre a isenção de imposto sobre a renda na alienação de ações de empresas pequenas e médias; prorroga o prazo de que trata a Lei 12.431, de 24 de junho de 2011; altera as Leis 10.179, de 6 de fevereiro de 2001, 12.431, de 24 de junho de 2011, 9.718, de 27 de novembro de 1998, 10.637, de 30 de dezembro de 2002, 10.833, de 29 de dezembro de 2003, 12.996, de 18 de junho de 2014, 11.941, de 27 de maio de 2009, 12.249, de 11 de junho de 2010, 10.522, de 19 de julho de 2002, 12.546, de 14 de dezembro de 2011, 11.774, de 17 de setembro de 2008, 12.350, de 20 de dezembro de 2010, 9.430, de 27 de dezembro de 1996, 11.977, de 7 de julho de 2009, 12.409, de 25 de maio de 2011, 5.895, de 19 de junho de 1973, 11.948, de 16 de junho de 2009, 12.380, de 10 de janeiro de 2011, 12.087, de 11 de novembro de 2009, 12.712, de 30 de agosto de 2012, 12.096, de 24 de novembro de 2009, 11.079, de 30 de dezembro de 2004, 11.488, de 15 de junho de 2007, 6.830, de 22 de setembro de 1980, 9.532, de 10 de dezembro de 1997, 11.196, de 21 de novembro de 2005, 10.147, de 21 de dezembro de 2000, 12.860, de 11 de setembro de 2013, 9.393, de 19 de dezembro de 1996, 9.250, de 26 de dezembro de 1995, 12.598, de 21 de março de 2012, 12.715, de 17 de setembro de 2012, 11.371, de 28 de novembro de 2006, 9.481, de 13 de agosto de 1997, 12.688, de 18 de julho de 2012, 12.101, de 27 de novembro de 2009, 11.438, de 29 de dezembro de 2006, 11.478, de 29 de maio de 2007, 12.973, de 13 de maio de 2014, 11.033, de 21 de dezembro de 2004, 9.782, de 26 de janeiro de 1999, 11.972, de 6 de julho de 2009, 5.991, de 17 de dezembro de 1973, 10.406, de 10 de janeiro de

2002, 9.514, de 20 de novembro de 1997, 11.775, de 17 de setembro de 2008, 10.150, de 21 de dezembro de 2000, e 10.865, de 30 de abril de 2004, e o Decreto-lei 911, de 1º de outubro de 1969; revoga dispositivos do Decreto-lei 1.569, de 8 de agosto de 1977, das Leis 5.010, de 30 de maio de 1966, e 8.666, de 21 de junho de 1993, da Medida Provisória 2.158-35, de 24 de agosto de 2001, e do Decreto-lei 1.598, de 26 de dezembro de 1977; e dá outras providências. Disponível em: <http://www.planalto.gov.br/ccivil_03/_Ato2011-2014/2014/Lei/L13043.htm>. Acesso em: 22 ago. 2019.

_____. Lei 13.097, de 19 de janeiro de 2015. Reduz a zero as alíquotas da Contribuição para o PIS/PASEP, da COFINS, da Contribuição para o PIS/Pasep-Importação e da Cofins-Importação incidentes sobre a receita de vendas e na importação de partes utilizadas em aerogeradores; prorroga os benefícios previstos nas Leis 9.250, de 26 de dezembro de 1995, 9.440, de 14 de março de 1997, 10.931, de 2 de agosto de 2004, 11.196, de 21 de novembro de 2005, 12.024, de 27 de agosto de 2009, e 12.375, de 30 de dezembro de 2010; altera o art. 46 da Lei 12.715, de 17 de setembro de 2012, que dispõe sobre a devolução ao exterior ou a destruição de mercadoria estrangeira cuja importação não seja autorizada; altera as Leis 9.430, de 27 de dezembro de 1996, 12.546, de 14 de dezembro de 2011, 12.973, de 13 de maio de 2014, 9.826, de 23 de agosto de 1999, 10.833, de 29 de dezembro de 2003, 10.865, de 30 de abril de 2004, 11.051, de 29 de dezembro de 2004, 11.774, de 17 de setembro de 2008, 10.637, de 30 de dezembro de 2002, 12.249, de 11 de junho de 2010, 10.522, de 19 de julho de 2002, 12.865, de 9 de outubro de 2013, 10.820, de 17 de dezembro de 2003, 6.634, de 2 de maio de 1979, 7.433, de 18 de dezembro de 1985, 11.977, de 7 de julho de 2009, 10.931, de 2 de agosto de 2004, 11.076, de 30 de dezembro de 2004, 9.514, de 20 de novembro de 1997, 9.427, de 26 de dezembro de 1996, 9.074, de 7 de julho de 1995, 12.783, de 11 de janeiro de 2013, 11.943, de 28 de maio de 2009, 10.848, de 15 de março de 2004, 7.565, de 19 de dezembro de

1986, 12.462, de 4 de agosto de 2011, 9.503, de 23 de setembro de 1997, 11.442, de 5 de janeiro de 2007, 8.666, de 21 de junho de 1993, 9.782, de 26 de janeiro de 1999, 6.360, de 23 de setembro de 1976, 5.991, de 17 de dezembro de 1973, 12.850, de 2 de agosto de 2013, 5.070, de 7 de julho de 1966, 9.472, de 16 de julho de 1997, 10.480, de 2 de julho de 2002, 8.112, de 11 de dezembro de 1990, 6.530, de 12 de maio de 1978, 5.764, de 16 de dezembro de 1971, 8.080, de 19 de setembro de 1990, 11.079, de 30 de dezembro de 2004, 13.043, de 13 de novembro de 2014, 8.987, de 13 de fevereiro de 1995, 10.925, de 23 de julho de 2004, 12.096, de 24 de novembro de 2009, 11.482, de 31 de maio de 2007, 7.713, de 22 de dezembro de 1988, a Lei Complementar 123, de 14 de dezembro de 2006, o Decreto-lei 745, de 7 de agosto de 1969, e o Decreto 70.235, de 6 de março de 1972; revoga dispositivos das Leis 4.380, de 21 de agosto de 1964, 6.360, de 23 de setembro de 1976, 7.789, de 23 de novembro de 1989, 8.666, de 21 de junho de 1993, 9.782, de 26 de janeiro de 1999, 10.150, de 21 de dezembro de 2000, 9.430, de 27 de dezembro de 1996, 12.973, de 13 de maio de 2014, 8.177, de 1º de março de 1991, 10.637, de 30 de dezembro de 2002, 10.833, de 29 de dezembro de 2003, 10.865, de 30 de abril de 2004, 11.051, de 29 de dezembro de 2004 e 9.514, de 20 de novembro de 1997, e do Decreto-lei 3.365, de 21 de junho de 1941; e dá outras providências. Disponível em: <http://www.planalto.gov.br/ccivil_03/_Ato2015-2018/2015/Lei/L13097.htm>. Acesso em: 22 ago. 2019.

______. Lei 13.149, de 21 de julho de 2015. Altera as Leis 11.482, de 31 de maio de 2007, para dispor sobre os valores da tabela mensal do Imposto sobre a Renda da Pessoa Física, 7.713, de 22 de dezembro de 1988, 9.250, de 26 de dezembro de 1995, e 10.823, de 19 de dezembro de 2003. Disponível em: <http://www.planalto.gov.br/ccivil_03/_Ato2015-2018/2015/Lei/L13149.htm>. Acesso em: 22 ago. 2019.

_____. Lei 13.259, de 16 de março de 2016. Altera as Leis 8.981, de 20 de janeiro de 1995, para dispor acerca da incidência de imposto sobre a renda na hipótese de ganho de capital em decorrência da alienação de bens e direitos de qualquer natureza, e 12.973, de 13 de maio de 2014, para possibilitar opção de tributação de empresas coligadas no exterior na forma de empresas controladas; e regulamenta o inciso XI do art. 156 da Lei 5.172, de 25 de outubro de 1966 – Código Tributário Nacional. Disponível em: <http://www.planalto.gov.br/ccivil_03/_Ato2015-2018/2016/Lei/L13259.htm>. Acesso em: 22 ago. 2019.

_____. Medida Provisória 2.158-35, de 24 de agosto de 2001. Altera a legislação das Contribuições para a Seguridade Social – COFINS, para os Programas de Integração Social e de Formação do Patrimônio do Servidor Público – PIS/PASEP e do Imposto sobre a Renda, e dá outras providências. Disponível em: <http://www.planalto.gov.br/ccivil_03/mpv/2158-35.htm>. Acesso em: 22 ago. 2019.

_____. Medida Provisória 2.159-70, de 24 de agosto de 2001. Altera a legislação do imposto de renda e dá outras providências. Disponível em: <http://www.planalto.gov.br/ccivil_03/mpv/2158-35.htm>. Acesso em: 22 ago. 2019.

_____. Medida Provisória 2.189-49, de 23 de agosto de 2001. Altera a legislação do imposto de renda relativamente à incidência na fonte sobre rendimentos de aplicações financeiras, inclusive de beneficiários residentes ou domiciliados no exterior, à conversão, em capital social, de obrigações no exterior de pessoas jurídicas domiciliadas no País, amplia as hipóteses de opção, pelas pessoas físicas, pelo desconto simplificado, regula a informação, na declaração de rendimentos, de depósitos mantidos em bancos no exterior, e dá outras providências. Disponível em: <http://www.planalto.gov.br/ccivil_03/MPV/Antigas_2001/2189-49.htm>. Acesso em: 25 ago. 2019.

______. Ministério da Economia. Secretaria da Receita Federal do Brasil. *Mafon – Manual do imposto sobre a renda retido na fonte 2018*. Disponível em <http://receita.economia.gov.br/orientacao/tributaria/declaracoes-e-demonstrativos/dirf-declaracao-do-imposto-de-renda-retido-na-fonte/arquivos-mafon/mafon-2018.pdf>. Acesso em: 25 ago. 2019.

______. Ministério da Fazenda. Conselho Administrativo de Recursos Fiscais. <https://www.carf.fazenda.gov.br>.

______. Ministério da Fazenda. *Relatório do Ministro da Fazenda Ruy Barbosa, em janeiro de 1891*. Rio de Janeiro: Imprensa Nacional, 1891. Disponível em <http://www2.senado.leg.br/bdsf/item/id/222318>. Acesso em: 5 jan. 2017.

______. Ministério da Fazenda. Secretaria da Receita Federal do Brasil. *História do imposto de renda no Brasil*, um enfoque da pessoa física (1922-2013). Pesquisa e texto do Auditor Fiscal da Receita Federal do Brasil Cristóvão Barcelos da Nóbrega. 2014. ISBN 978-85-98344-11-9. Disponível em <http://www.youblisher.com/p/997520-Historia-do-imposto-de-Renda-no-Brasil/>. Acesso em: 3 jan. 2017.

______. PLP 77/1999. Diário da Câmara dos Deputados, 16 de outubro de 1999, p. 48928.Disponível em: <http://www.camara.gov.br/proposicoesWeb/fichadetramitacao?idProposicao=25745>. Acesso em: 8 jun. 2017.

______. Supremo Tribunal Federal. Disponível em: <http://www.stf.jus.br>.

______. Superior Tribunal de Justiça. Disponível em: <http://www.stj.jus.br>.

A brief history of income tax. The National Archives. Disponível em <http://webarchive.nationalarchives.gov.uk/+/http:/www.hmrc.gov.uk/history/taxhis1.htm>. Acesso em: 22 maio 2017.

CANOTILHO, J. J. Gomes. *Direito constitucional e teoria da Constituição*. 7. ed. Coimbra: Almedina, sem data.

Capital gains tax - gov.uk. Disponível em: <https://www.gov.uk/capital-gains-tax>. Acesso em: 21 set. 2017.

CARRAZZA, Elizabeth Nazar. *IPTU e progressividade*. Igualdade e capacidade contributiva. 2. ed. reformulada e atualizada com a colaboração de Carlos Augusto Daniel Neto. São Paulo: Quartier Latin, 2015.

CARRAZZA, Roque Antonio. *Curso de direito constitucional tributário*. 30. ed. São Paulo: Malheiros, 2015.

______. Imposto de renda pessoa física – ganhos líquidos auferidos em operações realizadas em bolsas de valores, de mercadorias, de futuros e assemelhadas – inconstitucionalidade da legislação que manda tributá-los a uma única alíquota. *Revista de Direito Tributário*, São Paulo: Malheiros, n. 74, p. 34-51.

______. *Imposto sobre a renda:* perfil constitucional e temas específicos. 3. ed. São Paulo: Malheiros, 2009.

______. Intributabilidade por via de imposto sobre a renda – férias e licenças-prêmio em pecúnia. *Revista de Direito Tributário*, São Paulo: Malheiros, n. 39, p. 163-169.

______. A progressividade na ordem tributária. VIII Congresso Brasileiro de Direito Tributário. Conferência Magna. *Revista de Direito Tributário,* São Paulo: Malheiros, n. 64, p. 44-54.

______. *Reflexões sobre a obrigação tributária*. São Paulo: Noeses, 2010.

CARVALHO, Aurora Tomazini de. *Curso de teoria geral do direito*. O constructivismo lógico-semântico. 4. ed. São Paulo: Noeses, 2014.

CARVALHO, Paulo de Barros. O absurdo da interpretação econômica do "fato gerador" – direito e sua autonomia – o paradoxo da interdisciplinariedade. *Revista de Direito Tributário,* São Paulo: Malheiros, n. 97, p. 7-17.

_____. Base de cálculo como fato jurídico e a taxa de classificação de produtos vegetais. *Revista Dialética de Direito Tributário,* São Paulo: Dialética, n. 37, p. 118-143.

_____. *Curso de direito tributário.* 30. ed. São Paulo: Saraiva, 2019.

_____. *Direito tributário.* Fundamentos jurídicos da incidência. 9. ed., 2. tir. São Paulo: Saraiva, 2014.

_____. *Direito tributário, linguagem e método.* 7. ed. rev. São Paulo: Noeses, 2018.

_____. O princípio da territorialidade no regime de tributação da renda mundial (universalidade). *Revista de Direito Tributário*, São Paulo: Malheiros, n. 76, p. 5-14.

_____. *Teoria da norma tributária.* 5. ed. São Paulo: Quartier Latin, 2009.

CASTELLANI, Fernando Ferreira. *O imposto sobre a renda e as deduções de natureza constitucional.* São Paulo: Noeses, 2015.

CHURCHILL, Winston S. *The great democracies.* A history of the English speaking peoples. New York: Dodd, Mead & Company, 1958. v. 4.

COSTA, Alcides Jorge. História da tributação no Brasil: da República à Constituição de 1988. In: SANTI, Eurico Marcos Diniz de (coord.). *Curso de direito tributário e finanças públicas.* São Paulo: Saraiva, 2008. p. 112-139.

_____. Imposto sobre a renda. *Revista de Direito Tributário*, São Paulo: Malheiros, n. 40, p. 103-107.

_____. Imposto de renda e capacidade contributiva. In: VELLOSO, Carlos Mário da Silva; ROSAS, Roberto; AMARAL, Antonio Carlos Rodrigues do (coord.). *Princípios constitucionais fundamentais.* Estudos em homenagem ao professor Ives Gandra da Silva Martins. São Paulo: Lex, 2005. p. 873-883.

_____. *Princípio da capacidade contributiva.* 4. ed. atualizada, revista e ampliada. São Paulo: Malheiros, 2012.

_____. Tributação e direitos fundamentais: uma visão contemporânea. In: PARISI, Fernanda Drummond; TORRES, Heleno Taveira; MELO, José Eduardo Soares de (coord.). *Estudos de direito tributário em homenagem ao Professor Roque Carrazza.* São Paulo: Malheiros, 2014. v. 1, p. 232-243.

CUNHA, Antônio Geraldo da. *Dicionário etimológico da língua portuguesa.* 2. ed. Rio de Janeiro: Nova Fronteira, 1999.

DERZI, Misabel. Imposto de renda, base de cálculo. Renda e patrimônio. X Congresso Brasileiro de Direito Tributário. Mesa de debates (E) (25.10.96). *Revista de Direito Tributário*, São Paulo: Malheiros, n. 69, p. 173-176.

DIAS, Karem Jureidini. Petição nos autos do Recurso Extraordinário 591.340/SP. 29/06/2016. Disponível em: <http://www.stf.jus.br>. Acesso em: 18 set. 2017.

DINIZ, Maria Helena. *Código Civil anotado.* 8. ed. São Paulo: Saraiva, 2002.

_____. *Dicionário jurídico.* São Paulo: Saraiva, 1998. 4v.

FERRAGUT, Maria Rita. *Responsabilidade tributária e o Código Civil de 2002.* 3. ed. São Paulo: Noeses, 2013.

FERRAZ JR., Tércio Sampaio. *Introdução ao estudo do direito* – técnica, decisão, dominação. 4. ed. rev. e ampl. São Paulo: Atlas, 2003.

FERREIRA, Sandra Lúcia Guilardi. Imposto sobre a renda e o princípio da continuidade da empresa. In: PARISI, Fernanda Drummond; TORRES, Heleno Taveira; MELLO, José Eduardo Soares de (coord.). *Estudos de direito tributário em homenagem ao Professor Roque Antonio Carrazza*. São Paulo: Malheiros, 2014. v. 2, p. 233-265.

GAMA, Tácio Lacerda. *Competência tributária:* fundamentos para uma teoria da nulidade. São Paulo: Noeses, 2009.

GONÇALVES, José Artur Lima. Imposto de renda – o artigo 43 do CTN e a lei complementar 104/01. *Revista Dialética de Direito Tributário*, São Paulo: Dialética, 2001, n. 67, p. 109-116.

______. Imposto de renda sobre o lucro das coligadas e controladas estabelecidas no exterior. *Revista de direito tributário*. São Paulo: Malheiros, n. 87, p. 330-338.

______. *Imposto sobre a renda:* pressupostos constitucionais. São Paulo: Malheiros, 2002.

______. A imunidade tributária do livro. In: MACHADO, Hugo de Brito (org.). *Imunidade tributária do livro eletrônico*. São Paulo: IOB, 2003. v. 1, p. 121-141.

______. O ISS, a lei complementar 116/03 e os contratos de franquia. In: ROCHA, Valdir de Oliveira (coord.). *Grandes questões atuais do direito tributário*. São Paulo: Dialética, 2004. v. 8, p. 263-297.

GRUPENMACHER, Betina Treiger. Sistema e princípios constitucionais tributários. In: CARVALHO, Paulo de Barros (coord.); SOUZA, Priscila de (org.). *50 anos do Código Tributário Nacional*. São Paulo: Noeses, 2016. p. 139-184.

GUASTINI, Ricardo. *Das fontes às normas*. Tradução Edson Bini, apresentação de Heleno Taveira Tôrres. São Paulo: Quartier Latin, 2005.

GUIBOURG, Ricardo; GHIGLIANI, Alejandro M.; GUARINONI, Ricardo. *Introducción al conocimiento científico*. Buenos Aires: Eudeba, 1985.

HORVATH, Estevão. *O princípio do não-confisco no direito tributário*. São Paulo: Dialética, 2002.

HOUAISS, Antônio; VILLAR, Mauro de Salles; FRANCO, Francisco Manoel de Mello. *Dicionário Houaiss da língua portuguesa*. Rio de Janeiro: Objetiva, 2009.

Income Tax – gov.uk. Disponível em: <https://www.gov.uk/income-tax>. Acesso em: 21 set. 2017.

Income tax law. Analysis and history. 2. ed. New York: Harris, Forbes & Co, 1913.

JUSTEN FILHO, Marçal. Periodicidade do imposto de renda I. VII Congresso Brasileiro de direito Tributário. Mesa de debates. *Revista de Direito Tributário*. São Paulo: Malheiros, n. 63, p. 15-19.

KELSEN, Hans. *Teoria geral das normas*. Tradução e revisão José Florentino Duarte. Porto Alegre: Sergio Antonio Fabris, 1986.

______. *Teoria pura do direito*. 7. ed. São Paulo: Martins Fontes, 2006.

KENNAN, Kossuth Kent. *Income taxation*. Methods and results in various countries. Milwaukee: Burdick & Allen, 1910.

KENNEDY, William. *English Taxation 1640-1799*. An essay on policy and opinion. London: G. Bell and Sons Ltd, 1913.

LAPATZA, J. J. Ferreiro. Principio de legalidad y la reserva de ley. *Revista de Direito Tributário*, São Paulo: Malheiros, 1989, n. 50, p. 7-13.

LEMKE, Gisele. Regime tributário das indenizações. In: MACHADO, Hugo de Brito (coord.). *Regime tributário das indenizações*. Coedição. São Paulo: Dialética; Fortaleza: Icet – Instituto Cearense de Estudos Tributários, 2000. p. 77-91.

LINS, Robson Maia. *Controle de constitucionalidade da norma tributária*. Decadência e prescrição. São Paulo: Quartier Latin, 2005.

MARIZ DE OLIVEIRA, Ricardo. *Fundamentos do imposto de renda*. São Paulo: Quartier Latin, 2008.

MARTINS, Ives Gandra da Silva (coord.). *Comentários ao Código Tributário Nacional*. 7. ed. São Paulo: Saraiva, 2013. v. 1.

_____. Considerações sobre aspectos concernentes à Lei n. 12.973/2014. In: RODRIGUES, Daniele Souto; MARTINS, Natanael (coord.). *Tributação atual da renda*. Estudo da Lei n. 12.973/14: da harmonização jurídico contábil à tributação de lucros no exterior. São Paulo: Noeses, 2015. p. 153-179.

_____. O princípio da capacidade contributiva em realista teoria do tributo. In: PARISI, Fernanda Drummond; TORRES, Heleno Taveira; MELO, José Eduardo Soares de (coord.). *Estudos de direito tributário em homenagem ao Professor Roque Antonio Carrazza*. São Paulo: Malheiros, 2014. v. 1, p. 86-100.

MARTINS, Ricardo Lacaz. *Tributação da renda imobiliária*. São Paulo: Quartier Latin, 2011.

MAUROIS, André. *A history of England*. Translated from French by Hamish Miles. London: Jonathan Cape, sem data.

MAXIMILIANO, Carlos. *Hermenêutica e aplicação do direito*. 20. ed. Rio de Janeiro: Forense, 2011.

McNAUGHTON, Charles William. Sistema jurídico e ciência do direito. In: CARVALHO, Paulo de Barros (coord.); CARVALHO, Aurora Tomazini de (org.). *Constructivismo lógico-semântico*. São Paulo: Noeses, 2014. v. I, p. 41-62.

______; ANAN JR., Pedro. *Manual do imposto de renda da pessoa jurídica – IRPJ*. Teoria e prática. São Paulo: Intelecto, 2016.

MELO, José Eduardo Soares de. *Contribuições sociais no sistema tributário*. 6. ed. rev., atual. e ampl. São Paulo: Malheiros, 2010.

MINATEL, José Antonio. Conceito de receita e implicações tributárias. In: BARRETO, Aires Fernandino et al. *II Congresso Nacional de Estudos Tributários*. Segurança jurídica na tributação e estado de direito. São Paulo: Noeses, 2005. p. 751-765.

______. *Conteúdo do conceito de receita e regime jurídico para sua tributação*. São Paulo: MP, 2005.

MOSQUERA, Roberto Quiroga. *Renda e proventos de qualquer natureza* – o imposto e o conceito constitucional. São Paulo: Dialética, 1996.

MOUSSALLEM, Tárek Moyses. Sobre as definições. In: CARVALHO, Paulo de Barros (coord.); BRITTO, Lucas Galvão de (org.). *Lógica e direito*. São Paulo: Noeses, 2016.

MURPHY, Celia Maria de Souza. *Imposto sobre a renda:* lucro arbitrado. Pressupostos e casos polêmicos. Dissertação de Mestrado. Pontifícia Universidade Católica de São Paulo, 2010.

NEVES, Silvério das; VICECONTI, Paulo E. *Curso prático de imposto de renda*. 17. ed. São Paulo: Revista dos Tribunais, 2017.

NOGUEIRA, Julia de Menezes. *Imposto sobre a renda na fonte*. São Paulo: Quartier Latin, 2007.

PACHECO, Angela Maria da Motta. *Ficções tributárias:* identificação e controle. São Paulo: Noeses, 2008.

PEDREIRA, José Luiz Bulhões. *Imposto de renda.* Rio de Janeiro: APEC, 1969.

_____. Imposto de renda – Lucro da pessoa jurídica – Compensação de prejuízos. *Revista de Direito Administrativo*, Rio de Janeiro, v. 207, p. 379-404, 1997. Disponível em: <http://bibliotecadigital.fgv.br/ojs/index.php/rda/article/view/46975>. Acesso em: 04 maio 2017. DOI <http://dx.doi.org/10.12660/rda.v207.1997.46975>.

_____. *Imposto sobre a renda* – pessoas jurídicas. Rio de Janeiro: Justec, 1979. 2 v.

PEIXOTO, Marcelo Magalhães (coord.). *Regulamento do imposto de renda anotado e comentado.* 8. ed. atual. e ampl. São Paulo: MP, 2014.

QUEIROZ, Luís Cesar Souza de. *Imposto sobre a renda. Requisitos para uma tributação constitucional.* Rio de Janeiro: GZ, 2017.

_____. Limites à compensação de prejuízos fiscais na incorporação. In: COSTA, Alcides Jorge et al. *IX Congresso Nacional de Estudos Tributários. Sistema tributário nacional e a estabilidade da federação brasileira.* São Paulo: Noeses, 2012. p. 613-678.

_____. Regra-matriz de incidência tributária. In: SANTI, Eurico Marcos Diniz de (coord.). *Curso de especialização em direito tributário:* estudos analíticos em homenagem a Paulo de Barros Carvalho. Rio de Janeiro: Forense, 2006. 223-260.

_____. A tributação de lucros auferidos no exterior por controladas e coligadas: a posição do STF e a Lei nº 12.973/2014. In: RODRIGUES, Daniele Souto; MARTINS, Natanael (coord.). *Tributação atual da renda.* Estudo da Lei n. 12.973/14:

da harmonização jurídico contábil à tributação de lucros no exterior. São Paulo: Noeses, 2015. p. 199-264.

QUEIROZ, Mary Elbe. Imposto sobre a renda e proventos de qualquer natureza – tributação das pessoas físicas. In: SANTI, Eurico Marcos Diniz de (coord.). *Curso de especialização em direito tributário*: estudos analíticos em homenagem a Paulo de Barros Carvalho. Rio de Janeiro: Forense, 2006. p. 435-482.

______. As indenizações sob a ótica do imposto de renda. In: MACHADO, Hugo de Brito. *Regime tributário das indenizações*. Coedição. São Paulo: Dialética; Fortaleza: Icet – Instituto Cearense de Estudos Tributários, 2000. p. 254-280.

REIS, F. T. de Souza. *Imposto de renda em seis annos de adaptação no Brasil* – 1924-1929. Rio de Janeiro, 1930.

ROLIM, João Dácio. O conceito jurídico de renda e proventos de qualquer natureza. Alguns casos concretos – adições e exclusões ao lucro real. *Revista de Direito Tributário*, São Paulo: Malheiros, n. 67, p. 215-225.

ROSS, Alf. *Direito e justiça*. 2. ed. Bauru: Edipro, 2007.

SCHOUERI, Luís Eduardo. Imposto de renda e os lucros auferidos no exterior. In: ROCHA, Valdir de Oliveira (coord.). *Grandes questões atuais do direito tributário*. São Paulo: Dialética, 2003. v. 7, p. 303-330.

SELIGMAN, Edwin R. A. *The income tax*. A study of the history, theory and practice of income taxation at home and abroad. New York: Macmillan, 1911.

SILVA, José Afonso da. *Curso de direito constitucional positivo*. 38. ed. São Paulo: Malheiros, 2015.

SKIDELSKY, Robert. *Jonh Maynard Keynes*. The economist as a saviour. 1920-1937. New York: Penguin Books, 1995.

SOUSA, Rubens Gomes de. *Anteprojeto de Código Tributário Nacional*. Rio de Janeiro: Departamento de Imprensa Nacional, 1953.

_____. *Compêndio de legislação tributária*. Edição póstuma. Coordenação: IBET – Instituto Brasileiro de Estudos Tributários. São Paulo: Resenha Tributária, 1981.

_____. A evolução do conceito de rendimento tributável. *Revista de Direito Público*, São Paulo, v. 14, p. 339-346, out./dez. 1970.

_____. O fato gerador no imposto de renda. *Revista de Direito Administrativo*, Rio de Janeiro, v. 12, p. 32-58, jan. 1948.

_____. O imposto de renda e o seguro dotal. *Revista de Direito Administrativo*, Rio de Janeiro, v. 27, p. 12-33, jan. 1952.

_____. *Pareceres* – 3: imposto de renda. Ed. póstuma. Coordenação: IBET – Instituto Brasileiro de Estudos Tributários. São Paulo: Resenha Tributária, 1976.

The Oxford History Of England. Edited by Kenneth O. Morgan. Oxford: Oxford University Press, 1993.

TORRES, Heleno Taveira. Conceito constitucional de renda e o papel do CTN na sua definição. In: VELLOSO, Carlos Mário da Silva; ROSAS, Roberto; AMARAL, Antonio Carlos Rodrigues do (coord.). *Princípios constitucionais fundamentais*. Estudos em homenagem ao professor Ives Gandra da Silva Martins. São Paulo: Lex, 2005. p. 591-602.

TORRES, Ricardo Lobo. O mínimo existencial e os direitos fundamentais. *Revista de Direito Administrativo*, Rio de Janeiro, n. 177, p. 29-49.

VILANOVA, Lourival. *Causalidade e relação no direito*. 5. ed. São Paulo: Noeses, 2015.

______. *As estruturas lógicas e o sistema do direito positivo*. 3. ed. São Paulo: Noeses, 2005.

______. Lógica, ciência do direito e direito. In: CARVALHO, Paulo de Barros (coord.); BRITTO, Lucas Galvão de (org.). *Lógica e direito*. São Paulo: Noeses, 2016. p. 137-170.

XAVIER, Alberto. *Do lançamento no direito tributário brasileiro*. 3. ed. Rio de Janeiro: Forense, 2005.

______. *Tipicidade da tributação, simulação e norma antielisiva*. São Paulo: Dialética, 2001.